La història amagada
EL SEGLE XX A TRAVÉS DE LES ÀVIES

Emma Aixalà
Patrícia Gabancho

La història amagada

EL SEGLE XX
A TRAVÉS DE LES ÀVIES

EDICIONS
La campana

1a edició: desembre de 1999
2a edició: desembre de 1999

Balmes, 65, 4t, 1a
08007 Barcelona
Tel.: 93 453 16 65 / Fax: 93 451 89 18

Disseny coberta: Helena Batet
Fotos coberta: Colita
Fotos interior: Emma Aixalà, Colita (M. Font de Rubinat i M. Moner),
Ingrid Morató (M. A. Simó), Pau Ramis (D. Canals)

ISBN: 84-88791-85-2
Dipòsit legal: B. 51.521 - 1999
Fotocomposició: EdiGestió (Barcelona)
Imprès a Romanyà/Valls. Capellades (Barcelona)

A la Carla.

Emma Aixalà

Pròleg

La història amagada és la d'aquestes dones, i de totes les dones d'aquesta generació, que han esmerçat la vida en múltiples tasques i esforços i penúries que la història oficial no recull més que someraent, a través de generalitzacions i estadístiques. És la vida domèstica, en un temps en què les tasques de la llar eren absorbents i enutjoses; l'educació precària; la criança dels fills; la guerra vista des de la reguarda amenaçada; la postguerra tan dura. I la vellesa com a temps de memòria i de balanços. La història, en definitiva, del segle, explicada amb la veu tan ran de terra que és la mirada de les dones, desproveïda d'elucubracions complexes i atenta només als fets i les seves conseqüències.

Quinze són les dones que integren aquest relat, ordenat temàticament: dones de procedències molt diverses, social o geogràfica, que aporten experiències contrastades i sovint contradictòries. Mar o muntanya, camp o ciutat, pobresa o riquesa: totes s'emparenten en la seva condició de dones que han viscut els profunds canvis i transformacions del segle XX, el segle que ha obert el camí de l'alliberament de la vida tradicional cap a una vida més plena i més autònoma.

Emma Aixalà va realitzar les entrevistes que forneixen el material sobre el qual he escrit aquest relat. Seu és, doncs, el treball de camp que ha permès aquesta reflexió col·lectiva sobre el temps i la memòria. He estat fidel a l'expressió i les paraules de les quinze dones que s'han avingut generosament a obrir els seus records. D'elles és el mèrit d'aquest llibre i l'orgull d'haver plantat cara a una vida no sempre fàcil i en unes condicions que les dones d'avui no podem, sovint, ni imaginar. Que aquest testimoni contribueixi a enterrar definitivament uns usos i uns costums que tants cops van condemnar les veus de les dones al silenci i, la seva història, a l'amagatall dels fets emboirats.

Cal advertir que dues de les dones no podran veure el resultat de la seva contribució. Maria Font de Rubinat va morir al començament del 1999 i Joana Zapata, més recentment, quan el text estava ja enllestit. Descansin en pau, després de tant lluitar.

PATRÍCIA GABANCHO

Protagonistes d'aquest llibre

Maria Calls (1916)
83 anys. Mocadera i hostalera. Can Fuster de la Serra, Vallès Oriental.

Dolors Canals (1913)
86 anys. Pedagoga i investigadora. Barcelona.

Pepeta Castanyer (1903)
96 anys. Filla de pescadors. Obrera tèxtil. Sant Pol de Mar.

Aurora Díaz-Plaja (1913)
86 anys. Bibliotecària i escriptora. Barcelona.

Maria Font de Rubinat (1903-1999)
95 anys. Família senyorial de Reus. Casa Navàs.

Dolors Gou (1892)
107 anys. Filla de ferrer. Masovera a la Secuita. Tarragona.

Nativitat Iglesias (1904)
95 anys. Monja benedictina. Santa Coloma de Farners.

Maria Joaquim (1898)
101 anys. Modista. Barcelona.

Agustina Lorca (1918)
81 anys. Mestressa dels Magatzems Fortunet de Figueres. El Masnou.

Montserrat Moner (1905)
94 anys. Vídua de l'escriptor Joan Alavedra. Professora de piano. Girona.

Carme Pedarrós (1906)
93 anys. Pastora, minera i minyona. Vall d'Aran. Bossòst.

Margarita Riera (1909)
90 anys. Casada amb l'empresari Miguel Torres. Relacions públiques. Vilanova i la Geltrú.

Mercè Sabaté Cebado (1907)
92 anys. Secretària. Afeccionada a la natació. Barcelona.

Maria Antònia Simó (1915)
84 anys. Secretària. Muntanyenca. Barcelona.

Juana Zapata (1915-1999)
84 anys. Filla d'un guàrdia civil de Múrcia. Obrera. Sant Llorenç de Morunys.

CAPÍTOL 1

Els quatre punts cardinals

«Com que hi havia pobresa, hi havia més germanor»

MARIA CALLS

Maria Font de Rubinat
95 anys
Família senyorial de Reus

Va obrir la porta una dona minúscula, seca de carns, la mirada enèrgica, que duia penjada al coll una clau immensa de portal antic: penjada d'un simple cordill de fer paquets. El jersei modestet, els pantalons que ja havien perdut la forma i sabatilles de pelfa per fer front a l'hivern reusenc en un casalot d'estances vacants que només habitava el silenci. Queia una pluja tranquil·la. La mestressa, perquè aquella dona era Maria Font de Rubinat, va franquejar el pas cap al món ja esvaït dels dies millors: els evocava la casa, l'esplèndida Casa Navàs de Reus, una finca construïda –elaborada– per Domènech i Montaner el 1901, amb la cal·ligrafia floral i optimista del modernisme més desbridat. La casa mira de reüll l'edifici de l'Ajuntament, en la mateixa plaça d'Espanya de Reus, i és una de les poques construccions d'aquesta envergadura que està en mans privades –mans més aviat febles, gastades pel pes del segle–, d'una sola dona, que continuava transitant els espais de la seva infantesa, ara muts i un punt decadents.

La dona s'havia entossudit a restaurar la propietat, amb els pocs diners que podia arreplegar, de manera que les obres anaven fent amb peresa. I tant li feia el calendari que s'escurçava per davant, condemnant la reconstrucció al fracàs. Maria Font de Rubinat caminava amb la passa decidida, obrint portes i girant-se per ensenyar la magnífica epifania dels esgrafiats i les motllures, la meravella adormida de la galeria abocada al pati central, la despullada textura de la cuina. De tant en tant sorgia la memòria: aquí va caure la bomba, aquesta cantonada va quedar desfeta. O la nostàlgia: de mobles com aquests ja no se'n fan, mentre la penombra lliscava sobre l'ebenisteria impossible de Gaspar Homar. Vam seure a parlar vora el foc, en el racó que s'endevinava habitual i seu, i aleshores se'n va anar la llum. «És la instal·lació», va dir, «ja no s'aguanta».

Maria Font de Rubinat era –va morir el 1999, pocs mesos després de parlar-hi– la filla petita de Pau Font de Rubinat, un dels pròcers que van assistir a la reunió de les Bases de Manresa, convocada per la Unió Catalanista el 1893 per definir un intent de política unitària en plena Restauració, que era tant com dir que el programa tenia més d'agitació que d'eficàcia. Havent mort la mare quan tenia només dos anys («em penso que d'un avortament, no ho sé, perquè d'aquestes coses no se'n parlava»), es va criar uns anys a casa de la seva tia, a Lleida: era Eugènia Lamarca, la dona de Francesc Macià, primer president de la Generalitat republicana, amb un llarg i tempestuós passat de conspirador per la causa catalanista. Era una dona que resumia, doncs, fites mítiques de la història del país, però que alhora havia anat fent la seva vida com tothom, amb alts i baixos, els fills, la guerra, els viatges, l'amor a la cultura, la perplexitat pel món que canvia. Una perplexitat relativa, tot s'ha de dir, perquè Maria Font de Rubinat va absorbir des de petita la seguretat personal que dóna pertànyer a una família de senyors. No pas de rics: de senyors. Aquella convicció que el món s'ordena a partir de la pròpia referència, de ser el centre d'algun secret equilibri. Tant li feia que l'univers trontollés cada dos per tres fins a desfer-se com un castell de sorra, meres engrunes entre els dits. «Ens van educar molt estrictes»: aquesta és la clau, el basament de tot, el llegat.

El pare era un advocat sense exercici, un home refinat i intel·ligent, bibliòfil, que imposava respecte. «No era home de fer festes o petons, no, però mai ens va donar una bufetada, que és prou corrent quan un té criatures. S'interessava pels jocs, ens muntava a la cama i ens feia arri, arri, cavallet. Mai no el vam tractar de vostè». En quedar-se vidu, va acollir a casa dos germans solters, noi i noia, aquesta última destinada a fer la suplència de la mare amb les dues nenes petites. Alliberat de tota responsabilitat en la regència del casalot, l'home es dedicava a les seves aficions, la lectura, alguna filigrana manual per a la qual estava especialment dotat. «Apreciava molt la traça i en tenia molta. Tot ho feia amb cura, no espatllava ni trencava res. Jo no he vist mai ningú amb unes mans com les seves. Llavors no es parlava de fer manualitats, fora de la gent que s'hi dedicava per ofici: hi havia gent que tenia traça i gent que eren manasses, res més. Ell feia cornucòpies, enquadernava llibres, els restaurava, sabia arreglar un pany...»

A la casa venien els amics bibliòfils, la veritable passió de Pau Font de Rubinat, gent del mateix braç. «Cap no treballava. El pare va fer una mica d'advocat quan era jove i a vegades resolia algun assumpte per fer un favor, però res més. La gent no treballava. Si es tenia menys, es vivia menys bé, però no es treballava, no vaig conèixer mai ningú que treballés. Els fabricants sí que s'ocupaven del negoci, però no eren senyors. Hi havia molta diferència entre una cosa i l'altra: no calia dir res, era una cosa que es veia. A casa érem propietaris, teníem finques i carrera, els *tíus* eren un farmacèutic, un militar, un enginyer i el meu pare, que era advocat. No érem rics, no. El meu germà, l'únic noi, sí que va intentar posar-se en el comerç i se'n va anar a Guinea. Pobre, ell i els cosins es van carregar la *trencadura*, van viure un canvi profund de tot, perquè les coses sempre van canviant, però abans era com si diguéssim un esglaó i un altre esglaó... A ells els va tocar la trencadura. És trist. Havien estat bohemis, anaven a París... Les noies mai, per això». De manera que Maria Font de Rubinat va créixer corrent darrere del seu pare, nena, aguanta'm l'escala, nena, dóna'm aquests llibres, amunt i avall per la casa immensa de tres plantes.

Carme Pedarrós
93 anys
Minera i minyona
Vall d'Aran. Bossòst

Una borda és una mena de quadra, plantada al mig del dens paisatge aranès. Carme Pedarrós va néixer el 1906 al poble de Bossòst, a la banda oriental de la Vall d'Aran, a mitja alçada, mirant el mapa, de la carretera que tira cap a Occitània. Va arribar al món en una casa del poble avui restaurada, però el mal cap del pare, donat a la beguda, va fer que tot anés en orri. Van haver de canviar casa per borda als afores. «Els que eren rics tenien casa i n'hi havia més d'un, però els altres vivíem a les bordes. Molts vivíem a les bordes», defineix. Les bordes eren estructures rústiques, de dimensions limitades, dues plantes escasses, sostre de pissarra, cap comoditat. Moltes estan ara rearranjades com a residències secundàries, però aleshores eren un habitacle mínim compartit amb el bestiar. Els Pedarrós tenien dues vaques, que feien vida a la planta baixa. El sistema garantia una eficient calefacció animal però obligava a posar el paller en el lloc del menjador: «hi havia un forat i des d'aquí tiràvem l'herba cap a baix, on hi havia les vaques.». Més que senzilla, la vida era espartana. «A dalt només teníem cuina i habitacions. Menjàvem a la cuina. Hi havia el foc i, al costat, un forat que era on es posava el llum de petroli; a l'hivern, hi passàvem la tarda tricotant i de vegades jugàvem a les cartes amb els veïns. També hi havia el forn, on es posava la massa del pa amb una pala de fusta. La fornada de pa la feien una vegada cada mes o mes i mig i els feien una mica grans, els pans, com de dos quilos. Això anava bé».

La família vivia de l'hort, perquè no tenien gaire terra, i d'altres jornals que es poguessin arreplegar –«n'hi havien pocs». La mare es llogava, quan podia, de bugadera, però li pagaven una misèria. «Anava al riu i portava una peça de fusta que ficava entre els genolls i a rentar. I si després els de la casa on treballava li donaven pa i xocolata ho portava a casa. Ui, això era una relíquia!... A casa no podíem comprar res, que faltaven les pessetes». Sembraven patates i mongetes –la base de l'alimentació familiar– i el que Carme defineix com a *maiz*, diferenciant-lo del blat perquè feia unes farinetes més gruixudes, de les que sortien uns panets fets al forn. «La llenya l'anava a fer el meu pare i amb les vaques l'*acarreava* cap a casa». El que la terra donava era per consum propi.

La filla gran, que és qui avui ens parla, havia de pasturar les vaques en arribar el bon temps, sovint en les hores que tocava anar a escola. No li agradava la tasca, però en aquelles circumstàncies poc podia fer per escapar-se'n: «Plorava i tot, deia haig d'anar a les vaques i jo no hi vull anar, això deia, i com que les meves germanes eren més petites no hi podien anar. Me n'anava a les muntanyes i tenia por, i tant, però mira. Duia una motxilla i la mama em feia *tortilletes* per menjar». Mentre les vaques rosegaven l'herba, ella feia mitja –li n'ha quedat una traça especial per fer mitjons de llana, de la qual se n'han beneficiat les nétes. Tornava a casa en fer-se fosc. «Més d'una vegada havia hagut de córrer cap a casa perquè feia *tormenta* i com que no teníem ni paraigua ni res... No calia donar cop de bastó a la vaca perquè ja corria també, ja. Ara no ho fan els nens, això, ara a estudiar, a estudiar... Jo també volia estudiar o cosir, però ves...»

Guardades les vaques, a dormir en el mateix llit amb les altres dues germanes, tot i que llit és un dir, perquè descansaven sobre un amàs de palla de *maiz*. Els pares sí que tenien matalàs de llana i cortines, que havia cosit la mamà. «I lavabo tampoc n'hi havia. Havíem d'anar a un cubell que teníem a la marmita i de nit lleçàvem la porqueria del dia al riu, al Garona. Amb un casso agarràvem l'aigua neta del cubell i la ficàvem (ella diu «metíem») en una palangana i ens llavàvem les mans allí, amb sabó». Parla un català vacil·lant, barrejat amb castellà, aranès i francès. No hi ha ressentiment en el discurs de Carme Pedarrós: només memòria. És obvi que aquests detalls tan minuciosos estan gravats en la seva ànima i segurament evoca sense dir-ho l'olor de les vaques barrejat amb l'aroma intensa de la terra aranesa, perquè privacions i bellesa per força havien d'anar alhora i tan incapaç devia ser aleshores de percebre l'una com l'altra, de destriar la matèria ambivalent amb què ha pastat la seva vida. Per pura indiferència: el paisatge –aquest paisatge cobejat per la bèstia urbana que surt els caps de setmana– no apareix en la seva conversa, com no hi surten les queixes globals, còsmiques, contra un destí que la va situar en aquell tros de geografia perduda, amb tot el que comportava la vida rural ara fa un segle. Hi ha en aquestes dones humils i per això fortes un sentit de resignació gairebé mineral, sòlid. La vida és això que toca.

Pepeta Castanyer
96 anys
Filla de pescadors
Obrera tèxtil
Sant Pol de Mar

Pepeta Castanyer va néixer el 1903 a Sant Pol de Mar, filla de pescadors, tercera de quatre germans, i el relat de privacions i petites alegries es desgrana amb la mateixa cadència tranquil·la de la descripció sense pes moral. «El meu pare era pescador i el meu germà gran també va ser-ho. S'aixecava molt aviat a la matinada per marxar cap a mar. Ell era remitger, que vol dir que no venia el peix directament sinó que el proporcionava a un venedor o a una botiga. Una dona que es deia Pepa, on la meva mare anava a *remendar* les xarxes de pescar, sí que venia el peix ella mateixa al carrer, amb la panera. De tota manera, encara que el meu pare i el meu germà anessin a mar de vegades guanyaven 25 pessetes la setmana, que eren prous diners en aquell temps. Altres vegades en treien menys, és clar». Mai no va cosir les xarxes de pescar, que sembla ser la rutina de les dones de mar. «No en vaig voler aprendre mai i no és que no m'agradés, però tampoc la mare va dir-me mai vine que te n'ensenyaré. Potser sí que allà on hi havia un punt el feia, però remendar tota una peça, que eren molt grosses, no». Sense aquesta afició per l'agulla, el seu futur laboral va quedar adreçat a la fàbrica, i és fàcil imaginar que a la família no se'n va parlar gaire: la nena ja en té l'edat, i para de comptar. El mar no li és, a la Pepeta Castanyer, una presència determinant en la seva experiència: suport de la família, i de bona part del poble de Sant Pol, apareix com un element anodí, ni massa amical ni del tot hostil, que emmarca un paisatge que, de tan habitual, s'esfuma. Des del terrat de casa seva, on ara viu amb 96 anys repicats, el mar és un escenari inabastable, una abraçada de blau que no sembla cridar-la. S'hi aboquen, desmaiats, els geranis vermells que creixen als testos.

Juana Zapata
84 anys
Filla de guàrdia civil
Obrera

Són tan diverses les experiències que caben en un segle. Juana Zapata va néixer el 1915 a Sant Llorenç de Morunys per casualitat. És filla d'un guàrdia civil de Múrcia. La família murciana treballava a les drassanes –«s'hi construïen vaixells i submarins», precisa– però el pare no va voler afegir-s'hi i va entrar al cos armat. «Eren com *correcaminos* perquè no estaven mai fixos en un poble més de dos anys. Després de Sant Llorenç vam marxar cap al poble on va néixer la meva germana, que no recordo quin era, i després el van destinar a Múrcia i allà van néixer dos germans més, un a San Pedro del Pinatar i l'altre a Monteagudo. Estant a Catalunya un altre cop, a Sant Llorenç Savall, encara vàrem tenir un altre germà que va néixer mort al principi de la guerra».

El paisatge de la infantesa és, però, murcià. «Allà les dones no treballaven, i encara no treballen. Viuen més bé que aquí», certifica. «El meu pare li donava a la mama 50 pessetes com a setmanada, però érem quatre germans i havíem de menjar, tot i que les coses eren més barates». Així que la mare es va posar a cosir la roba que portaven els guàrdies solters, feina que li donava uns 10 o 15 cèntims. Això passava a la caserna de Monteagudo i Juana Zapata recorda que la Guàrdia Civil controlava molt la vida de les famílies, «el que feien, el que vestien, el que menjaven... Ara ja no. Com ha canviat! Ha canviat per bé, perquè considero que ara viuen molt bé». Les coses són sempre relatives: l'ofici de guàrdia civil assegurava l'estabilitat de l'ingrés econòmic, lluny dels avatars de la vida de pescador o de l'humor de dues vaques estabulades a casa, de la terra aspra de la Vall d'Aran. Entre aquest «viure bé» dels guàrdies civils que testifica Juana Zapata i la nena que duia les vaques a la muntanya i el gibrell al riu hi ha, però, una distància curta, perquè no és que la petita Juana no s'escarrassés, de seguida, en una llarga història de fàbriques i jornals. Al contrari: és la mateixa perspectiva de la modèstia i la convicció, genètica quasi, que la feina dura i poc gratificant és la substància de la vida de la gent corrent. Hi havia molta pobresa rural ara fa un segle i eren les dones, també, les que de petites s'embevien en l'esforç per tirar endavant.

Dolors Gou
107 anys
Masovera a la Secuita

Dolors Gou té 107 anys, la mirada blava darrere unes ulleres molt gruixudes i les tardes dedicades a resar el rosari, activitat que la distreu i la conforta. Té les mans molt grans d'haver treballat la terra, unes mans solcades de venes grosses, els dits una mica destarotats per l'artritis. Hi ha un punt de dolçor –segurament el somriure en pau– entre la duresa que s'endevina encastada en la memòria. El seu passat és de masovera a la Secuita, un poble que costava de trobar, perdut al mig dels camps de Tarragona en els temps en què encara no hi havia carreteres, ja queda tot dit. Però el relat no traspua cap amargor. Hi ha una redempció en la terra mateixa, en l'incansable traginar amunt i avall de les feines petites i grosses, una mena de placidesa tenyida d'alegria quan parla de jocs o de morts, tot per un igual. És a dir, la resignació un altre cop: aquest ineluctable fer les paus amb el destí.

El seu pare era el ferrer del poble, la mare s'escarrassava darrere de set fills. «En tenia molta de feina, molta, i era molt bona dona, ho era perquè ho era. La mare era una santa. Va quedar de jove sense pares, i eren sis germans i va haver d'anar a servir i fer de mare dels seus germans». Famílies nombroses, sempre, sempre, i el ramat de criatures amb les responsabilitats compartides des que tenien ús de raó, ja ho va viure ella mateixa. «Érem dues noies, primer, després van venir els dos nois i acabat tres noies més. Els altres eren més dòcils que jo, jo era molt juganera i la petita també va ser bastant *rebelde.* Sempre era fora de casa, me n'anava a jugar, prenia un dels meus germans penjats al coll i me n'anava a jugar. Sempre havíem de prendre una criatura perquè a casa n'hi havia massa». Aquest paradís es va acabar, o simplement va canviar de regles, quan es va posar l'estanc als baixos de la casa, costat per costat de la ferreria. Llavors la Dolors feia de venedora i despatxava mistos i llibretes, a més de tabac, «perquè l'estanc és molt pobre si no s'hi afegeixen altres coses».

Enmig d'aquest tràfec, que fa un efecte de llibertat magmàtica, hi havia tanmateix l'ordre patriarcal incontestable, les normes. Tots a taula a la mateixa hora. «Un dia un dels meus germans va anar amb els companys que anaven a tombar, a distreure's i, pobre fill, se'n va anar a una bassa a buscar culleretes, unes bèsties que corrien per l'aigua. El pare va anar a buscar-lo i quan el va trobar estava fent xep-xep a l'aigua amb les cames amunt». L'anècdota té el seu contrapès en una sortida similar de la noia, que traça una subtil línia divisòria: «El pare es cuidava d'una germandat de pagesos i a mi els diumenges em donaven les paperetes per portar-les a les cases i m'entretenia a tot arreu. Un dia el pare em va venir a buscar. No em va renyar, no deia res el pare, però em va clavar una bufetada al mig del carrer que encara me'n recordo ara. Una bufetada al mig del carrer, em va donar, i cap a casa sense dir res ni ell ni jo. Ell volia que a taula hi fóssim tots. Era molt bon home, eh, ui si ho era». El rescat del germà, la bufetada de la noia, cada cosa al seu lloc. I també la tragèdia, narrada en el mateix to descriptiu i sense arestes. No mereix escarafalls la fatalitat: «També jugàvem a la cluca, a amagar, i jugant a amagar vaig perdre una germana. Deuria tenir 7 anys. Va caure en un cup d'aigua que no estava tapat. Aquella gent ja ho tenia bé perquè era un magatzem que estava obert i ella va entrar i el cup feia un coll perquè no hi caigués ningú i hi va caure ella. Es va morir ofegadeta, pobreta».

La Secuita era aleshores un poble petit, gairebé un sol carrer amb la doble filera de cases penjades a l'espinada central. «Després es va fer més gran i jo hi he vist fer dos o tres carrers i s'hi anaven fent cases i cases i cases». El lligam amb els pobles veïns eren els camins de terra que la gent transitava a peu –tantes coses es feien a peu en aquells temps. Però el record que per a Dolors Gou defineix la vida d'aquells anys, i és tot un símptoma, és l'aigua: aigua de pou, i en el cas dels Gou en quantitat importants, perquè la ferreria en consumia molta. «Els hòmens anaven a buscar aigua amb una portadora, a un pou que estava a molts metres de terra, molt fondo. I no valia res l'aigua, no era bona, no pas per beure. Jo, després que era casada, me n'anava al matí a peu amb els càntirs a buscar aigua per beure a un pou de ben a fora. I per gastar teníem un cup, una cisterna, que la van arreglar i feien anar l'aigua del carrer, quan plovia, i llavors teníem aigua. Quan plovia tothom s'alegrava, és clar».

Maria Calls
83 anys
Mocadera i hostalera
Vallès Oriental

Maria Calls, nascuda el 1916, també és filla de pagès, de Can Fuster de la Serra, prop de Cardedeu, una casa petita i més aviat pobra. Eren quatre germans i un altre cop guanya sobre les privacions el record positiu: «Amb tots ells vam estar molt bé perquè com que hi havia pobresa hi havia més germanor». Les noies, això sí, més lligades, amb normes específiques, aquell tornar a casa mentre fos clar, el no sortir sense companyia... però pel que fa a la feina tant valien els braços masculins com els femenins. Era la tradició familiar. Els avis materns vivien a El Far i feien de majordoms de l'església del llogarret, preparaven l'esmorzar del capellà els diumenges, ho tenien tot endreçat, es cuidaven d'un hort petit que els donava de menjar. Ni pagaven arrendament per l'habitatge ni rebien res a canvi de la feina: una cosa anava per l'altra. El pare de la Maria Calls, que va quedar orfe de ben petit, a vuit anys es calçava els esclops i anava a guardar porcs –també cobrava en espècies, però una boca menys era una benedicció en una casa on la dona va enviudar tres cops i sumava fills de dos dels matrimonis.

Pere Calls, el pare de la Maria, era traginer. De fet, anava al bosc a buscar llenya, feixines per coure les olles els ollers i costals per coure pa els forners. La Maria, encara una nena de pocs anys, l'ajudava tan contenta, perquè en el viatge de tornada, un cop carregats els feixos, «el pare em donava el cavallet petit perquè el portés a casa, hi pujava i anava a cavall. Solament per això ja hi anava contenta». Però aquesta no era l'única ocupació de la menuda. Els pares marxaven tots dos al camp i a la vinya i ella s'encarregava de collir faves i cigrons i pèsols, ho desgranava i ho cuinava per tenir el dinar enllestit quan tornessin. «I dic pèsols perquè potser els fèiem cada dia durant una quinzena, com que n'hi havia molts ens els havíem de menjar»: curiosa selecció de la memòria, considerant que el pèsol és llegum de vida curta en l'hort. La tasca de recol·lectar i cuinar no li era feixuga: «Sempre m'ha agradat coure, a mi. Quan jo era molt petita, devia tenir nou o deu anys, el pare sempre deia: que faci el dinar la Maria, sempre ho deia. També em cuidava del nen més petit, jo». I segurament donava un cop de mà amb els animals, dos vedells, gallines, conills, els cavalls del carro de traginar. Preparava des de petita, i sense saber-ho, el seu camí d'hostalera.

Nativitat Iglesias
95 anys
Monja benedictina

Nativitat Iglesias, nom que sembla predestinat, es va fer monja benedictina perquè «el Senyor, que és l'Amo, m'hi va estirar». És filla d'un propietari de Santa Coloma de Farners, posseïdor d'un bon tros de bosc a les Guilleries, que explotava amb la pacient saviesa apresa de generacions, fent rotació entre les parcel·les. Eren boscos de castanyer, bàsicament, dels que s'aprofitava la fusta. Dels exemplars que rebrotaven després de les tales, als cinc anys en tallaven els grans per fer caixes de fruita. Però en arribar als 18 anys, aquell pa de bosc –una «vaga»– es tallava a ras. La gràcia era que la propietat estava repartida de manera que cada any tocava arrassar una «vaga». L'avi, que va posar la primera serradora d'Espanya, ja ho feia així, i segurament el besavi també, en temps en què el bosc «es feia a mà». La serradora va permetre un aprofitament més industrial de la fusta del castanyer, sobretot per fer bótes de vi, un producte que aleshores tenia molta sortida perquè, com diu Nativitat, no es poden reciclar com es fa amb els envasos de vidre. El seu pare va voler arrodonir la feina i durant una temporada va tenir una fàbrica de bótes, però no va funcionar, potser perquè no tenia traça pels negocis, potser perquè no va saber torejar el boicot que els boters de sempre van fer a la competència fresca que ell representava. Així que el parament de la fàbrica, i la inversió que va suposar, va acabar en no res.

Malgrat aquesta aventura empresarial, que durant un temps va ajustar els comptes de la família, els Iglesias tenien i van conservar una situació acomodada. La casa pairal de les Guilleries i una altra a Santa Coloma de Farners –que era el mercat central de les seves transaccions– i encara, durant un temps, un pis a Barcelona, que es va fer petit i doncs es va vendre quan la família va créixer amb dos bessons, que van completar una fillada d'onze criatures. De manera que Nativitat Iglesias, que recorda amb precisió els detalls del negoci de la fusta, va viure a Santa Coloma de Farners –però allò que evoca són els estius a la casa pairal a Santa Creu de les Guilleries, o sigui, un tast de ruralitat, ja que la finca estava aïllada, «a cinc quarts d'hora de camí del poble més proper». Però a cinc minuts de la parròquia, on vivia el senyor rector i els seus masovers! Una vida amb l'horitzó en calma, com es deriva d'una posició acomodada. I això volia dir, en aquell temps, molt de servei: cuinera, cambrera, mainadera... «Al meu pare, cuidar-se de les finques li agradava molt, però fer-se càrrec de l'administració no, així que la portava la meva mare. Ella feia els tractes amb els negociants de fusta».

El món descansat de la família Iglesias correspon més al paisatge urbà –Santa Coloma de Farners era un centre actiu i modern– que no pas al rural, amb el que suposava la vida rural ara fa cent anys. Malgrat que la tradició indica que més val ser pobre al camp perquè al capdavall sempre es troba alguna cosa per menjar, el cert és que, un cop establerts els mínims, si la vida a ciutat no assegura un bon passar, almenys dóna la solidesa de l'entorn. És clar que les famílies acomodades vivien bé en qualsevol lloc i les que no ho eren tastaven la duresa també arreu. La ciutat era una Barcelona que per força era la vella –alguna d'aquestes famílies van arrelar, venint de fora, quan encara estaven dreçades les muralles. Era una Barcelona de diferències socials molt marcades (que la visió domèstica d'aquestes dones no descriu, perquè cada una d'elles sembla centrar-se en el propi univers), obrers i senyors, i una molt incipient classe mitjana de comerciants, professionals, dependents, assalariats, immersos en el batibull polític, sindical, de començament de segle: el paisatge remogut de la capital que es feia ella mateixa.

Maria Joaquim
101 anys
Modista
Barcelona

La família Joaquim venia d'Alcoi i eren obrers tèxtils –el pare treballava en una fàbrica de faixes de criatures, l'antecedent gairebé ortopèdic dels bolquers. Venir a Barcelona va ser cosa d'un amic i va comportar l'aventura de trobar una feina, primer de manobre (és a dir, de paleta) i més tard de teixidor, a 18 pessetes la setmana, i aleshores cridar la família. De les 18 pessetes del jornal, 15 eren per la dona, i tres se les quedava el cap de casa pel tabac: encara estalviaven! És clar que la dona ajudava: feia de pantalonera, cosia pantalons per vendre i, lògicament, tota la roba que es gastava a domicili, incloses les camises i els calçotets del seu home. Vivien al carrer Baix de Sant Pere, el que avui és barri tèxtil de Barcelona, almenys pel que fa a les transaccions a l'engròs, però el pare devia treballar en alguna de les grans filatures situades en els barris, abans viles, del voltant: Sant Andreu, o potser Sants o Sant Martí.

La Maria Joaquim no ho explica. Té present una infantesa de cinc criatures, el noi gran i quatre nenes, una de les quals, la Lolita, va morir a tres anys, cedint-li el lloc de «ser la petita». De fet, la mare havia parit 9 fills, dels que només van sobreviure aquests quatre. «Als altres germans no els vaig conèixer perquè van néixer abans que jo. Van morir tots de petitets i com que abans no hi havia aquests *adelantos*...». Això significa que les dones infantaven a casa, i en el cas de la senyora Vilaplana de Joaquim, sense ni tan sols llevadora, perquè anava tant de pressa que no hi eren a temps a arribar –tampoc hi havia telèfon per cridar ajut en el moment precís. «Però la mama deia que mai va tenir problemes, que es posava mig de genolls entre dues cadires, feia força i la criatura queia a terra». La nuesa dels fets, sense valoracions.

La família vivia al carrer de Sant Pere més Baix, en un pis molt gran, que ella recorda amb admiració, potser pel detall dels sostres pintats a mà, imatges de regust modernista que devien fer-la somniar amb altres paisatges i altres aventures. Al pati, que estava en un nivell inferior, hi havia un safareig amb un cap de lleó que abocava l'aigua. El pis era de lloguer i en pagaven 30 duros al mes, una quantitat important. Tant, que temps a venir llogarien una de les habitacions a un metge vidu, que aportava la meitat de l'estipendi per ocupar una de les cinc habitacions i una de les sales que donaven al carrer. Però aquest personatge, sens dubte discret, es desdibuixa en els seus records i no torna a sortir en el relat, excepte en un fet: la Maria, de joveneta, va començar els estudis d'infermera i no els va acabar perquè la vida va imposar unes altres regles de joc.

Agustina Lorca
81 anys
Mestressa dels
Magatzems Fortunet
Figueres

Agustina Lorca Cid va néixer al Masnou, el 1918, la petita de tres germans, un d'ells una nena que va morir de seguida, el destí tràgic de tantes criatures a la ratlla del segle. El pare era militar. No consta en el registre familiar que fossin parents de Federico García Lorca, però tampoc que no ho fossin, i el fet és que el poeta –també lligat a un destí tràgic d'altre signe– va tenir contactes amb una altra branca de la família, cosins per via paterna, un dels quals va ser alcalde de Figueres. De fet, la vida d'Agustina transcorre entre Figueres i Portbou, on es va casar la mare, després d'una estada a Filipines. Hi ha una certa transhumància de l'estirp, al marge que el pare canviés sovint de destinació. Un dels germans de la mare, per exemple, era agent de duanes de la companyia Transatlántica, l'empresa naviera del marquès de Comillas, i anava i venia en vaixell des de les Amèriques.

Aquesta branca de la família era oriunda de Galícia, on van morir els avis de l'Agustina sense que ella els arribés a conèixer. Per quins viaranys la mare, separada de la família, va passar per Filipines abans de recalar a Portbou, on hi vivia un germà, l'Agustina no ho explica. Devia ser una de les tantes onades d'emigració d'aquella terra fronterera, on el món s'acaba i l'únic camí cap endavant comença en la coberta d'un vaixell. El germà de l'Agustina, tocat del mateix cuquet itinerant, va morir a Veneçuela. I és la figura de la mare, una dona forta i tenaç, la que l'ha marcada com a model: la dona que treu forces per superar el destí advers –es va quedar vídua a 32 anys–, que tira endavant la família, que mai va proferir una queixa malgrat el pes que duia a sobre, la feina a les duanes, la feina a la casa, sense minyona i sense cobrar pensió de cap mena per la mort del marit. El germà d'Agustina ho deia, compartint l'admiració: de mares com la que hem tingut tu i jo, no n'hi ha cap. L'Agustina va aprendre'n la lliçó: va aprendre a multiplicar el temps per arribar a fer-ho tot, va aprendre a parar els cops que la vida li plantegés.

Aurora Díaz-Plaja
86 anys
Bibliotecària i escriptora

Una altra filla de militar, en aquest cas de nissaga andalusa, és Aurora Díaz-Plaja (1913), d'una modèlica carrera intel·lectual com a bibliotecària, paral·lela a la del germà Guillem, escriptor i professor. La mare era de Figueres, el primer dels fills va néixer en un destí de províncies, a Manresa, i la resta, tres noies i un altre noi, van venir al món a Barcelona, en els *pavellons* de la Ciutadella –és a dir, els que avui ocupa la Universitat Pompeu Fabra al carrer de Wellington. «Jo vaig néixer entre la gàbia dels monos i la caserna on el meu pare era comandant. Els sentíem tocar diana a les sis del matí», recorda amb humor l'Aurora.

Els pisos de militars eren enormes, vuit habitacions, i uns terrats amplíssims on els nens jugaven, saltant d'un a l'altre fins a completar la volta sencera al quadrat, un joc que s'endevina una mica atrevit, però que ha estat el divertiment habitual –i segons com encara ho és– dels nens de la ciutat antiga. «Jo sempre dic que vaig tenir dues germanes que només eren germanes i dos germans que van ser els meus amics, especialment el Guillem, que va ser el meu professor pel que fa als llibres. Eren més castissos, els nois. Les meves germanes eren d'aquell tipus de noies que sempre anaven mudadetes i pintadetes –la mare s'enfadava amb mi perquè no em volia pintar». Des de petiteta, l'Aurora envejava la llibertat dels germans, que es lliuraven de les tasques domèstiques en virtut d'una llei tàcita que ella no arribava a comprendre. La mare no volia que els nois anessin a buscar el pa, ells no hi han d'anar, deia. Com que no?, preguntava l'Aurora. I l'única resposta era la del seu pare: l'Aurora té raó. Però aquesta raó no canviava res: eren les noies les que recollien el pa i el pare, tan just en el seu criteri, mai movia un dit per ocupar-se d'alguna tasca relacionada amb el bon ordre d'aquella llar. Perquè els fets eren més tossuts que les paraules i algunes coses ni tan sols es podien arribar a concebre: la divisió del treball domèstic era un ordre secularment establert que res ni ningú podia canviar.

Mercè Sabaté Cebado
92 anys
Secretària
Afeccionada a la natació
Barcelona

També a la Barcelona vella va viure Mercè Sabaté Cebado (1907), a tocar de la Rambla, primer sobre el carrer Cardenal Casañas i després a l'altra banda, en l'edifici on hi havia la perruqueria Cebado, la primera de Barcelona, que era del seu avi matern. L'establiment era espaiós i pletòric de luxe, amb butaquetes entapissades per a les clientes, motllures i daurats, caoba i policromia a dojo, amb uns frescos que, al sostre, narraven la història de la perruqueria des dels temps dels fenicis. Eren obra de Ramon Padró, artífex també de la decoració del local, abans d'instal·lar-se a Madrid i arribar a ser pintor de cambra d'Alfons XII. Quan es va inaugurar la perruqueria, que va aglevar una clientela prestigiosa, van deixar anar coloms blancs a la Rambla. Aquí es pentinaven les dones que anaven a les funcions de gala del Liceu. La saga familiar la van continuar els Cebado, però l'avi va tenir un gest envers el promès de la seva filla i li va obrir un altre local perquè s'iniciés en el negoci, però no pas com a estilista, sinó com a amo i administrador. El noi, que fins aleshores havia exercit de mestre, es va plegar a l'oferta del futur sogre. La mare no tenia ofici ni professió «perquè aleshores les dones no treballaven, s'estaven a casa». Que no vol dir que no tingués feina.

La parella va tenir cinc fills, tres nois i dues noies. La Mercè és la penúltima i l'única supervivent de la nissaga. El seu bateig va ser motiu d'una disputa familiar, perquè la padrina designada li volia posar Àngels per honorar a la data del naixement. Com que un dels germans ja es deia Àngel, el pare s'hi va negar, va despatxar la padrina i va registrar la nounada amb el nom de Berta. La nova padrina de bateig va imposar a la nena el nom de Mercè, que era el seu, i la nena el va assumir com a propi malgrat que no consta a la partida de neixement. Vivien aleshores al costat de la perruqueria, a la Rambla, i la mainadera portava les criatures a esbargir-se a la plaça de Catalunya. Perquè la mare, que no tenia ofici, controlava tanmateix un estol de criats que s'ocupaven de les innombrables tasques quotidianes en una casa sense electrodomèstics ni facilitats.

Fossin de classe alta, mitjana o baixa, la dona era el centre de l'univers domèstic, la que el feia rutllar.

Maria Antònia Simó
84 anys
Secretària
Muntanyenca

«La mare es va posar malalta abans de tenir la meva germana i ja no va poder exercir de mestra. Va tenir una anèmia molt gran i els medicaments d'aleshores no eren els mateixos que els d'ara. Amb el naixement de la meva germana es va afeblir més. Va morir el 1939, ja acabada la guerra». Parla Maria Antònia Simó Andreu, nascuda el 1915, filla de mestres i la gran d'una prole de tres, ordre natalici que la va obligar a fer de «mare» de la petita, una metàfora que implica una responsabilitat assumida sense més complicacions, perquè les nenes entraven ben aviat en la cadena d'obligacions casolanes, sense escarafalls ni alternatives.

Quan va morir la mare, el 1939, vídua de feia poc, a la casa hi vivien dues germanes seves, l'una mestra i l'altra que brodava, però, especifica, «la que treballava era una servidora», i en aquest cas es refereix a feines remunerades que s'acoblaven amb les tasques domèstiques, repartides entre totes les faldilles presents. La Maria Antònia, que aleshores ja tenia 24 anys, estava acostumada a exercir el rol central d'aquella casa: n'havia tingut un tast prou intens durant la malaltia de la mestressa. De fet, la germana petita va dependre d'ella fins al moment de casar-se. Del germà no diu res quant a ocupació professional –més tard seria pilot i instructor de vol a l'aeroport de Sabadell– i deixa clar que no entrava en el repartiment de les tasques domèstiques. L'absència del germà es deu, en aquest cas, als avatars de la guerra, primer com a pilot i més tard retingut en uns «camps de treball».

La mort de les criatures en néixer o poc després, la mort de la mare per un avortament –com en el cas de Maria Font de Rubinat– o per sobrepart, la mort del pare que destarota l'organització familiar... la mort com a presència constant. «Tocava els morts, els tocava la cara i els feia petons», diu Dolors Gou, aquella nena de la Secuita, «Mare de Déu, me'ls menjava, pobrets!» Va morir primer la germaneta ofegada i, més tard, un altre germà ja més gran: una moto que corria amagada darrera un camió li va donar un cop que el va matar hores després. Ofegat, també va morir el pare d'Agustina Lorca, destinat aleshores a Sant Pere Pescador, un dia que va voler anar a L'Armentera tot creuant el riu, el Fluvià: va caure a l'aigua i va quedar enganxat sota la barca. La nena tenia només dos anys i la mare va trobar que la vida se li capgirava: va haver d'entrar a treballar a les duanes –com a cap de personal de les dones–, cosa que va significar l'assentament de la família a Portbou.

Dolors Gou
107 anys
Masovera a la Secuita

Agustina Lorca
81 anys
Mestressa dels
Magatzems Fortunet
Figueres

I va morir, també jove, el pare de la Montserrat Moner, qui anys després es casaria amb Joan Alavedra, l'escriptor tan lligat a la biografia artística de Pau Casals, en temps de l'exili a Prada del Conflent. Era una nissaga de notaris i advocats, de bona posició. El pare va morir de càncer a 30 anys, deixant vídua i quatre criatures i un passat de sobte esvanit de minyones, cuineres i mainaderes... La mare es va disposar a viure de renda, però una renda exígua, i es va mudar a Barcelona per tal de poder llogar les propietats de la família a Girona, d'on eren originaris. Llogar-les o vendre-les, tot just per anar tirant, amb l'afegit d'un retall obligat: la legítima de les

Montserrat Moner
94 anys
Vídua de l'escriptor
Joan Alavedra
Professora de piano

dues germanes solteres del pare. «Van ser uns anys d'una economia molt estricta», rememora Montserrat Moner. «Quan jo tenia deu anys recordo que es va vendre una casa i li'n van donar 5.000 pessetes». Però havien de durar fins a la pròxima venda. La família es va arreplegar a casa dels avis materns, a Barcelona, al carrer de la Lluna. Havien estat fabricants de pells adobades, però la guerra de Cuba els va arruinar –no arribaven els tints– i per això van marxar a Barcelona, on tenien un negoci d'olives farcides, que no va anar pas millor. «Així que la meva mare i nosaltres quatre vam venir a viure amb uns avis malalts i un oncle que sort en vam tenir d'ell, perquè era molt bona persona i com que era solter ens va fer una mica de pare». La vida acaba per acomodar-se, sempre.

Carme Pedarrós
93 anys
Minera i minyona
Vall d'Aran. Bossòst

La família Pedarrós, lligada a la duresa de la vida de Bossòst, va patir amb inusitada insistència els cops traïdors de la mort. Tanta insistència que el drama es dissipa en una fosca, sorda tragèdia resignada. «La meva germana Albanie, que en espanyol seria Alba, també l'enviaven a les vaques i quan tenia 14 anys se li va tirar una vaca al riu i la nena estava desesperada. Es va quedar tan *asustada* que va perdre la paraula, sis hores sense poder parlar, va estar». El motiu de l'ensurt, del pànic, era el pare –l'home que s'emborratxava, que va perdre per culpa de la beguda la casa del poble i que en arribar a casa tustava la dona–. «Quan arribava borratxo a casa la pegava i a nosaltres ens posava de genolls a terra amb els braços estirats i si deixàvem anar un braç cap avall, una castanya!». Per això la nena de 14 anys s'havia espantat, tot i que uns treballadors de la mina la van ajudar a treure la bèstia del riu. «De la impressió se li va quallar el cor i als tres mesos va morir», i és difícil dir quina era la traducció científica d'aquest mal. La joveneta va morir en pau, potser alliberada –«no me'n vaig amb pena», deia en el seu llit de mort– i al cap d'uns anys va morir una altra germana, aquest cop de part als 21 anys i pregant «cuideu-me la criatura, cuideu-me la criatura». I la van cuidar, primer la Carme, que ja era casada, i més tard també la mare, que es va instal·lar a casa de la filla quan va morir –un altre alliberament– el pare, d'una borratxera. «El pobret nen, quan tenia nou mesos i ja començava a voler caminar va agafar una infecció al ventre, el tifus que se'n deia, i es va morir també. En van morir 8 o 9 aquí al poble. Tenien cagarrines, cagarrines, *hasta* que se morien perquè no hi havia medicaments com ara. Els meus fills no van tenir res, han estat forts, mira.»

Es va trencar, doncs, la maledicció de tres generacions i quatre morts successives, narrades com si res, simples incidents de l'existència que es truncava per qualsevol motiu. I és que les malalties, aleshores, eren una condemna, fos al camp o a la ciutat. Barcelona era lloc de pestes, terribles epidèmies que delmaven la població sense que les autoritats, ni el personal sanitari, poguessin fer gaire cosa per aturar-les. Va ser el tifus, també, el que va matar el pare de la Mercè Sabaté Cebado, el 1914, «una malaltia molt dolenta» que va emmetzimar tota la família, incloses les minyones, però només se'n va endur el cap de casa. «Venia un metge que era militar, però és clar, no tenia medicaments ni res». El 1937, encara, va morir el pare de la Maria Antònia Simó, que per-

Mercè Sabaté Cebado
92 anys
Secretària
Afeccionada a la natació
Barcelona

Maria Antònia Simó
84 anys
Secretària
Muntanyenca

dria la mare dos anys després, sense que la dona especifiqui avui la causa del traspàs del progenitor, com si una callada acceptació presidís aleshores el temps de dol.

Maria Calls
83 anys
Mocadera i hostalera
Vallès Oriental

Terrible tirallonga de morts, cegues i reiterades com les batallades d'una campana, i cal sumar-hi l'hemorràgia de fetge que es va endur el pare de la Maria Calls, la filla de Can Fuster de la Serra, pagesa. Que recorda el contacte humà de la petita comunitat rural en temps de desgràcies: «Si hi havia un malalt tots els veïns corrien a ajudar la família afectada. Quan va morir el meu pare, els veïns d'una casa molt gran que es deia La Guàrdia van venir tots. Va ser un cop dur però vam haver de continuar igual, treballant al camp; els veïns venien a llaurarnos la terra, al principi, fins que els nois de casa es van fer grans». No tot, però, era igual, més enllà dels senyals externs de l'absència. «Tots vestits de negre, començant per la meva mare, que tenia 39 anys quan es va quedar vídua. Es portava dol tot un any, o més». Les campanes tocaven a mort, tres cops per una dona i dos per un home –era el capellà, avisat, qui llençava aquest codi de comunicació als quatre vents. Els veïns paraven l'orella a la primera campanada, ansiosos. «De la casa de la persona que havia mort no podien sortir, aquell dia, havien de vetllar el difunt, llavors els veïns feien el que es necessitava, avisar la família, les esqueles, la caixa, de tot això es cuidava el veí que estava més a la vora, que es deia *menador de dol* i anava davant del seguici durant l'enterrament», descriu la Maria Calls, sense posar ni treure un adjectiu, com qui explica els preparatius de la festa major del poble.

Dolors Canals
86 anys
Pedagoga i investigadora

Dolors Canals i Farriols va néixer el 1913 en una família benestant, típic exponent de la burgesia catalana de l'època, és a dir, el pare enginyer que s'ocupava de la fàbrica tèxtil heredada d'una o dues generacions, en aquest cas l'Algodonera Oriol Canals, propietat de la seva senyora mare. «I cada dia el meu pare, al tornar de la feina, començava per anar a casa de l'àvia al principal, abans de pujar a casa, cosa que a la meva mare l'enrabiava, però no era tant la seva mare la que visitava, com la cap de l'empresa», que havia passat a dir-se Algodonera Viuda Canals. La fàbrica produïa els uniformes dels treballadors dels tramvies, pana a l'hivern i «rayadillo» a l'estiu, quilòmetres i quilòmetres de teixit, i també lones per a les tartanes de començament de segle. Més tard encara hi van afegir el revestiment de les ales dels avions, primitius avions de la I Guerra Mundial, que es feia amb un cotó molt fi i molt resistent. Van guanyar-hi una fortuna. El pare viatjava a Turquia i al Pròxim Orient per a la compra de cotó, a Anglaterra en busca de les darreres tècniques i amb un ull posat sobre els U.S.A., interessat per la producció en sèrie.

La família Canals, àvia en el principal i joves al primer pis, vivien a la dreta de l'Eixample –entre Claris i Llúria–, com tants altres industrials de l'època. L'Eixample, la primera expansió de la Barcelona que acabava de saltar les muralles, va ser l'escenari de la poderosa burgesia emergent del tèxtil, que el va triar com a territori de modernitat. Un membre de la família Canals instal·là la primera emissora de ràdio amateur. Compartien veïnatge i amistat amb els Juncadella i amb la senyora Tecla Sala, aquesta última habitant d'un esplèndid edifici noucentista / racionalista conegut com a Casal Sant Jordi, obra de Joaquim Folguera que avui allotja la Conselleria de Justícia de la Generalitat. Aquest casal tenia la particularitat de situar l'habitatge principal en les plantes superiors, una modernitat només atribuïble a la instal·lació de l'ascensor i a la capacitat innovadora d'aquelles dones que, per herència o per viduetat, agafaven les regnes de la fàbrica i del patrimoni i tiraven endavant indústria i inversions en un món governat pels homes. La fàbrica Tecla Sala és ara centre cultural de l'Hospitalet. «La nostra era una casa tradicional d'aquestes de l'Eixample burgès», confirma Dolors Canals, «però era moderna en el sentit que tenia calefacció central i màquina de rentar roba», novetats a càrrec del servei, que se'n beneficiava. Apuntava, doncs, el temps de la modernitat. Que no arribaria a tothom en el mateix moment.

Era, el de Dolors Canals, l'Eixample primigeni, el que més va respectar les idees pioneres d'Ildefons Cerdà, l'inspirat urbanista que va dibuixar la creixença de Barcelona quan la ciutat va incorporar les viles veïnes per assolir les dimensions de gran capital. L'Eixample era una aposta per la qualitat residencial, amb mansanes equilibrades, de baixa densitat i grans jardins interiors: una ciutat ideal planificada per un enginyer utòpic que volia corregir les mancances i els problemes de l'atapeïda ciutat emmurallada. «El jardí de casa tenia una glorieta per anar a prendre cafè amb els lilàs penjant... Allà hi havia espais que pertanyien a cada casa i sota terra del nostre hi havia la maquinària per rentar roba i per planxar. De refrigerador i telèfon també en teníem. La calefacció central estava a tot arreu, però a la nit tancaven els radiadors dels dormitoris i dormíem amb el balcó obert, amb uns bons edredons a sobre. En aquella època no hi havia tràfic, només passaven els tramvies i se sentien les campanetes. Al balcó penjava una cortina prima, de color d'ivori, per tallar una mica la llum i després unes altres, gruixudes, de vellut per tancar del tot».

Aquestes eren les estances que nodrien la quotidianitat de la família Canals Farriols, dos cognoms amb prosàpia perquè la burgesia és endogàmica per definició. Dolors Canals és capaç de filar prim i separar el caràcter sever dels Canals del més obert i liberal dels Farriols, detall que es notava també en el nombre de fills de cada branca familiar en un temps en què les dones infantaven una criatura cada any o cada dos, gairebé per obligació. O perquè no estava ben vist fer res per evitar-ho. Els Canals n'eren una dotzena, els Farriols només tres. Els primers eren esportistes, catòlics, rígids de costums. L'àvia seia en el seu silló presidencial i es feia besar la mà; els segons, cultes, alegres, amb festes a la torre de la Garriga –destí tradicional, juntament amb el Maresme, dels estius confortables dels habitants de la dreta de l'Eixample. Es nota la predilecció de Dolors Canals pels avis materns. «Els Farriols tenien la seva casa a la Rambla, prop de la Virreina, Anaven sovint a França, a Bourg Madame i a París. I l'avi a altres països per assistir a congressos mèdics. La seva ciutat predilecta era Sant Petersburg. Van ser uns grans defensors de Verdaguer. Rcordo que quan vaig fer 12 anys, l'avi se'm va emportar a París amb la condició que jo parlés en francès a l'hotel, a les botigues i als museus. Allà em va comprar el meu primer perfum i el meu primer microscopi. Els Farriols tenien lloc al Liceu i l'avi hi era el dia de la bomba», l'atemptat que va commocionar Barcelona i amb el qual Santiago Salvador va venjar l'execució d'un altre anarquista ferint el cor mateix del món de l'alta burgesia. Un món de detalls encisadors, que remeten a una època en què els privilegis eren quasi una identitat: on tot era possible. «L'àvia tenia un problema cardíac i es va fer posar un sistema telèfonic per escoltar les òperes del Liceu des de casa. Era una dona molt elegant, vestia a París i duia grans barrets i joies modernistes... En aquella època feien òpera en català. Jo encara podria cantar fragments d'*Hansel i Gretel*» –una representació que va ser una fita ciutadana. Per contra, els Canals eren més austers d'indumentària, més senzills: «només un bon brillant o així». I ho diu sense ironia.

El pare, Oriol Canals, va morir durant l'epidèmia de grip del 1918, que va fer estralls a tot Europa i milers de morts a Barcelona. Tanmateix, era un món rodó i encoixinat, que s'endevina immers en la càlida prodigalitat de les curves modernistes, del modernisme com a símbol i expressió de la puixança de la burgesia, té una rèplica exacta en la casa que allotja els records infantils de Maria Font de Rubinat, aquell edifici notable de Domènech i Montaner a Reus. La vida sembla complexa en un escenari carregat de fustes i daurats, d'excessos ornamentals i mobles de marqueteria, però el relat de Maria Font dibuixa un viure quotidià simple com una rutina.

«Cosíem tot el dia», dictamina. «Teníem una cosidora que venia dos dies la setmana, el dia sencer, però quedava molt per fer, perquè no es comprava res fet –les que compraven fet no tenien res de bo».

En aquelles cases tan grans, el quarto de cosir era també el de jugar: allà on les dones feien vida, amb les criatures al voltant. «Totes les tardes les noies cosint i xerrant, tant si tenies traça com si no. I això que llavors fer un trau era fer un trau», precisa Maria Font de Rubinat. Aquest regne interior estava tàcitament vedat als homes de la família: «El pare només baixava a dinar. Mai l'he vist assegut al quarto de costura». La separació de rols, també la certifica Dolors Canals: «Era una cosa ja marcada, fixada i d'aquí no et podies pas moure: tenies el teu lloc establert segons si eres home o dona, i també segons la classe social. Estava tot molt fixat i cadascú al seu lloc». Lloc que es traduïa fins i tot físicament, amb zones femenines, autèntics gineceus, en les grans cases senyorívoles, i àrees de representació on es movien els homes, i encara les estances del servei on no hi entraven les senyoretes.

Maria Font de Rubinat
95 anys
Família senyorial de Reus

Dolors Canals
86 anys
Pedagoga i investigadora

Ho expressa sense manies Dolors Gou, de la Secuita, on l'univers físic era compartit però les tasques, no: «Les feines de casa les fèiem les noies, és natural». El rol domèstic de la dona com a suport de la vida quotidiana, aquest rol *natural*, tenia sovint un tomb més exigent en el cas dels malalts, perquè també era la dona –o les noies, si convingués– les que vetllaven quan la salut d'un familiar es trencava. Maria Calls recorda que va haver de cuidar la seva àvia quan només tenia onze anys: l'àvia que vivia a l'ermita d'El Far. «Em van fer anar a cuidar l'àvia fe-

Dolors Gou
101 anys
Masovera a la Secuita

Maria Calls
83 anys
Mocadera i hostalera
Vallès Oriental

rida amb una botelleta de vi i un pa de pagès. El quarto on vaig dormir era sobre el cementiri i tenia el terra de fusta. Els veïns van venir al vespre i em van dir que anés a dormir amb ells, però jo vaig dir que m'havien enviat a mi, que no tenia por, que marxessin. Just havien enterrat un noi jove d'una casa de pagès i jo ho sabia i a la nit no vaig poder dormir gens perquè cada mitja horeta sentia toc-toc-toc sota el llit. Jo cargolada i poruga allà dins, amb onze anyets». De fet, qui feia els tocs era el gos de la casa, que s'havia arraulit sota el llit, però el cas és que aquella criatura espantada, amb la imaginació oberta, era la responsable de vetllar en solitari una vella tocada de feridura!

Pepeta Castanyer
96 anys
Filla de pescadors
Obrera tèxtil
Sant Pol de Mar

I és que en el món rural la pobresa consubstancial imposava una senzillesa sense pal·liatius. Pepeta Castanyer, filla dels pescadors de Sant Pol, ho simbolitza amb un mot: «Teníem tan pocs recursos que només ens fèiem un sol vestit de llaneta, i que era tant per a l'estiu com per a l'hivern». És cert que algunes famílies acomodades de la vila regalaven la roba poc usada als necessitats i aquells vestits reaprofitats i les sabates amb mitges soles eren una segona estrena al llarg de l'any. «Sovint ho estrenàvem per santa Victòria, que era el 27 de novembre i aquí es feia una festa que ara s'ha perdut». Perquè l'estrena de roba coincidia amb les festes: el de llaneta, que havia de durar tot l'any, entrava en joc per la festa major d'estiu.

Mercè Sabaté Cebado
92 anys
Secretària
Afeccionada a la natació
Barcelona

Llavors es fa cruel el contrast amb la memòria de Mercè Sabaté, de la nissaga dels Cebado, que veia desfilar la cosidora i la planxadora «perquè aquells vestits de puntes que portàvem s'havien de planxar ben planxats i es necessitava una planxadora». Però eren també dones –dones treballadores dels barris allunyats– les que feien aquests oficis, com les famoses bugaderes d'Horta, que baixaven al pla per rentar la roba de les famílies benestants: ho diu Maria Antònia Simó, la noia que es va haver d'escarrassar per sostenir la família quan la salut de la mare va flaquejar. «Ni a casa meva ni a cap casa era normal que els homes treballessin, així que posar-se a la cuina, rentar o planxar ho havies de fer tu. Durant una època, a casa va venir una bugadera d'Horta, que s'emportava la roba per rentar-la i portar-te-la neta, però quan la cosa es va complicar, em vaig haver d'espavilar jo, perquè la bugadera suposava una altra despesa». Una bugadera d'Horta també feia servei a la casa de la Montserrat Moner, la mare de la qual va haver de treballar –va obrir una tintoreria– per tirar endavant la família, un cop vídua, i sense poder comptar amb cap noia de servei.

Maria Antònia Simó
84 anys
Secretària
Muntanyenca

Montserrat Moner
94 anys
Vídua de l'escriptor
Joan Alavedra
Professora de piano

Dolors Canals, esperit racional, disecciona la realitat punyent de les noies que es llogaven per al treball en cases riques: «El servei era tot català perquè en aquella època emigraven dels pobles i venien cap a Barcelona. Passava que la mare moria després d'haver tingut 9, 10 o 11 fills i llavors quedava tot penjat i les noies buscaven feina domèstica i els nois una cosa o altra». Per casa seva desfilaven les eventuals, les que no hi dormien –la cosidora, la bugadera, la dona de fregar– que ajudaven les minyones fixes. «Cada nit hi havia el servei d'escombraries i per a les minyones era un alleujament perquè agafaven uns trastos de metall grans i les baixaven, i amb aquest sol fet ja trencaven una mica el seu dia de fei-

Dolors Canals
86 anys
Pedagoga i investigadora

na sense parar. Anaven a baix, xerraven amb l'escombriaire, es deien quatre coses, l'escombriaire els feia bromes i tornaven a pujar. De manera que era com ara a les oficines anar a prendre el cafè». Amb el mateix to tranquil descriu la feina de rentar la roba a la torre dels Farriols a la Garriga: «A la part alta del jardí hi havia el safareig, que estava sota una teulada per protegir-lo del sol. Estava dividit en quatre parts i les bugaderes posaven primer la roba en una part per estovar-la, després la passaven a l'altre safareig per ensabonar-la, en el tercer es començava a esbandir i en l'últim s'acabava».

Maria Calls
83 anys
Mocadera i hostalera
Vallès Oriental

Maria Calls recorda el tragí d'«anar ben nets», com volia la mare –perquè hi havia, malgrat les privacions, aquest orgull irrenunciable de la feina ben feta, quasi un sentit d'identitat dels pobres. «El veí de més a la vora era Ca l'Agell, que ens donava l'aigua i ens deixava rentar al seu safareig. Me n'havia fet un fart de pujar i baixar amb el cistell de roba, perquè esteníem a casa nostra, que quedava a dalt. I després de rentar la roba, corrents per collir menjar pels vedells perquè el meu pare no s'hi fixava que la roba fos neta o no, el que volia és que el bestiar estigués ben acordat i si la mare no havia collit el menjar llavors la renyava, perquè ella, pobreta, no tenia temps de fer-ho tot».

Aquella roba rentada amb tant de tràfec, amb l'aigua freda a l'hivern, era també roba feta a casa a la llum del carbur o les espelmes. Dificultat afegida, la de la poca llum, que no impedia que les noies haguessin de cosir-se l'aixovar per poder afrontar el matrimoni i doncs el parament d'una nova llar. «Encara tinc molta roba d'aquella, que no he fet servir mai, perquè t'havies de fer una dotzena de camises, una dotzena de bragues, de llençols, de tovalloles... tot fet a mà», somriu.

El mateix esforç d'organització, d'inversió en temps i braços, representava el menjar en les famílies benestants, perquè la dieta s'anava aprimant a mesura que es baixava en l'escala social, fins arribar a límits de pur esllanguiment per als obrers. «La carne la veíamos en retrato», recorda amb humor Juana Zapata de la seva infantesa a Múrcia, plagada de menjar *potajes* i sardines. L'organització començava pel proveïment i era, com sempre, responsabilitat de la mestressa de casa dirigir o protagonitzar l'operació. «La minyona anava cada dia a comprar», diu la Maria Font de Rubinat, «i després passava comptes amb la meva germana gran. Li deien què havia de comprar, tot i que moltes coses venien del mas. La llet es comprava a la porta de casa, que encara passaven els ramats de cabres per Reus, cabres, sí, que la vaca és molt més modern: les vaqueries van començar quan jo tenia vint anys». El menjar es guardava a la fresquera, en una habitació ben airejada, però es consumia de seguida i en quantitat. «Fins a la guerra es van fer tres plats a totes les cases. *Sota, caballo y rey*, en deia la gent. Primer sopa o verdura, després una altra cosa i en acabat carn o peix».

Juana Zapata
84 anys
Filla de guàrdia civil
Obrera

Maria Font de Rubinat
95 anys
Família senyorial de Reus

El refinament de Barcelona era, però, molt superior: «Comprar, compraven les cuineres, però la mare trobava coses exòtiques i fruites tropicals en botigues especials», precisa Dolors Canals. L'alta

Dolors Canals
86 anys
Pedagoga i investigadora

burgesia tenia el seu tast de sofisticació: «Recordo els gelats de les Granges La Catalana, que eren com una bola amb ou i crema per dins, tot flonjo, i per fora una closca de grosella». Els Farriols, els avis materns alegres i liberals, es feien portar sovint plats especials del restaurant Martin, un dels millors de Barcelona i especialitzat en cuina francesa, que els servia les *poulardes* al punt. La distància es marca en relació a la classe mitjana, com ara els Cebado, que ja assumeixen una cuina tradicional, substanciosa però sense gaires complicacions. Diu Mercè Sabaté: «Els dies de cada dia fèiem el caldo i els diumenges macarrons o arròs, no pas paella com es fa ara sinó arròs a la cassola, que era més bo perquè es feia en cassoles de terra».

Mercè Sabaté Cebado
92 anys
Secretària
Afeccionada a la natació
Barcelona

A la Vall d'Aran hi havia menys coses per tirar a l'olla i encara sort del que donava el tros. Es menjava del que hi havia al voltant, segons detalla Carme Pedarrós, de Bossòst: «Molta sopa aranesa. Hi posàvem col, patates, mongetes i si tenies arròs, un grapadet d'arròs, i després una mica de *tocino*, que el criàvem a casa. Amb el *tocino* fèiem l'*adoba* i així en teníem per molt de temps. De vedella no en menjàvem i peix tampoc. Era massa car». Per això hi havia un sol carnisser al poble i una senyora que portava el peix de França, amb una carreta: però eren viandes per als que les podien pagar. Les vaques donaven la llet –un dels puntals de la dieta pobra– i no faltava mai el vi, «vi negre amb porró, que era barat», també per a les criatures, que el rebaixaven amb un xic d'aigua.

Carme Pedarrós
93 anys
Minera i minyona
Vall d'Aran. Bossòst

Sopa i vi eren els recursos habituals. «Menjàvem escudella gairebé cada dia i quina escudella», s'atura un moment Pepeta Castanyer de Sant Pol, la nena del vestit únic per tot l'any. «Semblava aigua de l'aixeta perquè no podíem comprar tiberi per fer-la bona». Maria Joaquim, filla d'obrers a Barcelona, té una memòria molt precisa pel que fa als preus –i aquest detall dóna la mesura de les economies depauperades dels Castanyer, dels Zapata, dels Pedarrós. La nena anava a comprar al Mercat de Santa Caterina abans d'anar a escola, hi anava amb un duro i encara sobraven diners per l'endemà... però aleshores el jornal del seu pare era de quinze pessetes la setmana. «Comprava un coll o una ala de gallina, un os de vedella (del peu, de l'ungla), pastanaga, cigrons... Un coll costava un ral, mitja dotzena d'arengades també costaven un ral, un litre d'oli valia una pesseta». L'oli i el vi no es compraven a mercat, sinó en botigues específiques i en la infaltable bodega de cada barri. «Jo bevia vi amb aigua. L'aigua l'anava a buscar amb un càntir quan sortia del collegi a les dotze, anava a la font del carrer Claveguera. Menjàvem caldo i una mica de tall, i després fruita. De cafè en preníem els diumenges, i jo l'anava a comprar a Can Juncosa, davant de Can Jorba».

Pepeta Castanyer
96 anys
Filla de pescadors
Obrera tèxtil
Sant Pol de Mar

Maria Joaquim
101 anys
Modista
Barcelona

Però el proveïment de la llar, era encara més entretingut, i la memòria de Maria Joaquim, futura modista, es mostra prodigiosa. Un cop per setmana la mare anava al colmado –quan aquests establiments començaven a proliferar– i comprava el quilo d'arròs, de mongeta, de cigrons i de llenties, el formatge... Era una vida ajustada i sense luxes. «Quan la mama volia comprar una cosa més cara anava a les tripaires i es feia desossar un cap de be. Aquella era la carn que menjàvem, o una llengua, que feta amb patates quedava molt bona. La tripa la feia amb samfaina. La meva mama comprava molt a les tripaires perquè era més barat». Aquesta carn bàsica s'alternava amb arengades o bacallà, que era menjar de pobres. I alguns dies, especials, una espatlla de xai, que s'aprofitava fins l'escorrim, tirant el braó al caldo. «Tot això que comprava la mama ho deixava en una fresquera que tenia a fora la galeria». Era, és cert, la història amagada de la realitat quotidiana. Però si la veu d'aquestes dones, de gairebé totes les dones, ha estat silenciada és perquè elles mateixes s'acontentaven amb la vida petita del tragí domèstic.

Montserrat Moner
94 anys
Vídua de l'escriptor
Joan Alavedra
Professora de piano

Montserrat Moner, la família de la qual tampoc estava per gaires alegries, recorda que la seva mare anava a una fàbrica de Gràcia on venien a baix preu les galetes que es trencaven i no podien tenir la sortida normal. Les coses també es guardaven a la fresquera, «un armariet amb tela metàl·lica» i ella, de petita, col·laborava en les compres quotidianes, abans d'anar a escola –les monges Carmelites del carrer Lledó. Afegeix, però, un detall significatiu: «El millor menjar era sempre per als homes: el meu avi, per exemple, era el primer a ser servit i amb el millor tall».

CAPÍTOL 2

Aprendre a cosir, l'educació elemental

«Recordo el verb zurzir, *que era tan difícil: haver de dir* yo zurzo...!*»*

AGUSTINA LORCA

Margarita Riera
90 anys
Casada amb l'empresari
Miguel Torres
Relacions públiques

Margarita Riera Puig (1909) pertany a una bona família de Vilanova i la Geltrú. És néta de l'arquitecte Font i Gomà, que va restaurar el castell de la Geltrú, filla d'un catedràtic d'idiomes i d'una dona de casa seva, això sí, de posició excel·lent. Ella mateixa es va casar, amb Miguel Torres, hereu de la coneguda bodega i va fer d'empresària consort de la firma. Quan la família s'estava a Barcelona, també ocupaven un pis de la dreta de l'Eixample, aquell «quadradet d'or» al voltant del carrer Pau Claris. «És un pis d'aquests de l'època modernista: gran, espaiós i molt ben decorat. Sobraven habitacions, però s'hi estava molt bé». Margarita Riera parla sempre amb un to lleuger que li ve de la facilitat amb què es plantejava la seva vida. Fa l'efecte que tot li ha estat plaent i sense entrebancs. I no és que no n'hi haguessin, d'ensurts i de temps difícils: és com si la seva consciència els apartés del tronc central de la seva aventura particular.

I tanmateix la vida tenia les seves normes, molt diferents en aquesta casa de Vilafranca on es dinava amb xampany francès de les que regien a pagès, en els múltiples escenaris rurals que hem visitat. Quan tenia 4 anys, per exemple, la van posar en un col·legi francès «perquè el papà volia que jo sapigués idiomes». En va sortir als 18 anys. «Però aleshores, al mateix temps, ja vaig estar estudiant anglès, a més d'altres coses, com costura, que també ens n'ensenyaven». Era la filla gran, embadalida per la figura del pare –«extraordinàriament intel·ligent, l'admirava molt»– i condemnada per nissaga a ser una *señorita de salón*, però el papà s'hi va oposar. «Vull que siguis una dona instruïda, em va dir, i per aquest camí vam tirar». I així va anar a parar al col·legi de monges, una característica que comparteix amb les altres nenes de posició descansada: en aquells anys, les senyoretes s'escolaritzaven amb les monges, sovint franceses per caçar l'idioma sense tics, i només les nenes obreres o treballadores feien el que podien amb les mestres vocacionals del país. A l'escola es parlava només francès: tant el català com el castellà estaven penalitzats. «Dintre de l'època eren unes monges molt modernes, tenien un criteri ample del món, eren més permissives... perquè n'hi havia que eren molt quiques, de monges». Aleshores vivia amb els avis fins que arribava el cap de setmana, que tornava amb els pares a Vilanova. Perquè els bons col·legis eren a Barcelona.

Maria Font de Rubinat
95 anys
Família senyorial de Reus

També a les monges franceses va estudiar Maria Font de Rubinat, a Reus mateix, pensionistes les germanes i tornant la petita cada dia a casa, en règim extern. «Ensenyaven el francès bé, *algo* de matemàtiques i bastant bé la gramàtica, castellana, per això». Com si la instrucció no tingués gaire importància, el contingut del programa es basava en l'aprenentatge de la llengua estrangera, les labors d'agulla, la mica de música i les nocions bàsiques de les matèries essencials. «Quan vaig tenir 16 anys, algunes de les noies que venien amb nosaltres van dir que volien estudiar per mestres i una va estudiar per farmacèutica i després va tenir farmàcia. Llavors començaven a estudiar les dones. Com que jo tenia certa facilitat, les monges em van dir que preguntés a casa si em deixaven continuar. Ho vaig dir a casa. No, em van contestar, només s'aprenen tonteries. És veritat, penso ara, les mestres no estudiaven més que nosaltres. Encara avui no sé què estudien les mestres. Vaig pensar que hauria estat bonic, però no em va saber greu».

Agustina Lorca
81 anys
Mestressa dels
Magatzems Fortunet
Figueres

Agustina Lorca va entrar a l'escola que ja era òrfena de pare, encara molt petita, i conserva un record entranyable de les monges de Portbou, ciutat lleugerament cosmopolita –la frontera a tocar– que oferia també l'opció de l'escola nacional. «Tot ho vàrem estudiar en castellà i només vàrem aprendre el més elemental: llegir, escriure, operacions bàsiques, els verbs... Recordo el verb *zurcir*, que era tan difícil: *yo zurzo...*! L'educació de les noies sempre anava encaminada a saber fer les coses de la casa. Encara em recordo que la mare, a la tarda, em feia anar a costura a casa d'una dona, la Ramoneta. Allà aprenies, no ho sé, a fer uns calçotets...» No per res, en el llenguatge popular, *escola* i *costura* eren sinònims.

Maria Joaquim
101 anys
Modista
Barcelona

En la memòria detallada de Maria Joaquim les monges paüles de Sant Pere més Baix ocupen un espai amable. Maria Joaquim és una dona menuda i vivaç, el cabell rinxolat amb reflexos blaus i unes mans molt ossudes, amb els dits llargs i arreglats. Va treballar-hi tota la vida, amb les mans, fent de modista fins que va complir 84 anys, –ja en fa gairebé vint– amb l'ajuda de la seva determinació i una vista finíssima. De l'ofici conserva la coqueteria natural, el gust per les joies, tanmateix discretes, que més que lluïment connoten un amor als detalls, i una màquina de cosir historiada, gairebé primitiva, un artefacte delicat i negre que pertany més a un museu que a una trajectòria professional estesa fins fa quatre dies. L'escola de les paüles ja no existeix. Aleshores costava deu cèntims per setmana, era una escola barata. «No es dedicaven a ensenyar gaire cosa, lo normal. Ho vam aprendre tot en castellà», un tret consubstancial de la majoria d'aquestes comunitats religioses. I no és que l'època ho imposés: la Maria va començar el col·legi poc abans de la Setmana Tràgica, quan Barcelona bullia en desordres, campaven els radicals de Lerroux i els burgesos s'atrinxeraven darrere la guàrdia civil. És que les coses de la cultura quedaven millor en castellà. Radicals i republicans van impulsar aquells anys un pressupost extraordinari per dotar des de l'Ajuntament les escoles públiques, que eren més que res aules improvisades a les que assistien els fills dels obrers –i l'educació havia de ser mixta, laica i bilingüe. Però el pressupost va ser torpedinat per la Lliga i els altres partits, no pas per qüestions lingüístiques, sinó polítiques i religioses. És una altra història.

Maria Joaquim vivia al marge dels avatars de la ciutat en tensió. «Jo li deia a sor Pura, una monja que era molt maca i que és la que em feia brodar, ¿que nos leerá la vida de un santo?, perquè m'agradava molt la història sagrada. Aquesta sor Pura es va fer monja perquè va tenir un desengany amb el seu primer nòvio. De l'escola es va fugar per casar-se amb un altre nòvio. Una amiga meva del col·legi la va acompanyar a primera hora del matí al tren», i que recordi l'anècdota vol dir que se'n devia fer molta bugada, o que devia alimentar els somnis romàntics d'aquelles nenes presoneres del col·legi, és a dir, de l'agulla de cosir. La Maria sovint duia al col·legi ous de les gallines domèstiques, o verdures, i per això li tenien una especial consideració. En la seva rememoració sembla que les coses de l'agulla passaven davant de les matèries lectives. «Vaig brodar un joc de llit per cada germana perquè la mare ho va voler i quan plegaven les noies jo em quedava mitja hora més a l'escola i ho feia allà. Jo tenia tots els fils de brodar, les estisoretes i tot en un senatxo, que era com una capsa doble, i un dia una de les amiguetes me'l va agafar i va marxar corrents cap a casa seva. Jo vaig tenir un *desespero* per si me'l perdia...» Potser era vocació allò que la va convertir en modista, o simplement que en el moment de guanyar-se la vida estava preparada per cosir i aquest és el camí que va seguir. Perquè els estudis d'infermeria, que va començar, van quedar truncats per la mort de la mare.

Mercè Sabaté Cebado
92 anys
Secretària
Afeccionada a la natació
Barcelona

Mercè Sabaté Cebado repeteix el patró de les monges, en aquest cas escolàpies, i l'educació en castellà, estrictíssima –«fins i tot quan venia la mare amb algun germà a veure'm havíem de parlar en castellà i la monja es quedava allà, vigilant», explica. La noia estava interna, vestia uniforme, vivia radicalment separada dels nois i només recorda haver sortit de l'escola per assistir a l'enterrament de l'avi. Es llevaven a les sis del matí, anava a missa, després a esmorzar i a les classes, que continuaven a la tarda i es perllongaven en jocs al jardí. «L'habitació on ens despullàvem i ens rentàvem per anar a dormir estava plena de lavabos, cadascuna tenia el seu, amb un tocador per la pinta i el necesser. A sobre d'aquestes taules a vegades jugàvem al dòmino o altres jocs. A les 9 ja érem a dormir. Les monges no eren estrictes del tot, però un dia una nena va dir que tenia un llibre de la seva àvia que explicava com anava això de tenir fills. Quan el capellà se'n va enterar va ser horrorós. Saber això era un pecat, però el capellà li preguntava què més diu, què més diu, s'hi interessava molt... A aquesta nena la van despedir de l'escola per portar el llibre. Devíem tenir 13 o 14 anys».

Dolors Canals
86 anys
Pedagoga i investigadora

Els fills dels Canals anaven, com pertocava a l'alta burgesia, el noi als jesuïtes i la Dolors, a les Dames du Sacré Coeur. «De sobte entràvem a l'escola i només podíem parlar en castellà. El català estava prohibit, l'accent català era vulgar. La immersió lingüística actual no és res comparat amb la nostra, perquè no sabíem ni una paraula de castellà, però l'apreníem de pressa. Només el parlàvem al col·legi: a la tarda posàvem un peu fora i tornàvem al català». El dia de la Mare de Déu de Montserrat l'orgue tocava el Virolai i era l'únic moment que el català entrava en l'establiment, però aleshores les noies es negaven a cantar i només tres, entre elles la Dolors, entonaven les estrofes. «Algunes no ho feien per por, o perquè no quedaves bé o perquè era ordinari...» El col·legi, ja es veu, era de categoria, l'educació era correcta i variada i a 7 anys s'introduïa el francès, a fons. La preparació acadèmica, excel·lent, incloïa matemàtiques, física, astronomia, química, etc. En canvi, el menjar i el menjador eren presidiaris, per molts vasos i coberts de plata que hi posessin. Ens movíem d'una classe a l'altra al so d'un cop sec de fusta, en silenci absolut i en fila. «També fèiem classe de *bordados* després de dinar però jo feia de lectora, pujava en una petita tribuneta i llegia, encara que també vaig aprendre labors». Dolors Canals ja marcava les distàncies o prefigurava la seva vida futura, lligada a la ciència i a la investigació pedagògica.

Gairebé sense excepció, les monges s'esvaneixen si ens acostem al paisatge rural. Les comunitats religioses s'establien a ciutat, on alhora realitzaven tasques de suport social, en un mot, obres de caritat que compartien amb les dones de la burgesia. Això feia que l'Església estés molt present en la vida quotidiana, que fos una mena de tutela moral, més suportable en les situacions acomodades –que al capdavall tenien normes estrictes, però també el poder– que no pas en les febles. El que en les ciutats feien els nombrosíssims ordes religiosos, en els pobles ho feia el rector i la parròquia: una presència que s'estenia alhora en un ventall de tradicions, festes, costums i diades assenyalades, una tradició imposada pels segles. En els petits pobles de la plana o de la muntanya eren les mestres les que impartien les beceroles i el rector qui vetllava per l'ordre moral.

Però també hi havia monges en les ciutats mitjanes de l'interior, en les capitals comarcals, en els nuclis industrials, en definitiva allà on hi hagués una

Nativitat Iglesias
95 anys
Monja benedictina

mínima presència de burgesia consolidada. No és una excepció, doncs, el cas de Nativitat Iglesias, que després es faria monja benedictina: va tenir educació religiosa amb les monges del Cor de Maria a Santa Coloma de Farners. Excepció sí que ho va ser, en un altre sentit: «Hi vaig ser fins als 11 anys, llavors vam anar tots a estudiar a Barcelona, i vaig aprendre les quatre regles de l'aritmètica i a llegir, sempre en català, perquè a casa no llegíem en castellà perquè el meu pare era un gran catalanista. A nosaltres això ens ve d'ell i li hem seguit el camí i fins i tot les meves germanes es van casar amb nois que també eren ben catalans, però no tant com nosaltres», relata amb orgull ben casolà. A l'escola la duia la minyona i després de classe encara tocava la costura –aprendre fins i tot a cosir-se les mitges, precisa.

Juana Zapata
84 anys
Filla de guàrdia civil
Obrera

Molt diferent era la situació a Múrcia. «Al col·legi li deien *de los cagones* perquè hi anaven els petits, com els meus germans», explica Juana Zapata. «Jo m'emportava els germans a classe, la germana de la mà i el petit en braços. La mestra li deia a la mare que no tenia consciència i li recriminava que no es quedés les criatures a casa perquè jo pogués anar tranquil·la al col·legi. Però jo la defensava: es que no puede, señorita, porque tiene que coser y mucho trabajo en casa. Jo crec que una mare, faci el que faci, sempre és pel bé dels fills. La meva mare és la persona que més m'ha marcat. El que arriba a passar una mare per pujar un fill i que et surti bo...»

Ja es veu que l'escola no era pas, en aquestes circumstàncies, un assumpte del tot seriós, més aviat era un descans per a la mare feinejadora, una guarderia funcional: «Hi vaig aprendre alguna cosa, però si sé llegir i escriure una miqueta, no molt, no és ni perquè m'ho ensenyessin a l'escola ni els meus pares. La mama no sabia llegir ni escriure, el papa sí, però treballava. La veritat és que m'he esforçat jo sola quan era més grandeta i ho vaig haver de fer perquè treballava en una fàbrica que no volia cap treballador que no sabés posar el seu nom i sumar». Els índexs d'analfabetisme eren acrescuts entre els treballadors, i encara es multiplicaven en el cas de les dones. En la llista de prioritats, l'escola quedava al darrere de les feines urgents, de manera que l'absentisme era una qüestió normal, de pura necessitat. La responsabilitat de les noies, com a futures dones, era que les feines assignades –el regiment de la casa– funcionessin. Després venia la resta, si en quedava temps. La Maria Calls, filla de pagès i futura hostalera, ho explica: «Molts dies no podia anar a l'escola de Vilalba Sasserra, o només podia anar-hi al matí o a la tarda, perquè els de casa marxaven a treballar i em deien ui, t'has de quedar, que has de fer això i allò i m'encarregaven d'anar a collir els pèsols o les patates o fer el dinar».

Maria Calls
83 anys
Mocadera i hostalera
Vallès Oriental

Però els pocs estudis els va aprofitar. «M'agradava. Vaig aprendre a llegir i fins multiplicar i dividir i més. Però m'he espavilat i he après més de veure el món que d'anar al col·legi», diu. I potser per això el record que conserva està lligat a la calidesa d'una mestra que l'estimava especialment. La noia –o dona, no ho precisa– era amiga d'una mestra de Llinars, a la que visitava de tant en tant, i sovint s'enduia la petita Maria amb ella. «I la meva mare, els treballs que tenia per comprar-me unes espardenyetes que valien 2 pessetes, perquè les que portava estaven foradades i ella no volia que anés amb aquelles!». I segurament per aquest tràngol de les espardenyes, Maria Calls sempre més ha portat sabates des que va marxar de pagès –ni sabatilles, ni cap mena de calçat còmode i casolà, tot i l'edat; sabates de pell a tothora–, com fugint del record d'estretor, del got de llet de cabra que li donava la mare abans d'anar al cole, acompanyat d'una mica de sopes de pa –amb sort, amb cansalada del dia abans.

Carme Pedarrós
93 anys
Minera i minyona
Vall d'Aran. Bossòst

A Bossòst no hi havia mestra, però en pujava una des de Viella i es quedava tot el curs, per estalviar-se el trajecte que cap transport regular no cobria. «Ella ens feia escola i encara ens ensenyava de cosir, de brodar, una mica de tot», Carme Pedarrós confirma l'esquema tradicional. «Ens ho ensenyava en castellà, perquè l'aranès es parlava pel carrer i a casa, però a l'escola es parlava castellà», que significa que el català va ser més o menys forani al seu món infantil. «A mi l'escola m'agradava, jo sempre volia fer moltes coses. Però si havia d'anar a pasturar les vaques no hi podia anar». El tema de sempre, la feina abans que la instrucció, que era percebuda com una mena de premi. O un luxe, tot i que l'organització escolar, tan precària com era, ho desmenteix: un mestre per als nens i una mestra per a les nenes, criatures aplegades dels pobles dels voltants. «La mestra tenia 80 nenes i deia me vais a volver loca!, però ens portàvem bé, més que ara, escoltàvem molt». Vuitanta criatures –potser la memòria exagera– i una tutora per totes les edats, totes les capacitats, totes les curiositats. I el fred de la Vall d'Aran. «Teníem un foc i ens feien portar una mica de llenya a cada una per tenir el foc encès».

Dolors Gou, de la Secuita, no va patir gaire la manca d'una escolaritat regular. Anava a l'escola del poble, amb una sola mestra, però no li agradava l'estudi. «Un dia vaig marxar de l'escola però a casa meva m'hi van fer tornar. No deuria tenir gaire memòria, n'hi deuria haver d'altres que eren més obertes que jo, no ho sé. No tenia prou seny per estudiar», dictamina. «I quan va acabar el temps de ser a l'escola, fins a 10 o 12 anys, doncs després prou. Em vaig quedar a casa a ajudar la mare». L'escolaritat bàsica, l'única que en el millor dels casos s'acomplia, acabava aviat. De seguida començava una llarga vida laboral, a canvi d'un jornal indispensable per sostenir l'economia domèstica o de dos braços benvinguts que se sumaven a la tasca de cada dia.

Dolors Gou
107 anys
Masovera a la Secuita

La vida es veu diferent des de d'alt de la tarima d'ensenyar. Maria Mercè Valls, que avui passa dels noranta anys, ha estat mestra rural tota la vida. Ho explica en una entrevista televisada. (*Personal i intransferible*, 1994) L'única possibilitat d'estudiar que li podia donar la seva mare –vídua als dos anys de matrimoni– era el magisteri, que d'altra banda era la tradició de la família, així que ni es va plantejar un altre camí. «Les noies no estudiaven i si n'hi havia alguna que estudiava era d'una casa econòmicament potent i la portaven interna a Barcelona», explica ella mateixa, que aleshores vivia a Igualada. A 18 anys va obtenir el títol de mestra. Va fer classes particulars fins que va guanyar les oposicions, cosa que li va exigir un any de pràctiques a Gòsol, aquell poble perdut en una geografia esquerpa i color d'ocre pintat per Picasso. Arribar-hi des d'Igualada li va costar dos dies de viatge, una part a cavall d'una mula –s'entén que faltessin mestres en molts llogarrets de muntanya. Els oncles la van deixar allà, ben recomanada a les forces vives locals: l'alcalde, el metge... Tot i que el trasllat incloïa la mare, no deixaven de ser dues dones soles en un entorn desconegut. I fred. «Vam voler passar les festes de Nadal a Igualada, però la riera estava gelada. Tots els que anaven damunt d'un ruquet van baixar i van travessar-la per un tauló. Nosaltres no volíem, no volíem, i al final ens van dir que passéssim directament pel gel. Doncs la mula va acabar amb les potes colgades d'aigua i nosaltres amb els peus arran de gel! A Gòsol hi vaig arribar per Tots Sants i no vaig veure ploure ni un sol dia fins a l'últim dia de maig. Tota l'aigua que va caure va ser en forma de neu».

Acomplert l'any de pràctiques, sense gaires recursos ni comoditats, li van atorgar la plaça en una escola de Palau Saverdera, a l'Alt Empordà, que va ser com tocar el cel amb les mans quant a dotació escolar i situació geogràfica. Però encara i així, tocaven a seixanta alumnes d'edats barrejades per una noia que acabava de sortir de l'ou. «Hi havia una colla de noies grans que quasi en feien dos de la meva persona. A l'hora de plegar els vaig dir: mireu, hi ha mestres que volen les nenes a classe encara que ja hagin passat l'edat escolar però jo no em trobo en aquest cas, així que les que tinguin 14 anys s'hauran de quedar a casa. No em va respondre ningú perquè cap d'elles tenia els 14 anys!»

El tema es va solucionar demanant una inspecció per tal de forçar la creació d'una escola... de pàrvuls! És a dir, el conjunt de les criatures es partiria en dos grups, petits i més grans, i apa. El curiós del cas és que això passava en un moment d'enorme interès pedagògic per part de les autoritats. «L'alcalde em va dir un dia: per tot el material que necessiti vagi a la llibreria de Figueres i carregui-ho al nostre compte. No permeti que cap nen tingui llibre, llibreta, llapis o goma que no sigui proporcionat per l'escola». La clau és aquesta: «Això va ser en l'època de la República».

La preocupació dels pares per l'educació dels fills, nenes incloses, era decisiva en la sort escolar de les criatures i feia la diferència entre el pur tràmit i la formació eficaç. Maria Antònia Simó, una dona que s'aparta del comú en la seva trajectòria posterior –és una *professional* de la muntanya i l'excursionisme–, recorda que la seva primera educació va ser casolana. «Van ser la meva mare i la meva tia les que em van ensenyar. Tots, a casa, vam passar l'escola primària amb la família», una experiència no del tot inusual en els anys vint i trenta. Però és que després va anar a l'Institut Balmes, que era l'únic de Barcelona i funcionava en el mateix edifici de la Universitat central! Aquest era el santuari dels futurs estudiants universitaris, que eren tots, o gairebé, nois de famílies benestants: cal subratllar la paraula *nois*. «Vaig aconseguir un permís especial per poder anar a les classes del matí, que és quan hi anaven els nois. Es consideraven més bones les classes del matí. No era l'única noia, perquè hi havia una companya marroquina establerta aquí amb els seus pares. Ens te-

Maria Antònia Simó
84 anys
Secretària
Muntanyenca

nien assegudes a la primera fila, però mai ens vam sentir discriminades per ser les dues úniques noies de la classe».

Aurora Díaz-Plaja
86 anys
Bibliotecària i escriptora

Escola i família marquen, en positiu o en negatiu, l'aventura intel·lectual d'aquestes dones. Aurora Díaz-Plaja, una nena que aleshores vivia a Girona –en el destí itinerant de les famílies de militars–, va tastar de transcantó el mètode Montessori o, si es vol, la pedagogia avançada en una Escola Nacional de la ciutat on assajava nous mètodes d'ensenyament la mestra Carmen Huguet. Encara en recorda el nom. Però després va arribar l'altra cara de la moneda, a Lleida. «No era una escola de monges, era pitjor. Ens feien llegir *La linda Flora*, que era la versió per a dones, podríem dir, d'un llibre italià per nens que el personatge es deia Juanito i era *muy bueno, muy bueno, muy bueno*. No recordo com es deia aquesta escola». I més tard encara, les monges a Melilla. «Allà sí que em vaig divertir. Anàvem a escola i després ens anàvem a banyar perquè teníem el mar al davant».

La família de l'Aurora era religiosa –ella n'ha seguit la tradició– i, fet que crida l'atenció, de pocs llibres. «A casa meva, quan érem petits, només entrava un llibre que era gris i que el papà i la mamà se'l llegien i ploraven o reien, no ho sé, perquè els fills no en sabíem res d'aquest llibre. És un llibre que se'n diu *Las promociones*. Cada any es publica amb el llistat de tots els oficials de l'exèrcit i diu qui ha mort, qui ha pujat a comandant... Aquest és el llibre que llegíem a casa, no en teníem més», explica. Però no és del tot cert, perquè la seva vida de lectora infatigable comença de ben petita, amb els llibres de la col·lecció Araluce. «La millor col·lecció de llibres infantils. Tenia adaptacions de María Luz Morales i hi havia tots els clàssics espanyols i d'arreu, *Les mil i una nits, El Quijote*... Segueixen sent tan bons que ara els estan reeditant, perquè hi havia uns dibuixants excel·lents que il·lustraven els textos. Val la pena veure'ls, aquests llibres».

Maria Font de Rubinat
95 anys
Família senyorial de Reus

Lligada als llibres també està la infantesa de Maria Font de Rubinat, amb un pare d'aficions intel·lectuals i bibliòfil. «Si em despistava, em deien: ja deus estar llegint. Hem llegit llibres preciosos, enquadernats, però no podíem agafar un llibre que no estés permès. No podíem llegir Dumas ni el pare Coloma, que el vaig llegir de casada. El pare era molt rigorós amb això. Cada diumenge li demanàvem un llibre i ell els triava», detalla. En l'altra punta de l'escala social, Juana Zapata, de més grandeta, buscava entre les lletres dels escassos llibres que li arribaven la compensació de la poca escolaritat que havia tastat. «Ja treballava i cobrava la meva paga setmanal i em comprava novel·les d'aquelles d'en Folch i Torres. Em posava a llegir de nit amb una espelma. Paper que arribava a les meves mans, paper que mirava de desxifrar. M'ha agradat molt llegir».

Juana Zapata
84 anys
Filla de guàrdia civil
Obrera

Margarita Riera també va descobrir aviat «una afició boja per la lectura. De petita llegia *En Patufet*, que era una cosa que m'entusiasmava, i després el meu pare» –no per res era filla d'un catedràtic d'idiomes– «em va fer llegir els clàssics anglesos, alemanys i francesos. L'alemany encara no el dominava prou per llegir els escriptors en l'original; les altres llengües, sí. Ara també llegeixo i també en estranger per mantenir l'idioma, perquè la memòria

Margarita Riera
90 anys
Casada amb l'empresari
Miguel Torres
Relacions públiques

Mercè Sabaté Cebado
92 anys
Secretària
Afeccionada a la natació
Barcelona

s'ha d'anar cultivant». La Mercè Sabaté, també lectora pertinaç, recorda en canvi que solia fer-ho en català, fins i tot quan la difusió de llibres en aquesta llengua estava prohibida per la dictadura franquista, «perquè en la Llibreria Mediterrània que estava a la Diagonal hi havia molts llibres en català amagats. Tothom tenia coses en català amagades». Dolors Canals rememora un arrenglerament diferent: «Teníem una llista de prohibicions pel que fa a les lectures. A casa hi havia bibilioteca, on teníem enciclopèdies i llibres del meu pare. Com que era pro-alemany hi havia moltes coses de propaganda alemanya de la Primera Guerra Mundial». El paradigma de l'autor prohibit era Voltaire. «Era el dimoni i excomunicat aquell qui el toqui! Després el llegeixes de gran i no n'hi ha per tant», explica. «Però en aquella època hi havia llistes i les famílies catòliques no podien tenir aquells llibres a casa. Tanmateix, durant l'adolescència vaig descobrir les traduccions catalanes del rus, i sabent l'anglès tenia accés directe a la literatura anglesa, com a la francesa, la castellana i la catalana. Llegia molt. Als 16 anys estava subscrita a revistes en cada idioma».

Dolors Canals
86 anys
Pedagoga i investigadora

Nativitat Iglesias
95 anys
Monja benedictina

L'experiència de Nativitat Iglesias: «La meva era una família molt cristiana, ells ho tenien sempre molt en compte, i fins i tot ens deien que a les llibreries no havíem d'anar-hi, suposo que per no llegir segons què». Així que el patrimoni familiar es limitava a *En Patufet* i un llibre de Marià Vayreda, *Sang nova,* una de les tantes mostres de novel·la rural dramàtica i ferotge filla del romanticisme tardà. «Era cosí germà de la meva àvia per part de mare i suposo que per això els seus llibres corrien per casa, perquè aquest era l'únic que estava a la nostra mà. Recordo que quan descrivia els paisatges era molt bonic. De tota manera, als 14 o 15 anys ja m'agradava molt llegir i quan anàvem a Santa Creu no podia fer altra cosa que llegir el Patufet, que algunes setmanes no arribava amb el correu, o rellegir aquesta novel·la. Em penso que ara la diria de memòria, perquè l'havia llegida tantes vegades!».

Aurora Díaz-Plaja
86 anys
Bibliotecària i escriptora

Aurora Díaz-Plaja, amb una fecunda vida professional com a bibliotecària, va tenir un tast de les *llistes* en la seva primer feina a Ciutat de Mallorca, en una biblioteca de la Caixa de Pensions, que ella no dubta a qualificar de carca. L'anecdotari és suculent, perquè ofereix un ventall de prejudicis molt ample. Era l'any 1933, però el tancament de la societat illenca devia contribuir a que els aires de la República no bufessin amb gaire força en segons quins ambients. Estava prohibida *La hermana San Sulpicio* perquè la monja es casava, el Codi Civil perquè l'article 27 feia referència al divorci, un fragment del Quixot tenia les pàgines enganxades perquè «un dels personatges, una dona, se'n vol anar al llit amb el Quixot...» La jove professional d'idees obertes estava esfereïda. «La Mallorca d'aquesta època estava endarrerida d'un segle. Ni a Girona, ni a Lleida, ni a cap altra ciutat o poble de Catalunya estaven tan endarrerits com allà. A pesar de la República, hi manaven les dretes i Franco ocupava la comandància militar de les Balears!»

Les prohibicions, els límits morals de la vida, venien donats per l'educació religiosa que era part indestriable de la formació d'aquestes jovenetes a començament de segle. És difícil de dir si aquest univers acotat es conformava al col·legi o en el si de les pròpies famílies, però els records semblen apuntar a les dues direccions: una part era doctrina i l'altra, tradició. Margarita Riera ho desmenteix: «La religió és una cosa que jo l'he sentida tota la vida, però l'he sentida per mi mateixa, pel meu interior, no per influència dels pares o de l'escola», tot i que és complicat separar aquests sentiments del paisatge infantil. «Mai vaig fer res obligat, mai, mai. Érem una família d'anar junts els diumenges a l'església. Aquí a Barcelona, com que vivíem al carrer Pau Claris amb Aragó, anàvem a l'església de la Concepció, que té un claustre petit i preciós». I recorda que l'església va ser desmuntada i traslladada peça per peça al seu emplaçament des del carrer Jonqueres, quan es va obrir la Via Laietana el 1909, l'any que ella va néixer: l'obra devia semblar un autèntic prodigi i ha perdurat en la memòria dels barcelonins que n'havien estat testimonis. «Jo ho he sentit contar», diu.

Margarita Riera
90 anys
Casada amb l'empresari
Miguel Torres
Relacions públiques

En el cas de Maria Joaquim l'equació és simple: «Anava a missa perquè anava el col·legi, perquè a casa no érem d'anar a missa els diumenges. Però les monges controlaven molt i ens preguntaven, per exemple, de quin color portava la casulla el capellà». De tot plegat, li'n queda la pràctica: «Jo encara hi vaig. Sóc devota practicant». Tampoc era de missa, curiosament, el pare de la Maria Font de Rubinat, home tanmateix de la Lliga –la Lliga sobre la qual planava la influència del bisbe Torras i Bages. «El meu pare no hi venia, no ens portava a l'església

Maria Joaquim
101 anys
Modista
Barcelona

Maria Font de Rubinat
95 anys
Família senyorial de Reus

ni preguntava. Jo vaig cada dia a missa. El pare era rigorós en altres coses: les lectures i l'enraonar, posem per cas. Si haguéssim dit una paraula ordinària ens hagués renyat. Ara es parla un català molt lleig, ple de *fums* i *fots*. Abans era més reprimida la vulgaritat que qualsevol altra cosa, en altres manaments no s'hi posaven tant. Parlo de les famílies de propietaris». I és que el món de la Maria Font de Rubinat sempre se separa unes quantes passes del conjunt de la burgesia, també propietaris però amb exercici professional ni que fos al davant de la fàbrica, i no pas rendistes, que és el significat que ella atorga a la paraula propietari.

Mercè Sabaté Cebado
92 anys
Secretària
Afeccionada a la natació
Barcelona

Mercè Sabaté Cebado no va anar a missa de joveneta, precisament perquè hi havia anat molt de nena, al col·legi. «Vaig quedar ben tipa d'anar-hi!». Però va ser el seu promès qui aviat li va retornar el costum. «Anàvem cada diumenge a missa. Ell venia a buscarme i em deia: hem d'anar a missa, i jo li deia que ja hi havia anat, però no s'ho creia. Jo no hi havia anat abans, és clar. Després vam deixar-hi d'anar tots dos i no va ser per cap circumstància en concret sinó que arriba un moment que t'adones que ho estàs deixant córrer. Però sóc creient i si un dia vaig a un enterrament doncs combrego i no passa res». Molt més dura amb l'educació burgesa es mostra Dolors Canals, segurament perquè la seva vocació racionalista –és, professionalment, una dona destacada en els estudis sobre el desenvolupament humà, des del naixement que és la independència fisiològica, fins als 3 anys, que és la primera adolescència de la infantesa– va aixecar una barrera lúcida enfront de la simple creença.

Dolors Canals
86 anys
Pedagoga i investigadora

«Les monges eren molt estrictes», relata, «i ens crèiem de debò, amb bona fe, que ens havíem de mortificar el cos. A missa ens havíem d'estar agenollades a terra i encara insinuaven que aixequéssim els peus perquè fessin més mal els genolls. Podíem seure als bancs però seure era de covard. Cada dia teníem missa i comunió i cada tarda rosari i cants i tota la resta, i confessió cada setmana». La saturació de pràctiques tan dures i obligades la va portar a trencar amb la religió, i no sols la catòlica, però el seu no va ser només un procés de rebuig visceral, sinó un camí intel·lectual. «És una llàstima, però el primer que fa la religió és treure't la confiança en tu mateix, perquè has de confiar en un Déu que té rampells, que ara t'ajuda i ara t'abandona, i al que estàs subordinat. Per a la gent pobra és la crueltat més grossa que hi ha. Tu ets pobre, però ets el preferit de Déu, et diuen. Sofriràs tota la vida i potser moriràs jove, però després de mort seràs un privilegiat. La comunitat religiosa que portava el meu col·legi tenia una altra escola per noies de famílies obreres i per Nadal les feien venir, se'ns acostaven en filera i nosaltres els fèiem regals, una cistella a cadascuna. Era una cosa vergonyosa... Les noies humils, vestides amb un uniforme diferent, venien allà i deien: gràcies, senyoreta. Encara em mata de vergonya ara.»

En la visió de les noies «humils», i sobretot en pobles i viles on el pes de la tradició era més fort, l'anar a missa era una part indestriable de l'existència, un fet que no mereix, rememorat avui, cap accent especial: gairebé un sobreentès. «Sí que érem una família religiosa i jo també ho era, i ho sóc, però ara no puc anar tant a l'església», diu Pepeta Castanyer, de Sant Pol de Mar. Tot i que hi introdueix un matís: «Quan era joveneta, van crear una Congregació de Filles de Maria i jo en vaig formar part. Recordo que quan venia la diada de la Puríssima ens posàvem una cinta blau cel que era com el nostre distintiu». No en fa escarafalls, doncs, però fa l'efecte que aquesta dedicació era una vàlvula d'escapament de la rutina quotidiana, tan tenallada per les privacions: que era una de les poques distraccions a l'abast, un lloc de trobada, alguna cosa a compartir.

Pepeta Castanyer
96 anys
Filla de pescadors
Obrera tèxtil
Sant Pol de Mar

Diferent era el compromís de Nativitat Iglesias, la futura monja benedictina, que va treballar activament en entitats religioses diverses entre els anys vint i la República. «Vaig estar molt temps ensenyant doctrina a la Sagrada Família i a l'Hospital de Sant Pau i anant a les reunions de la Lliga Espiritual de la Mare de Déu de Montserrat, de la qual en vaig ser secretària. Sempre em deien que no era mai a casa perquè em comprometia per aquí i per allà. Recordo que durant la dictadura de Primo de Rivera vaig animar-me a ajudar els qui recollien diners pels presos polítics. Aquesta va ser la meva aportació política al catalanisme, sempre dintre d'un marc molt cristià. Quan es va proclamar la República, es va aprovar aquella Constitució que va suprimir els Jesuïtes i altres ordes religiosos, així que em vaig anar comprometent a fer més coses de caire religiós. Aquesta part del govern republicà que anava en contra de l'Església jo no l'admetia. Va ser en aquests temps quan em va entrar el dubte de fer-me

Nativitat Iglesias
95 anys
Monja benedictina

o no monja benedictina». Va decidir-ho a 31 anys, el 1936, d'acord amb l'abadessa del convent de Santa Clara. Havien quedat que esperarien fins al resultat de les eleccions d'aquell any, que van ser les que van retornar el poder a les esquerres –al Front Popular– després del període de govern de la CEDA. Les dones, abadessa, mare i postulant, es van espantar: el futur semblava tan incert. «I vaig entrar al convent. Com qui diu, quatre dies després esclatava la guerra civil».

Montserrat Moner
94 anys
Vídua de l'escriptor
Joan Alavedra
Professora de piano

Aquesta intensitat no lliga gaire amb la rutina assumida de les altres noies, que ni es plantejaven el tema. Montserrat Moner en dóna algunes claus: «Ara sóc una persona que compleixo amb el que crec que he de complir, però de petita vaig tenir una educació religiosa molt estricta. Feies el que et deien. Les noies havíem d'anar a missa cada diumenge a la Catedral i a combregar cada setmana, i això que no fèiem pecats perquè no podíem». Vol dir que no hi havia ocasió, tan ferrenya era la vigilància i tan assídua la companyia, per evitar els tendres pecats de joventut relacionats amb els nois! «La veritat és que en aquella època no coneixíem la llibertat, ni la desitjàvem. Però malgrat que no era lliure, el meu pensament ningú no me l'ha pres mai», afegeix amb contundència.

Maria Joaquim
101 anys
Modista
Barcelona

Maria Joaquim riu mentre recorda aquells ingenus pecats als que no tenien accés. «Les monges et deien què això i allò era pecat. Ui, fer-se petons pel carrer nois i noies era pecat mortal. Jo també ho trobo malament, això, eh. Abans, si arribàvem tard a casa les mares ens renyaven i en canvi ara les mares ho deixen fer tot, surten de nit amb els nòvios o les amigues, i per això hi ha aquests disbarats», comenta des del seu present de modista, i de soltera, instal·lada al vivíssim barri de Gràcia. Dolors Canals, per contra, afirma que els pecats clàssics preadolescents s'havien de confessar a l'home de darrere la reixeta, perquè potser Déu enviaria un llampec a la transgressora i cap a l'infern! Anaven contra els impulsos més naturals i més normals, i tant li feia que es tractés de noies com de nois». I no falta en el seu record l'experiència, tants cops reiterada, de la monja massa carinyosa, «un cas, només, pobra dona. Volia acaronar-me però jo li ho vaig impedir, perquè considero que la llargada del braç és la que limita l'aproximació, i si vols acostar-te més has de demanar permís i que l'altre et convidi».

Dolors Canals
86 anys
Pedagoga i investigadora

Maria Font de Rubinat confirma que, en el seu món, «tocar-se era ordinari. Al col·legi tenia amigues que eren molt amigues i aquesta amistat d'adolescència era permesa, però ningú pensava a fer res més. Ara diuen de dones amb dones i nois amb nois i suposo que ja existia perquè he llegit més i sé que hi era, però jo no ho coneixia. L'amistat era l'amistat. Però amb la mà no et podies tocar. No era una falta de moral, era vulgar. Entre amigues no ens fèiem ni petons ni abraçades, ni una. Al començar el curs ens dèiem: hola, Josefina, hola Maria. Ara tothom es fa petons, em vénen uns homes barbuts que em volen fer petons. És un fastigueig».

Maria Font de Rubinat
95 anys
Família senyorial de Reus

Molt menys complexa, i enormement més relaxada, era la pràctica religiosa habitual en les poblacions rurals. A Bossòst, el rosari, que es resava des-

Carme Pedarrós
93 anys
Minera i minyona
Vall d'Aran. Bossòst

prés de l'horari escolar, era obligació només per a les nenes –perquè sempre s'ha cregut que la dona era, en la família, el puntal de la vida religiosa menuda, la de cada dia, i que li calia, en aquest aspecte, una formació més profunda, més arrelada en la insistència quotidiana. «Hi havíem d'anar perquè la *señorita*, la mestra, ens manava d'anar-hi», diu Carme Pedarrós. La pràctica inexcusable es feia més dura en el cas de la seva mare. «Els diumenges anàvem a missa. La mama tenia treball a casa i hi havia una missa a les 6 del matí i les mares anaven a aquella missa, elles. Nosaltres anàvem a missa de 10».

Dolors Gou
107 anys
Masovera a la Secuita

Ho rebla Dolors Gou, de la Secuita, una experiència en molts aspectes paral·lela, i que en aquest cas és una síntesi molt entenedora del que van viure tantes altres noies. « Anàvem a missa. Aleshores es feia estudi religiós, avui ja no s'ensenya res. Abans hi havia la doctrina cada dia i anàvem a missa cada diumenge, tot i que no teníem l'església a dues passes. A confessar-nos també hi anàvem sempre, cada festa i cada diumenge. La mare era més religiosa que el pare». La religió era, sobretot, cosa de dones, perquè sobre elles queia el pes de l'educació, les normes morals, la pràctica regular.

La part festiva de la religió eren els dies assenyalats, començant per la Primera Comunió, que tenia una importància especial entre les famílies pobres –el vestit, la festa, el protagonisme, enmig d'aquelles vides escanyades per la duresa reiterada de cada dia. Les nenes de casa bona ni tan sols l'esmenten, la festa, però per a aquelles que la confecció del vestit era una revolució en les economies i un fer boca de la celebració que s'acostava, la Primera Comunió és un record destacat. «Anava tota mudada», s'engresca Maria Joaquim. «Com que era la petita, les meves germanes em van fer les puntes dels enagos a mà. Jo em vaig fer la camisa i les calces a col·legi. Les meves germanes van anar de color però a mi em van vestir de blanc perquè era la mimada de casa. La meva germana em deia *la senyoreta*, perquè es veu que em veia diferent de les altres».

Maria Joaquim
101 anys
Modista
Barcelona

El sentit pràctic es va imposar a casa de Maria Calls. «Portava un vestidet de color rosa i curt, perquè pogués portar-lo un altre dia, així que no vaig poder fer la Comunió de llarg com es fa ara. Va ser una festa senzilla, perquè els qui podien molt sí que convidaven a la família, però a casa meva no podíem gaire, no... No sé si van convidar el meu padrí, però molt pocs», diu amb una certa nostàlgia pel que hauria pogut ser i no fou. Més dramàtica és l'experiència de la Mercè Sabaté Cebado, no pas per l'estretor del pressupost, sinó perquè la data va coincidir amb l'epidèmia de tifus que va matar el seu pare i va fer emmalaltir la resta de la família, ella inclosa. «Vaig fer la Primera Comunió al març del 1914, el pare havia mort el gener, i no tenia cabells per portar la corona i el *manto*, perquè amb la malaltia em van tallar els cabells al zero. Això em va destrossar el cabell, perquè abans jo el tenia una mica arrissadet i després em va créixer tan cargolat, tan cargolat... Per fer la Comunió em van fer una perruca i quan anava a combregar em van trepitjar el mantell i em va caure tot, mantell, perruca, tot... Faig una careta,

Maria Calls
83 anys
Mocadera i hostalera
Vallès Oriental

Mercè Sabaté Cebado
92 anys
Secretària
Afeccionada a la natació
Barcelona

a les fotos..., és clar, dos mesos malalta». El vestidet també va ser una artesania domèstica i compartida: les monges escolàpies li van ensenyar a fer els enagos, i també va haver de fer ella mateixa les puntes de coixí de les vores de la faldilla.

Maria Calls
83 anys
Mocadera i hostalera
Vallès Oriental

«Quan era petiteta teníem la Mare de Déu a casa, que un any tocava a una casa i un altre any a una altra casa. Els diumenges al matí havia d'anar a passar la Mare de Déu per tot el veïnat de La Nata, que era tot pagès escampat, per recaptar diners. I els diners els havies de donar a l'església, al capellà. Doncs havies d'anar casa per casa, a l'estiu i a l'hivern i el dia de Festa Major també, amb aquella assolellada que feia. Però el dia de Festa Major no anava sola, hi anàvem dues, perquè convidàvem a una nena d'una altra casa perquè em fes companyia i l'altre any potser et convidava ella a tu perquè li fessis companyia». És difícil dir si el record de la Maria Calls és alegre o merament resignat per la pesantor de la feina afegida. Que representava, en el cas dels pagesos visitats, l'obligació d'avenir-se a aquella petita despesa extra, en un moment que els cèntims no sobraven. I era una rutina setmanal. «Ningú deia que no la volia perquè semblava que despreciessis la Mare de Déu. Dèiem: Déu vós guard, sou gustosos de fer una caritat a la Mare de Déu? i sortia la dona de casa i tirava 10 cèntims a la safata, i li dèiem Déu vos pagui la caritat, i ella deia: I a tu el treball. Aquestes eren les paraules que ens dèiem». La religió era, doncs, una part integrant del món, com ho era la gana o la feina o les mancances domèstiques: una cosa que s'acceptava sense qüestionament –eren temps de fer-se poques preguntes–, però que devia proporcionar alguna mena de secreta esperança en una justícia còsmica i difusa que en el dia a dia no existia. Aquesta és la base de l'arrelament de la religió en les comunitats rurals i les dones que aquí parlen en són testimoni: han mantingut una fe serena i incòlume, ni molesta ni autoritària, fins al final dels seus dies, al costat dels records i de la petita saviesa acumulada a força de dolor, esforç i alegries en veu baixa.

El regust agredolç es cola en la memòria de les festes, quan les obligacions es feien àrdues per les condicions aspres de l'entorn. Dolors Gou recorda sobretot les nevades del dia de Nadal, que marcaven l'itinerari de la Missa del Gall. «Hi havia hagut nevades ben grosses, molt, que ara no neva tant. I baixar de la Secuita a missa cap a Vistabella, *hasta* el senyor rector hi havia anat a peu amb la neu, a peu perquè no hi havia res més i feia el camí amb un bastó. Ara no neva». Però hi anaven, rector i famílies, trescant entre boscos i camins precaris. No apareix, aleshores, el record de les menges de Nadal, perquè aquesta festa tenia un significat més lligat a la religió i la cerimònia, molt secundàriament a la taula ben parada –això a ciutat– i en absolut vinculat al comerç o al lleure que connota la celebració actual. Era una celebració col·lectiva, amb el sentit comunitari i de pertinença que tenia la festa religiosa en aquell temps; allò que al capdavall acabava per conformar una identitat més que tribal, geogràfica: la parròquia, el rector, els veïns –no pas la família extensa, no pas el viatge de vacances. Eren petites

Dolors Gou
107 anys
Masovera a la Secuita

societats entotsolades, més íntimes i abastables, on tothom compartia un llenguatge comú. Però on, per força, les conductes havien d'ajustar-se a un patró compartit. Qualsevol «rebel·lia» hauria comportat el comentari, el bandejament, la diferenciació d'aquell que s'aparta del ramat: aquesta vigilància mútua dels practicants ha aguantat durant segles la tradició i la seva pràctica. I és sobre les dones on més pes ha tingut aquest tàcit control col·lectiu.

Pepeta Castanyer
96 anys
Filla de pescadors
Obrera tèxtil
Sant Pol de Mar

«Per les festes de Nadal tots els nens reben molts regals avui en dia, abans res!», mig protesta Pepeta Castanyer, de Sant Pol. «Feina per menjar, teníem. Me'n recordo que el meu pare era d'un cor, el Coro de la Sirena, i una vegada a la meva germana petita li va portar una nina de cartró, una pepa que se'n deia». Desconcerta la barreja dels records entre les boires de la memòria d'una dona que s'acosta als cents anys de vida, però aquella pepa, lligada a l'activitat coral del pare d'alguna manera que no podem intuir, evoca per ella molt més el Nadal que no pas qualsevol reunió al voltant de la taula, d'altra banda guarnida amb una vianda que ha definit en poques paraules com escassa. El menú nadalenc tradicional de l'escudella i carn d'olla no era, però, habitual a pagès, perquè ja era el recurs bàsic del menjar de cada dia. Ho explica Nativitat Iglesias, que baixava de Santa Coloma de Farners a celebrar el Nadal a Barcelona, en les èpoques en què la família hi tenia el pis. «Vam prendre els costums de la ciutat. A Santa Coloma potser hauríem fet macarrons o alguna cosa així, ara no ho recordo, però no escudella, que ens la menjàvem els dies de cada dia. A Barcelona, sí, fèiem com tothom.»

Nativitat Iglesias
95 anys
Monja benedictina

Carme Pedarrós recorda el pessebre, a la borda de Bossòst: «Posàvem una mica de *verdura* i a sobre el neixement del Santo Cristo. Anàvem a la Missa de Gall, que també venia la mama en aquestes festes, i els nois i les noies cantàvem a l'església cançons de Nadal», però no esmenta cap detall especial de la dieta. En tot cas, era un dia que es passava amb la família estricta, sense les aglomerades reunions de parents en sentit extensiu que sovint es produeixen avui dia. «La mare feia el pessebre per Nadal i tenia tota la robeta del nen Jesús feta, perquè li feia una modista d'Alcoi que era amiga seva», rememora, sempre amb el detall precís, la Maria Joaquim. «Al pessebre hi havia una figureta que rentava al riu i la mama feia rajar l'aigua del riu amb una lavativa! La meva mama sempre havia tingut molt de gust» i confirma el canvi de costums que han portat els anys. «D'arbre de Nadal no se'n feia, només pessebre. I aquells dies no es vivien tant en família com ara, vull dir anar uns a casa dels altres. La família d'Alcoi estava a Alcoi i nosaltres aquí». En tot cas, aclareix que només marxaven de casa «alguns rics» perquè els costums socials eren intransferibles, acotats entre una classe i l'altra.

Carme Pedarrós
93 anys
Minera i minyona
Vall d'Aran. Bossòst

Maria Joaquim
101 anys
Modista
Barcelona

Però alguns rics també es quedaven a casa. Ho certifica Margarita Riera. «Aleshores no s'anava de vacances ni per Nadal ni per Setmana Santa. Per Nadal fèiem el pessebre i recordo haver anat a la fira de Santa Llúcia el 13 de desembre, que ja es feia a la Catedral i pels voltants, per comprar figuretes i renovar el material. Cada any fèiem un magnífic pessebre». Però en canvi no s'hi afegien altres parents propers, que vivien a Vilanova o la Garriga, «malgrat que hi

Margarita Riera
90 anys
Casada amb l'empresari
Miguel Torres
Relacions públiques

havia una relació fantàstica i sempre em convidàven». Tampoc havia entrat en aquella casa l'avet guarnit de la tradició nòrdica. Però sí que era una festa consagrada a l'esperit familiar: a viure junts un ritual tradicional. Agustina Lorca ho diu amb entusiasme. «Poques famílies estaven tan unides com la nostra i aquesta unió es notava més en les festes assenyalades. Les festes de Nadal era el més bonic del món. Anàvem a Missa del Gall tota la família».

Agustina Lorca
81 anys
Mestressa dels Magatzems Fortunet
Figueres

Portbou no tenia encara Reis oficials, com ara tenen totes les poblacions catalanes. «Però nosaltres érem tan innocents que anàvem a esperar-los a la carretera» i vivien la il·lusió de buscar els regals després de la nit màgica. «De joguines sí que en teníem, les de sempre: nines i cuines per les nines, en el cas de les nenes. El regal més maco que recordo era una nina de porcellana comprada a França», perquè des de Portbou, tocat d'un cosmopolitisme provisional, es podien comprar per catàleg els productes nadalencs típics, que eren enviats des de París. «L'endemà de Reis vaig caure amb la nina i es va trencar, i jo vinga plorar!», acaba l'anècdota, que no desdiu de l'alegria que emana d'aquells records voltats d'estimació familiar.

Juana Zapata
84 anys
Filla de guàrdia civil
Obrera

El reis de Juana Zapata portaven nines de cartró, pepes que ja podien caure a terra les vegades que fos. Per a les nenes d'aquella família «tenien igualment valor, perquè les nines de debò ni les coneixíem», com diu la Juana, valorant en perspectiva l'esforç dels pares per sembrar un xic d'il·lusió en la vida dels fills: «La nit de Reis els pares ens feien ficar al llit i ells entraven els regals per la finestra, que eren uns regals molt pobrets, molt pobrets, però era igual. Jo era molt tonta, molt innocent, i ni m'imaginava que aquella mà era del papa o de la mama». Tendres episodis que són avui evocats amb malenconia: el sentit real de la festa.

Setmana Santa, en canvi, era temps de processons. Processons a Port Bou, que recorda Agustina Lorca, i a la Vall d'Aran, impreses en la memòria de Carme Pedarrós: «Aquí continuen fent-se, però a altres pobles ja s'han tancat. Primer anaven els nens i portàvem quadros de religió i fèiem la volta al poble i tornàvem la Verge i el Santo Cristo a l'església. Els homes, els nois, portaven les imatges carregades a les espatlles. La gent cantava durant tota la processó», i el llenguatge en què està explicat el recorregut connota la visió infantil de la festa: és obvi que aquesta no és per a ella una experiència adulta. Altres tradicions no hi havien comparegut: «El dilluns de Pasqua no es feia mona, aquí, no hi havia cap pastisseria. Aquí fèiem panets de pa de farina al forn. Coques sí que en fèiem».

Carme Pedarrós
93 anys
Minera i minyona
Vall d'Aran. Bossòst

Dolors Gou, de la Secuita, recorda la Setmana Santa com una festa important. «S'anava molt mudat, i tant. Es feia una Setmana Santa sèria però maca. Ara tothom se'n va de vacances, i a mi no m'agrada massa. M'agradava més aleshores, quan es feien els passos i es treia la Mare de Déu dels Dolors i els hòmens anaven a l'església i la passejaven pel poble». Recupera, també com a imatges esparses que es barregen amb les processons de Sant Cristòfol, que era la *festa major petita* del poble. «També es feia la festa de Corpus. Aquesta encara la fan, però ara es fa en diumenge i abans es feia en dijous i el diumenge es feia la Vuitada de Corpus. Per la

Dolors Gou
107 anys
Masovera a la Secuita

Vuitada només deurien sortir pel tomb de l'església, però el dia de Corpus sí que es feia per tot el poble i es feien capelles a les cases per deixar-hi el sagrament. El deixaven en custòdia sobre les taules. Segons a on encara es fa». I és cert que aquestes festes que irrompien en la rutina han quedat tenyides de la nostàlgia per una infantesa definitivament llunyana, viscuda en un món que ja no existeix.

Infantesa que conforma un batibull de petits records, seqüències de coses que s'han salvat miraculosament de la desmemòria i que pertanyen a un món avui quasi incomprensible de tan oblidat. Són fragments de memòria petita, la que guarden les dones centenàries, perquè les dones eren les protagonistes, constructores i guardianes d'aquest món domèstic i reconeixible. Un món que va durar segles i que de sobte va desaparèixer, arrasat per la vida moderna, pel tall brutal en els costums i els conceptes, en les formes i en les creences. Però la ruptura ha estat alhora un avenç considerable en relació a aquelles dones d'abans, lligades indefectiblement a la rutina de la vida entre les quatre parets de la casa o del terme familiar. La vida moderna, tal i com la coneixem, ha obert les finestres, ha eixamplat l'horitzó.

L'economia domèstica, fos quin fos el nivell social de les cases, era una qüestió d'equilibris, més o menys precaris segons les possibilitats, que la dona sostenia amb un instint d'organització secular. «Les cases pairals acostumaven a matar el porc i a Girona es fan botifarres dolces», rememora Nativitat Igle-

Nativitat Iglesias
95 anys
Monja benedictina

sias. Les coses tenien la seva raó de ser. «A l'estiu moltes vegades sort en teníem d'aquest menjar, perquè t'havien de pujar les coses de Santa Coloma i si algun dia plovia i els carros no pujaven doncs teníem el rebost. Hi teníem pernil, llonganisses –que a l'estiu despenjàvem i tapàvem perquè no s'assequessin massa– i també tiraves de l'hort de casa».

Maria Calls
83 anys
Mocadera i hostalera
Vallès Oriental

Maria Calls, l'hostalera de Can Fuster de la Serra, reconstrueix també aquesta vida quotidiana en què el menjar semblava presidir-ho tot. «En les tres estances de la casa hi dormíem tots, els dos nois, les dues noies i els pares, i de decoració res. Si allà mateix havíem d'abocar les patates, a la vora del llit!» La casa tenia el seu menjador, que s'utilitzava els diumenges o quan hi havia algun convidat, perquè els àpats de cada dia eren a la cuina, fent servir la pastera del pa com a taula de dinar –el pa, que era responsabilitat de la mestressa de casa. L'element especial eren els bolets, els fruits d'una terra pròdiga que, un cop collits, proporcionaven «uns dinerets per comprar-nos una mica de roba».

Era una operació d'envergadura, que començava marxant cap a la muntanya del Corredor a trenc de dia, a collir-los de pressa, per tenir temps d'enviar la nena a vendre'ls aquell mateix matí. «A casa me'ls posaven bé en el cistell mentre jo menjava una mica de pa amb qualsevol cosa i ja marxava a peu cap a Llinars a vendre'ls. Valien 2 pessetes el quilo, si podíem vendre'ls, perquè hi havia dies que no te'ls volien perquè n'hi havia molts i molt macos». Les pageses es posaven al voltant de la plaça, amb les cistelles al davant, i hi desfilaven els compradors, vinguts en tren i fins i tot en camionetes fins a Llinars. «Era gent que tenia parades o botigues a Barcelona i venien cada tarda a comprar bolets quan era el temps. La plaça dels bolets de Llinars havia vingut molt en els diaris d'aquell temps, a La Vanguardia sé que va sortir retratada. Potser hi sóc jo, en algun *retrato*». Aquells diners dels bolets, quan hi havia sort, servien per comprar el vestit de la Festa Major. «A duro el metre me'n vaig comprar un, que era el més maco que es veia per aquí. Va ser blanc i llarg, se'n deia *crêpe georgette* i feia uns quadradets més lluents i uns altres de més mats. Aquí a pagès no es veia gaire que s'anés amb vestit llarg. El dia de la festa major, a l'envelat vaig ser de les primeres a fer maco. Vaig tenir molts balladors».

Que el diumenge aquesta família mengés a taula i no sobre la pastera significava que era un dia especial, com ho continua sent en moltes famílies tradicionals. Aleshores això es traduïa també en la indumentària –els vestits que servien per anar a la missa ritual. «Hi havia diferència entre la roba de diumenge i la que es portava cada dia, anàvem molt mudats», confirma Agustina Lorca. «Recordo que la mare, que sabia cosir, em va fer una brusa blanca de llana de viella amb botons blau marí, i una faldilla plegada també blau marí». El fet que sobresurti un conjunt per sobre dels altres, al marge de la il·lusió concreta que podia suscitar, més aviat ens pot fer pensar que els luxes no abundaven i que un vestit de diumenge servia per molts diumenges més. Però era gairebé l'única cosa que distingia els dies festius dels altres. «Nosaltres no teníem esbarjos de diumenge, allò de dir anem amb els pares cap aquí o cap allà, doncs això no», afirma Maria Antònia Simó.

Agustina Lorca
81 anys
Mestressa dels
Magatzems Fortunet
Figueres

Maria Antònia Simó
84 anys
Secretària
Muntanyenca

Carme Pedarrós
93 anys
Minera i minyona
Vall d'Aran. Bossòst

Carme Pedarrós no és capaç de destacar cap indumentària especial, perquè els vestits també eren part de la seva rutina de to grisenc, en la Vall d'Aran. «Vestíem davantalets, que venia un senyor de Lleida o de Barcelona o no sé d'on i cridava: deu pams, una pesseta; deu pams, una pesseta! i les mares compraven un trosset de tela i ens feien davantalets. A casa, fèiem tricots a la llum i l'escalfor del foc. La llana la compràvem en una fàbrica que hi havia a Les Bòrdes, els hi portaven la llana i ells feien el fil. Fèiem mitjons i roba per a l'hivern. Feia molt de fred. No portàvem espardenyes, no, esclops de fusta que a vegades s'enganxaven amb la neu». El paisatge nevat comportava altres feines afegides: apartar la neu amb una pala, obrir els camins –tasca clarament masculina i sovint col·lectiva– i escalfar els llits amb bosses d'aigua calenta –obligació domèstica i doncs femenina. Bossòst era un poble tan petit que no tenia ni metge, però n'hi havia un a la rodalia que voltava per arreu. «Si *t'acostipaves,* tisana de bordum de pi havies de prendre, tisana calenta, i també saüquet. I et posaven una cataplasma de farina de lin que això era com una farineta que se't posava al pit i donava escalfor».

En la memòria de Carme Pedarrós els enterraments no són un fet luctuós, sinó una petita benedicció i s'entén: les famílies més riques, acabat el servei fúnebre, repartien entre els pobres congregats a la porta «un tros de pa i un bol petit de mongetes». Era una altra caritat consuetudinària, tot i que les diferències socials no podien ser gaire marcades en un poble d'aquelles característiques. «Un dia que jo era una nena hi vaig anar, em vaig endur un cassó i me'l van omplir de mongetes i em van donar un tros de pa, i jo contenta cap a casa amb el pa i les mongetes».

Maria Joaquim
101 anys
Modista
Barcelona

Les mongetes que menjava Maria Joaquim les feia el seu pare, vingut de pagès, d'Alcoi, en un hort situat darrere del Parc de la Ciutadella, en un tros de terra que havia llogat, quan la ciutat encara permetia aquests luxes rurals. Hi plantava tomàquets, cebes, alls, enciams... «Jo anava a l'hort amb el papa i li collia i li lligava els enciams i les mongetes tendres, li collia els fruits de les tomateres. M'agradava molt. Sempre deia que volia casar-me amb un pagès ric, d'aquests que tenen terres, però no va ser així». Els diumenges, tota la família feia cap a l'hort i dinaven arròs. Aquell hort va ser canviat per un altre, que ja tenia adossada una caseta amb dues habitacions, per fer-hi nit. «I després, de més gran, vam tenir un hort i una caseta a Santa Coloma de Gramenet» –quan Santa Coloma era una petita població vora el riu, amb finques agrícoles, cases d'estiueig i molt terreny per córrer, és a dir, la vila d'abans de les onades immigratòries a l'engròs. «Hi anàvem a passar el dissabte i a l'estiu hi anàvem uns dies. Hi teníem arbres fruiters, que sempre m'han agradat molt. M'agradaria que als carrers hi hagués tot d'arbres fruiters, però és clar, embrutarien molt i la gent s'atreviria a prendre la fruita i no pot ser», s'engresca la Maria Joaquim, una dona que conserva els records d'infantesa que li són molt presents, molt nítids i harmoniosos.

Maria Font de Rubinat
95 anys
Família senyorial de Reus

De la vida quotidiana, Maria Font de Rubinat recorda, sense dir-ho, la complexitat del tràfec domèstic abans de l'era de les comoditats, tot i que la casa tenia aigua corrent, electricitat i un passar prou descansat. «Banyar-se era difícil i la banyera gairebé no es feia servir. Ens rentàvem les orelles cada dia i els peus, el dissabte. L'aigua calenta per rentar-nos la preníem de la cuina». La casa estava organitzada jeràrquicament i la vida s'esvania a mesura que es pujava a les plantes superiors. «A baix hi havia la cuina, el quarto de les minyones, el quarto de cosir, el rebost. Menjàvem a l'entresòl, no pas al pis de dalt, on hi havia el quarto dels forasters, el del meu pare, el despatx, una saleta d'estar i molts llibres. Al meu pare li agradava de rebre gent, venien amics i es quedaven a dormir i a menjar. D'això se'n deia *tenir forasters*. A l'hotel només hi anaven els viatjants de comerç, era com això de comprar coses fetes, els senyors no ho feien mai». El record del pare es perfila. «Era un solitari, segons com. No es va tornar a casar, no vaig veure ningú a casa, no crec que es tornés a relacionar». I acaba: «No se'n parlava mai, d'això». Perquè hi havia silencis que també duraven segles.

CAPÍTOL 3

El pa guanyat de cada dia

«Als onze anyets vaig començar a treballar a la fàbrica de llaunes per a préssecs en almíbar».

JUANA ZAPATA

En les cases pobres, el treball de la dona ni es qüestionava: era un fet. Des que les noies, nenes quasi, tenien edat de guanyar un jornal, l'aportaven a la precària economia familiar. I l'edat es feia més petita en proporció directa a la necessitat de la llar. A començament de segle el treball infantil estava generalitzat: a les ciutats, en les fàbriques, i aquesta era una de les xacres de la vida urbana. En el camp, en les petites poblacions rurals, tant podia ser que toqués llogar-se a les finques veïnes com anar a les factories de la rodalia. No era un tema que preocupés els legisladors –de fet, el treball a jornal estava del tot desprotegit. Els salaris baixaven segons el sexe o l'edat: les dones cobraven menys que els homes i els nens, menys que les dones. De manera que els nens eren benvinguts. Això perjudicava sobretot la formació, l'educació de les criatures, però també els minvava la salut. Molta lluita social va tenir origen en aquesta sobreexplotació de les famílies treballadores, amb totes les contradiccions que fan al cas, perquè sovint eren els homes els que es rebel·laven contra la competència «deslleial» que dones i nens representaven a peu de teler o a peu de pàmpol fent la verema. Però això era en àmbits que tenien un mínim d'organització obrera i amb més virulència a mesura que el segle tirava endavant. No era gens una consciència generalitzada.

Les dones, nenes encara, assumien la seva responsabilitat sobre les espatlles menudes, com s'assumeix el canvi de les estacions o les pluges després de la bonança. Un fet caigut del cel, inevitable, normalíssim. Quatre són les dones d'aquest llibre que van començar a treballar abans de l'adolescència, a penes deixades les aules precàries i escassament freqüentades –era l'inici de la vida laboral el que tancava el cicle escolar–. Pepeta Castanyer va deixar de seguida les Hermanas, a Sant Pol de Mar, quan ja tenia els coneixements bàsics que hauria de menester en la seva vida: llegir, escriure en castellà, les quatre regles, fer ganxet i puntes, cosir... Estava a punt per fer feina. «Primer a Can Marquès, on omplia bitlles pels telers amb una màquina grossa que anomenàvem bobina. Cada setmana guanyava 5 pessetes i al cap d'un temps me'n van donar 6», recorda com si fos ara. «D'aquí vaig anar a una fàbrica de llet condensada de la marca Gardenia, que es va instal·lar aleshores: es comprovava que la llet no portava aigua i es posava en un dipòsit molt gran anomenat «tatxo» per fer-la bullir. Quan estava bullida, es posava en uns dipòsits grossos amb unes fustes a dins que sempre es movien i que servien perquè la llet es refredés. Un cop era freda, es posava dins uns pots i es tapava. Jo feia anar la màquina de tapar el pot». Una feina d'alta especialització! El relat prossegueix com si res: «L'any 1918 vaig entrar en una fàbrica de tint». L'any 1918, Pepeta Castanyer tenia quinze anys justos.

Pepeta Castanyer
96 anys
Filla de pescadors
Obrera tèxtil
Sant Pol de Mar

I en aquesta fàbrica de tint es va jubilar. Es va passar la vida girant mitges per tenyir-les de negre o tenyint les troques de colors, per 18 pessetes la setmana, el mateix que cobrava el pare de la Maria Joaquim, treballador del tèxtil a Barcelona. «Tot el temps que vaig treballar no es va fer cap contracte. Si els interessaves, només et deien que ja podies començar l'endemà. Treballàvem de dilluns a dissabte i, a diferència d'ara, no vam tenir mai vacances. L'únic que, alguns anys, per Sant Jaume, unes quantes noies de la fàbrica llogàvem un vehicle, una *rubia*, i ens n'anàvem tot el dia per la Costa Brava. Per Nadal tampoc no ens donaven res, tret d'algun any que ens van donar un duro».

En aquesta descripció d'una vida duríssima no hi ha cap apunt de reivindicació, tan sols un marc temporal: abans era així, ara no, la vida evoluciona. L'any 1944, la família es va quedar amb el Cafè del Centre, a Sant Pol mateix, que tenia incorporada la vivenda. El cafè el van portar els germans, actualment la filla casada d'un dels germans. Però la Pepeta, ja una dona que voltava els quaranta anys, s'aixecava els dilluns més d'hora per ajudar-los a escombrar abans d'anar a la fàbrica. «Els ajudava a rentar gots i eixugar-los però a servir taules, no. Després, quan a la fàbrica treballava només els matins, a la tarda em quedava al cafè». I puntualitza: «Abans no hi venia cap dona, era un pecat que una dona entrés en el cafè. Ara sí: que vinguin, que vinguin!». O sigui, una mera qüestió de costums, les dones entren als bars, les fàbriques fan contractes, s'universalitzen les vacances... La vida és això: esperar un canvis que venien donats pel temps i les lluites dels altres, si és que tenien consciència d'aquestes lluites, que no ho sabem.

Juana Zapata
84 anys
Filla de guàrdia civil
Obrera

«He treballat des de petiteta», afirma Juana Zapata, també amb el to reposat de qui ho considera plena normalitat. «Primer vaig treballar en la recol·lecció de meló, albercocs i altres fruites», que era la porta d'entrada a la responsabilitat laboral de les criatures, fins que tenien prou edat per incorporar-se a la fàbrica, edat física, que no sempre de maduresa real: «Va ser a Monteagudo, amb els meus 11 anyets, quan vaig començar a treballar a la fàbrica de llaunes per als préssecs en almíbar», explica, i vira de seguida al castellà, que és la llengua que fixa els records murcians. «Cuando llegó el día de cobrar yo me puse en la cola, como todas, y el amo me dice: ¿qué esperas, tú?, y le dije que cobrar y me dijo, «lo comido por lo servido, tú no cobras». Me fui a casa con unos lloros ... pero es que me hartaba de melocotones y no precisamente de los pequeños». El pare, guàrdia civil, va acceptar el veredicte de l'amo: la filla havia comès un robatori «y como faltas, tienes que pagarlo». Tanmateix l'amo va tenir un gest i, en secret, al cap d'uns dies va cridar el pare i li va abonar els jornals deguts, convençut que la lliçó havia estat apresa. «Recordo perfectament que amb aquells diners la meva mare em va comprar unes mitges gravades, com les que es portaven fa poc i que m'han fet recordar la infantesa».

Juana Zapata és una dona increïblement recta. Se li endevina una fortalesa moral com si la travessés de dalt a baix una barra de ferro immutable, una barra que subjectés i mantingués en guàrdia totes les altres característiques: les ganes de lluitar, la tossuderia, la fidelitat, fins i tot la ràbia. Té l'aspecte dur de les persones que somriuen poc i miren massa fixament, com escrutant: com desconfiant. La vida li ha fet pocs favors. Li ha exigit massa –massa força, massa plors– per donar-li a canvi ben escasses satisfaccions. Ho explica sense rancúnies, però no és una dona resignada, no ho ha estat mai. Hi ha una anècdota que explica molt bé els seus tractes amb la vida. Estava un dia fregant el terra amb la seva germana, com es fregava aleshores, de genolls i passant-hi petroli o algun altre producte d'una mena que no recorda, perquè en el poble cada veïna volia tenir la casa més brillant que la del costat, era una qüestió d'honor. A Monteagudo, però, hi havia un doctor, un senyoret o un senyoràs, que tenia un gos pastor molt gran i que, de passada, no trobava bé que les nenes freguessin: considerava que aquella feina tan escarrassada l'havia de fer la mamà. I un dia va deixar anar el gos, la gossa de fet, tot dient-li: *Diana, méate*. I la gossa va fer pipí al costat de la taula, davant del plor inconsolable de les dues nenes de genolls envermellits.

«Després vaig treballar en una fàbrica de faixes i calcetes», continua detallant Juana Zapata el seu repertori laboral de factoria en factoria, més que res marcat pels trasllats del seu pare. Va arribar a Sant Llorenç Savall, i doncs a una nova fàbrica tèxtil, quan tenia 13 anys: «Al *vapor* de Sant Llorenç hi vàrem anar de seguida, fins i tot la meva mare, però ella només un temps perquè el meu pare no volia. Primer la meva feina era fer bitlles, però com que m'agradava molt teixir me'n van ensenyar i aviat em vaig dedicar només a això». I afegeix el comentari que emmarca aquesta feina en un escenari concret: «L'amo era un home que tenia un teler que teixia tela de color negra només per al dol dels seus obrers», perquè les desgràcies que sovintejaven en les llars modestes obligaven a comprar metres de roba per confegir els vestits de dol. L'únic que no va anar al vapor va ser el germà petit, «que va tenir el camí una mica més fàcil, perquè a mi m'hauria agradat estudiar i ser secretària però no va poder ser».

Maria Calls
83 anys
Mocadera i hostalera
Vallès Oriental

No sempre era la fàbrica el destí de les noies que no podien triar. Al camp, es llogaven per a les múltiples feines agrícoles. Maria Calls va ser *mocadera* a 15 anys –mocadera és la dona que, en la matança del porc, s'encarrega d'omplir els embutits, una feina bruta de sang i budells acabats d'arrencar. És un símptoma de la seva determinació. Res, però, li venia de nou, perquè a 12 anys ja es llogava per fer feina al camp, la mateixa feina que havia fet a casa seva des que tenia ús de raó. Se'n va anar a collir avellanes, de genolls a terra, per 6 rals. «Anava a Can Prat, a una hora a peu de casa, i passava l'amo de la finca amunt i avall dient: la que no faci el sac demà no vindrà, perquè enraonàvem i trencàvem alguna avellana. Per 6 rals una tarda, quina vida». Aquesta vida laboral sense papers es compaginava amb la feina en el propi camp –amb vinyes per fer-se el vi– i tant tocava a nois com a noies. Els germans de la Maria també van anar a jornal a partir dels 13 i 14 anys, sense oblidar que «pel que convenia a casa també ens quedàvem».

Per fugir de la duresa de la vida del camp, la Maria va demanar de llogar-se a Ca l'Hostaler, a Vilalba Sasserra, que ha acabat sent tota la seva vida, perquè es va casar amb el noi petit i en va continuar la nissaga. L'hostal era conegut amb el malnom de «Trenta passes» –diuen que marca la distància fins a la riera– i era l'única botiga del poble, amb l'únic cotxe disponible per qualsevol emergència, que només podia ser anar a buscar el metge o la llevadora. La Maria Calls explica que la seva futura sogra, encara una minyona acabada de casar, va començar l'hostal posant una tauleta rodona amb una botella d'anís i una de vi bo. Els treballadors es van habituar a passar molt de matí a buscar la *barreja*. I llavors va començar a fer-los el dinar, i ja que hi era, a fer el dinar dels picapedrers de la pedrera i a dur-los-hi. «I per aquesta gent anava a Mataró a peu a buscar peix, que s'havia de llevar molt dematí, i aprofitava per portar cendra i pinyoques, la cendra per la bugada i les pinyoques, que van bé pel braser, deurien ser per alguna casa que les volia per fer el foc. Va morir rebentada, la meva sogra, rebentada de treballar massa tota la vida. Matava els xais ella sola i els despellava i feia anar la botiga... Per això van prosperar tant.» De fet, amb els braços i el cotxe, aquesta família organitzava el comerç de tota la rodalia: tant servia per portar la gent a mercat i tornar amb el sostre ple de cistells lligats, com per anar a buscar un *vagó* de sucre o d'arròs a l'estació de Llinars, o fardells de bacallà, que després es repartien per les botigues de Vilamajor, Palautordera o Sant Celoni. I un cop a la setmana, cap a Barcelona per les altres provisions.

El cas és que la Maria es va acostar a aquesta família tan escarrassada com espavilada, perquè li feia il·lusió la botiga –li feia il·lusió qualsevol cosa que no fos sulfatar vinyes o collir patates– i amb 14 anys va anar-hi a treballar. Va coincidir amb una passa de tifus, que va enxampar tothom a l'hostal, tret d'ella, però no en va fer escarafalls: al cap de poc, s'havia encomanat del ritme febril de treball de la casa, i ja no el va deixar mai més. Els amos tenien una altra botiga a Sant Celoni i dos cops per setmana es despatxava allà, amb uns preus més ajustats que a la vila, així que tenien cua. «Érem set a despatxar i portàvem els diners cap aquí amb dues o tres senalles, que era una mena de cabàs més pla, i totes ben plenes de duros i pessetes de plata!», recorda. La Maria també s'encarregava de repartir el correu, que aquesta incansable família recollia a Llinars. Però no sembla que la feina se li fes pesada, malgrat que la descripció, molt minuciosa, fa l'efecte d'omplir molt més que una jornada laboral convencional. Perquè també es feia el pa, per consum propi i per vendre.

I es matava el porc i d'aquí va sortir la seva especialització com a mocadera, que recorda amb orgull. «El dia que matàvem el porc érem dues noies aprenentes i una mocadera oficial, que en sabia, perquè de mocaderes no n'hi ha gaires perquè és una feina que ningú vol fer. Quan maten el porc has d'estar allí parant la sang, treure els budells, tot. Però jo era atrevida i tot m'anava bé. La que va ser la meva sogra em deia: quan acabarem de fer les botifarres, matarem pollastres, que vindrà l'Angeleta i l'ajudareu. L'Angeleta era una cuinera de Sant Celoni. Jo, contenta de plomar, m'agradava molt; a l'altra noia, no. Així van veure que jo era més atrevida. Després vaig anar jo sola a fer-ho per les cases de pagès, quan mataven el porc, feia les botifarres... Guanyava un duro al dia. Però hi havia d'anar a les 4 del matí i tornava a les 11 de la nit, passant pels boscos, a peu i sola. Això quan tenia 15 o 16 anyets».

Carme Pedarrós
93 anys
Minera i minyona
Vall d'Aran. Bossòst

No es va escapar, no es podia escapar, d'aquest destí Came Pedarrós, de la Vall d'Aran, però no va anar ni a la fàbrica –que al poble no devia haver-n'hi cap– ni al camp: va entrar a treballar a la Mina Victòria, a 16 anys. Estava just a l'altre costat del riu, aquesta era la raó del seu emplaçament. «En aquella mina», relata, «hi havia dues corretges de 80 cm., una a dalt i una baix, i per allí baixava el mineral, plom i pedra. Llavors hi havia l'aigua, i en aquella aigua triàvem els callaus, les pedres, i uns hòmens, un a cada costat, les carregaven fora. Aquella aigua feia mal als dits de fred, estava gelada, però havies de tenir les mans dintre per triar les pedres». La feina la feien les noies, les dones més grans les manaven; els homes carregaven i destriaven. En total, unes quaranta persones, que devia ser el gruix de la població laboral dels voltants, dels que no eren al camp o en les pastures. La feina era d'unes deu hores, de sis del matí fins a la tarda, per 14 o 15 pessetes al mes. «Ens pagàvem molt poc i aquests diners els donava a casa. De vegades compràvem algun quilo de sucre, algun pot de cafè, algun litre d'oli. L'oli costava 14 cèntims, la llet, 50... Uns tres anys vaig treballar a la mina Victòria». El jornal no era un luxe, sinó mera subsistència.

Quan sortia de la mina, la Carmeta encara feia de minyona per les cases, a hores, i aquesta va ser la seva feina plena quan la mina va tancar. «Hi havia algunes cases que tenien nens i tenien alguna pesseta i allà anava. Anava a rentar terres amb el *cepillo*, de genolls. També rentava la roba, però no al riu sinó que te la feien rentar a casa amb una mica d'aigua calenta i després l'anaves a refredar al riu. Avui anaves a una casa i l'altre dia a l'altra. Em pagaven 2 pessetes al dia». És a dir, era una feina proporcionalment més ben pagada que la de rentar pedrots al riu en els dies de la mina. Però la Carme no parava quieta: també va fer la verema a França. «N'hi havia dos d'aquí de Bossòst que venien a buscar una trentena de noies, o vint o deu, les que fos. Ens van buscar una plaça de criades, anàvem 4 o 5 amigues. Anàvem a peu o amb el cotxe de línia fins a França i allà preníem el tren fins al poble on vam estar, Bordeus o Visiers du Midi. Era molt bonic, allò». Duien un equipatge senzill, un parell de mudes per passar la temporada. La casa proporcionava el menjar, però sense cuinar, i dormien totes les noies en una mena de pati, sobre palla de blat, que cobrien amb mantes, separades dels nois. «Ja ens pagàvem bé, ja, i amb aquests quartos ens compràvem coses. Allà vam aprendre el francès, de sentir-lo parlar. Un dia em va renyar el patró perquè em deia una cosa i no l'entenia i jo li vaig dir: señor, escuche, vaya a usted a España a ver cómo le van a contestar». Aquesta va ser la rutina de la verema, fins que van trobar plaça com a criades fixes, i van estar-se fora molt de temps. «Llavors escrivia a casa per dir que estava bé. Escrivia en castellà, perquè l'aranés no l'he escrit mai, perquè no l'ensenyaven a l'escola. Ara els obliguen a estudiar en aranès i està molt bé això de mantenir la llengua d'aquí».

El treball infantil es va regular en la constitució progressista del 1873, però mai va ser desenvolupada la llei corresponent, de manera que tot va quedar en lletra morta, com la mateixa carta magna, que va caducar al cap de pocs anys. Les primeres legislacions restrictives, que avui ens farien escruixir perquè només prohibien el treball per sota dels deu anys, van ser contestades per la Junta de Comerç de Barcelona, que va interpretar que el govern de Madrid atemptava contra el desenvolupament industrial de Catalunya. Això era a la ratlla del segle i era així malgrat que els higienistes, que tant van maldar per millorar la paupèrrima salut de les classes treballadores, advertien que aquestes feines mal pagades i en jornades llarguíssimes perjudicaven la creixença dels nens i la salut de les dones embarassades. No va ser fins al 1907 que es va acordar que les dones reposessin unes quantes setmanes després del part, això sí, sense establir-hi una paga compensatòria, que els patrons –que les llogaven sense contracte– no haurien acceptat mai. Però aquestes coses ni es plantejaven. Es feien i prou, perquè no hi havia cap altre horitzó vital que el d'ajupir l'esquena amb més o menys fortuna segons les possibilitats de l'entorn.

La vida de les noies de classe mitjana era molt diferent. El futur laboral existia, però a partir d'un cert grau de formació. Es preparaven per ser administratives, mestres, professores de música, infermeres o bibliotecàries, qualsevol de les professions que es tenien per «femenines» i que sovint acabaven en el moment just del matrimoni. Generalment, aquesta formació s'impartia en acadèmies o escoles específiques femenines, algunes de les quals van ser creades per dones de la burgesia catalana, preocupades pel futur de les noies menys afortunades econòmicament. Aquestes dones burgeses i benintencionades havien estat tocades per una brisa suau de feminisme, al qual havien despullat de tota intenció reivindicativa, no diguem ja revolucionària. Res que tingués a veure amb les combatives sufragistes britàniques. La generació benefactora de Dolors Montserdà o de Francesca Bonnemaison, l'una escriptora, l'altra mecenes, totes dues vinculades ideològicament a la Lliga, considerava un desastre que la dona, puntal de la família i la religió, anés a parar a les fàbriques, disputant el pa als homes i, més que res, barrejant-s'hi. L'una amb la paraula i l'altra amb els fets, van lluitar contra el treball fabril de la dona –però no contra l'explotació– i van intentar de donar-li alternatives «sanes». L'Institut de Cultura de la Dona, creat per Francesca Bonnemaison, vídua del patriarca Verdaguer i Callís, en va ser l'exemple paradigmàtic. I allí va estudiar Nativitat Iglesias.

Nativitat Iglesias
95 anys
Monja benedictina

El pare de la noia, que es faria monja benedictina, va morir de sobte a 59 anys, sense fer testament. El fill gran va quedar com a hereu. Va ser llavors que la família –tret del fill gran– va acordar traslladar-se a Barcelona, mare i deu criatures, a un pis llogat al carrer Diputació cantonada Bruc, i que els altres fills anessin a estudiar interns, els nois als jesuïtes i les noies a Jesús i Maria, primer a Sarrià i més tard al carrer Casp de Barcelona. L'hereu, convençut que «el propietari que no es cuida de les seves terres no té dret d'existir», com li agradava de repetir, no va tenir problemes per quedar-se a Santa Coloma de Farners. La Nativitat, més tard, va continuar els estudis a l'Institut de Cultura de la Dona. «En aquells anys les noies no estudiaven tant com ara, però una cosina meva va estudiar per ser bibliotecària. Jo no vaig voler fer-ho perquè havia d'estudiar llengües i sempre se m'han donat malament, així que em vaig decidir per tenidoria de llibres, que són els que s'encarreguen de tota la part d'entrades i sortides i coses així», explica. Això era cap als anys vint. Després arribaria la República, la seva militància cristiana i l'entrada al convent el 1936.

Mercè Sabaté Cebado
92 anys
Secretària
Afeccionada a la natació
Barcelona

També a l'Institut de Cultura de la Dona va adreçar-se Mercè Sabaté Cebado, amb la idea de col·locar-se en un despatx. Va aprendre-hi anglès, francès i correspondència, però alhora estudiava piano –tothom a casa seva tocava un instrument o altre–, fet que va coincidir amb l'inici del festeig amb el seu futur marit, que no suportava la música, de manera que aquesta fase de la formació tradicional de les noies ben educades es va tallar aviat. En aquell temps, la família Sabaté vivia en molt bones condicions, perquè la mare havia liquidat aquella perruqueria que el seu pare havia muntat per al gendre, la va liquidar «perquè havia pogut fer quartos per viure». La casa, un pis sobre el carrer Fernando, tenia sales molt grans, amb el piano de la mare, i cambra de bany amb banyera quan la majoria de cases passaven amb una dutxa improvisada, «que estiraven una cadena i sortia l'aigua». També hi havia minyones. Però malgrat això, tots els germans treballaven i portaven les pessetes a casa perquè les administrés la mare. «Ho portava bé, ella, i encara ens donava força diners a nosaltres. Vam tenir una torre d'estiueig al carrer Berna i des de l'any 1929 vam anar-hi a viure sempre».

Maria Antònia Simó
84 anys
Secretària
Muntanyenca

Com a administrativa, abans de la guerra, es va formar Maria Antònia Simó, alumna d'excepció de l'Institut Balmes. Formar-se, en el seu cas, és un dir, com no s'està de reconèixer: «Vaig aprendre a escriure a màquina. En les feines d'administració també et podies especialitzar, però, vaja, no era com ara. Escriure el que et deia el *jefe* ho podies fer, i fer còpies a mà també. Prenies les notes a mà i si sabies taquigrafia, millor. Jo escrivia molt ràpid, tenia una lletra que només l'entenia jo, i segueixo tenint mala lletra. I això crec que em ve de l'època de l'Institut, quan anaves ràpid per captar el que et deia el professor», justifica. També va fer cursos de mestra enquadernadora a l'Institut Català de les Arts Gràfiques i del Llibre, situat darrere del Teatre Goya, i d'aquesta ocupació, feta entre un taller i a casa, en treia un sobresou. Tot i que la seva feina oficial, en una oficina, incloïa el dissabte. Està clar que l'ocupació laboral, la de l'horari fix i la suplementària que es feia a casa, omplia moltes hores al dia. Eren vides sense lleure.

«Després de la guerra», continua Maria Antònia Simó, «vaig treballar en una casa alemanya que feia motorets per a màquines de cosir. Allà vaig començar a tenir lliures els dissabtes. El gerent havia de ser espanyol, en aquella època, però els caps de les seccions eren alemanys». Abans havia treballat uns pocs anys a la Generalitat, durant la República, gràcies a les gestions d'un amic de la família, que la va «col·locar», tot i que li van fer passar les proves exigides. «A la tarda anava a treballar a Governació i això facilitava que, no massa sovint però de tant en tant, ens donessin un lot de menjar per portar a casa». El 1939, lògicament, això es va acabar de cop.

Montserrat Moner
94 anys
Vídua de l'escriptor Joan Alavedra
Professora de piano

Una de les poques que va poder compaginar feina i vocació, i no sense sacrificis del grup familiar, va ser Montserrat Moner. La seva passió era la música i sempre va tenir clar que seria la seva manera de guanyar-se la vida. «Vaig acabar la carrera de piano als 17 anys a l'Academia Marshall i vaig quedar-m'hi de professora, tot i que també donava lliçons particulars. Vull dir que a 17 anys jo ja em guanyava la vida», concreta amb orgull. Amb raó, perquè no havia estat un camí fàcil. La mare, amb el sentit pràctic que li dictava la situació econòmica, volia que la noia estudiés comerç, mentre la filla deixava clara la seva passió per la música. Un dia, a 12 anys, va veure un anunci de l'Escola Orfeònica en un diari, on demanaven sopranos a canvi d'oferir classes de piano. Dit i fet, va anar-hi sense dir-li res a la mare. Quan ja estaven lligats els tractes, ho va confessar i tot va quedar acordat, gràcies a la gratuïtat de l'oferta, i amb la condició que no deixés les classes convencionals. En un any la nena va fer el preparatori i dos cursos: la petita estava dotada. «Anava a peu des de la Plaça Nova, a la Catedral, on vivia, fins al carrer Indústria, on vivia el meu mestre, el senyor Marcet. Un dia vaig anar-hi i em van dir que havia fugit amb una orfeonista».

Però la mare ja havia entès quina era la traça i les ganes de la noia. Així que va decidir portar-la a la millor Acadèmia, la Marshall, perquè li fessin una prova i li confirmessin que de debò valia, abans de comprometre les pessetes. De passada hi va fer el conte de la llàgrima, explicant que era vídua i amb quatre criatures. «M'hi vaig quedar i em van donar sempre lliçons particulars per un preu mòdic, 15 pessetes, que és com si ara en pagués mil. Un cop vaig acabar anava molt a concerts. Un dia vaig anar al Palau de la Música a sentir la Blanca Selva, una concertista del Rosselló que era molt bona i que treballava molt les sonates de Beethoven. Jo les volia estudiar, i la vaig anar a veure. Em va donar lliçons de perfeccionament fins que em vaig casar». Tota la vida, des d'aleshores, l'ha passat donant lliçons de música arreu, fins i tot als nois i noies que s'examinaven al Conservatori del Liceu, gràcies a la bona relació que tenia amb el director, Pere Vallribera, que li passava les classes que no podia atendre. Als 85 anys, la Montserrat Moner encara va donar un concert al Cercle del Liceu, del qual guarda crítiques que asseguren que «va encisar l'auditori», tot i que mai va ser concertista professional.

Maria Joaquim
101 anys
Modista
Barcelona

També lligada a la música, però no pas laboralment, està l'adolescència de Maria Joaquim, la futura modista, la vida de la qual va canviar quan la seva mare va morir quan ella tenia 23 anys. De joveneta també havia estudiat francès i una mica de piano, que va haver de deixar perquè la família no tenia possibilitats de tenir-ne un per assajar. De fet, el que la Maria Joaquim estudiava de debò era infermeria, a Santa Madrona, una institució per a noies que estava a la Via Laietana. Ho va haver de deixar en morir la seva mare, «i m'hagués agradat ser-ne perquè guanyen molt, però tot va venir malament i ho accepto», diu, sabent que no sempre es pot triar. El cas és que entre una cosa i l'altra va entrar a l'Orfeó Català, la mítica entitat coral catalana. Tenia 14 anys i cantava tot el dia, fins que la va sentir un conegut de la mare, i va suggerir que era una veu amb futur. «Jo tenia molt bona veu, veu de soprano, i assajàvem cada dia des de les 9 del vespre fins a les 12 amb una professora que ens va ensenyar a solfejar. Després me n'anava sola a casa, perquè en aquella època s'hi podia anar». Tot i que no era gens corrent que les noies fossin al carrer més enllà de l'hora de sopar, feia el trajecte amb una amiga que vivia a prop. Quan l'orfeo feia concerts a fora, les noies s'allotjaven en cases particulars.

«Jo vaig conèixer el director Lluís Millet, ja ho crec. Era un senyor que quan dirigia estava tan nerviós que li fugien els punys de la camisa –perquè abans es portaven punys a les camises, que eren postissos. Apa, tontos, animals! ens deia quan no fèiem bé l'assaig. Un altre dels fundadors va ser Amadeu Vives, també el vaig conèixer», recorda amb entusiasme el període que va ser, sens dubte, el més aventurer de la seva vida. Van anar a París i a Londres, Roma... però en aquests viatges s'hi afegia la mare. «A París vam anar-hi en un tren de ximeneia que feia tant de fum que quan arribaves anaves tota negra de cara, tota mascarada. La mama al final em va fer un guardapols per protegir-me». L'estada a París va durar vuit dies, amb petites compres –un anell que encara conserva– i la pujada prescriptiva a la Torre Eiffel. «París era molt bulliciós, com aquí el Paral·lel, hi havia un ambient alegre i molts *puestos* on s'hi feien music-halls», diu, amb una emoció del tot pueril, que correspon a l'època dels seus records.

Però a 18 anys la mare la va posar a treballar en una botiga i la vocació per l'Orfeó va decaure. «És que m'acabava adormint fent el que havia de fer. Quan ets jove tens molta son», s'explica. En aquell temps compaginava els estudis amb la feina en una botiga de lligues i elàstics d'home, primer en el despatx i després de venedora. Estava situada prop de la Jefatura de Policia de Via Laietana, en un local que ara ocupa un restaurant. Reconeix que disfrutava molt de la feina, «les festes no m'agradaven gens». En morir la mare va plegar també de la botiga i es va quedar a casa «per fer la feina que abans feia la mama. Dos germans estaven casats però a casa quedava el papa i la Leonor i tots dos treballaven, així que la feina de casa l'havia de fer jo. Vaig començar a fer de modista i de feina no me'n va faltar mai», relata. Havia quedat traçat el seu futur. «Les meves clientes eren veïnes del carrer i del barri, però no guanyava gaire, jo, perquè era molt considerada i no cobrava gaire. D'un abric cobrava 10 duros, ja pots comptar. A més, les clientes de diners no m'agradaven gens perquè no sempre pagaven de seguida. En canvi, les dones treballadores, sí. Ara sí que es cobra molt en aquesta professió, estan molt ben considerades». Durant uns dies va assajar de tenir a casa una nena de 12 anys que l'ajudés, des de les 9 del matí fins al vespre, a canvi del menjar i poc més. «La vaig tenir poc, perquè em va trencar més coses! Li vaig dir a la seva mama que ho sentia molt. Després ja no en vaig tenir cap més». També va donar classes de costura a noies del barri. Silenciosament, havia trobat el seu encaix.

També l'agulla va ser la primera ocupació laboral de la Dolors Gou, de la Secuita. Quan va plegar de l'escola –que no li agradava–, es va quedar a casa a ajudar la mare. La germana, que seguia el mateix camí, va anar a una modista per aprendre a cosir i donava lliçons a nenes petites. «Les dues germanes petites», aclareix, «sí que van estudiar més i van fer la carrera de mestres però van acabar sent monges Vedrunes». Els germans van continuar l'ofici familiar, el gran fent de ferrer i l'altre espavilant-se com a fuster, «perquè el ferrer també necessita un fuster quan fa carros». El destí de la Dolors, però, era esdevenir masovera en casar-se i, més que de pagesa, va fer tota la vida de cuinera, amb unes mans angelicals per als peus de porc.

Dolors Gou
107 anys
Masovera a la Secuita

Aurora Díaz-Plaja va seguir una carrera típicament femenina, tot i que exercida amb un plus de creativitat personal. Va fer el batxillerat a Barcelona, a l'Institut de la Dona que Treballa, on va descobrir la primera biblioteca pública: una revelació per a una noia tocada per la passió de la lectura. Les germanes van estudiar també, l'una tenidoria de llibres i l'altra, magisteri. No hi va haver en la família, doncs, cap trencament amb la convenció, però en la jove Aurora ja despuntava la rebel·lia davant dels rols assignats. «A mi també m'agradava el magisteri, però quan vaig veure que a les noies se'ls ensenyava *labores* i als nois no, vaig dir que no seria mestra, perquè no entenia aquesta diferència». De manera que es va apuntar a l'Escola de Bibliotecàries de la Generalitat, la institució llegendària creada per Eu-

Aurora Díaz-Plaja
86 anys
Bibliotecària i escriptora

geni d'Ors per professionalitzar la tasca de difusió de la lectura, impulsada per l'aleshores Mancomunitat de Catalunya. Les primeres pràctiques les va fer a la Biblioteca de la Universitat Central i a la Biblioteca Popular de Sallent. En aquesta localitat hi va entrar un jove «molt guapo» que li va demanar si tenia «algo para su cuerpo». «¿Anatómicamente o fisiológicamente?», va repreguntar la jove bibliotecària inexperta, un xic escamada. «No, mujer, del Cuerpo Glorioso de la Guardia Civil», va riure el lector. I li va donar un exemplar de *Blanco y negro* amb un article sobre el tema.

En aquell temps, Aurora Díaz-Plaja ja fumava. «Fumàvem regalèssia, però no la negra, sinó la fusta. A aquella edat, 16 anys, les noies fumaven d'amagat, però jo no, perquè els pares mai no em van dir allò de les noies no ho fan». Segurament per aquesta educació liberal, l'Aurora va créixer com una dona lliure, que és el que ha estat sempre. Mai li va fallar el sentit de l'humor, que és una altra forma de llibertat, i si bé el cos li flaqueja i l'encotilla, avui, la intel·ligència es manté oberta i capaç d'interrogar el món i la gent que l'habita. Un rostre angulós, solcat d'arrugues, emmarca la mirada molt viva. Als vuitanta-sis anys encara té tremp per posar-se a estudiar rus, una mica per llegir Dostoievski, diu, una altra mica perquè ho va apostar amb un dels seus fills. Una anècdota plasma la decisió amb què sempre ha governat la seva vida. Treballava a Mallorca, en aquella biblioteca de la Caixa tan penetrada per la carcúndia imperant, i es relacionava amb els joves de l'illa, «fills de casa bona, rics, guapos però imbècils, amb els que havies de tenir el clàssic matrimoni espanyol en què ella es quedava a casa»; fins i tot les bibliotecàries de la Caixa havien de ser solteres, perquè el director considerava que les dones casades havien d'estar-se *a casita, a casita:* això deia.

L'Aurora, que volia tenir fills, vacil·lava entre el sí o el no davant d'aquells pretendents que no li feien del tot el pes. (Més tard, a Barcelona, veuria *Yerma*, de García Lorca, i va pensar que no valia la pena arriscar tota la vida per una maternitat que, com a la protagonista, podia fallar-li). Així que ho va plantar tot i va tornar a Catalunya, a les Biblioteques de la Generalitat on havia fet les pràctiques i on mai havia estat enretirada l'obra d'autors com ara Carles Riba o Soldevila, que la dictadura de Primo de Rivera havia enviat a *l'infern*. Sempre més va sentir una autèntica devoció per García Lorca, a qui el seu germà Guillem havia tractat a la Residencia de Estudiantes de Madrid, i a qui ella va conèixer quan tenia 13 anys. Per això, de gran, va complir la promesa que aquell dia va fer al poeta: escriure la seva biografia perquè els nens el poguessin conèixer i estimar. Va aprovar les oposicions i va anar a treballar de bibliotecària a Canet de Mar, on els seus lectors eren els pescadors que feinejaven a la platja: n'estava satisfeta.

En les famílies riques, amb totes les possibilitats obertes, les noies no solien plantejar-se un futur laboral, sinó matrimonial: el seu paper a la vida era casar-se ben casades, i la formació tendia a sofisticar aquest rol assignat amb estudis de música i de llengües, atributs culturals que vestien la dona bur-

Margarita Riera
90 anys
Casada amb l'empresari
Miguel Torres
Relacions públiques

gesa sense comprometre-la massa amb el món. Margarita Riera, que un cop casada tindria una activa vida professional com a responsable de les relacions exteriors de les bodegues Torres, propietat del seu marit, va formar-se en els dos aspectes, el musical i el dels idiomes, sense plantejar-se mai d'estudiar una carrera. Dotada per als idiomes, va renunciar en canvi a la música. «La meva germana es va dedicar a estudiar violí durant 7 anys, va obtenir el títol i tot, però quan es va casar va penjar el violí, va ser una llàstima», diu, tot dibuixant amb claredat el perfil d'aquest seu món. «El papà tocava el piano fantàsticament bé, tocava de meravella, i la seva il·lusió era tocar el piano amb la meva germana al violí. De concerts particulars n'havíem fet, per a la família i els amics, però mai en pla professional. La Margarita va estudiar piano, però quan es va adonar que mai no arribaria a tocar tan bé com el seu pare, ho va deixar córrer. «Perquè el que faig, vull fer-ho ben fet. Per fer-ho a mitges, prefereixo no fer-ho. Aquesta ha estat la norma de la meva vida: sempre que he volgut fer una cosa, he procurat fer-la a la perfecció».

Dolors Canals
86 anys
Pedagoga i investigadora

Un cas diferent, però amb la mateixa determinació, és el de Dolors Canals. Decidida a dedicar-se a la ciència, va considerar necessari conèixer els fonaments del desenvolupament de les espècies i fonamentalment dels humans, el que ella en diu «una base forta en unes quantes ciències bàsiques». Va decidir d'estudiar Medicina, però en aquell temps les noies no seguien carreres, de manera que no es tractava de plantejar-ho a casa. «La família no permetia aquestes coses, així que en comptes d'anar a jugar a tennis me n'anava al Clínic i allà, amb la col·laboració d'uns quants, anava estudiant i treballant, sense informar ningú. A casa hi havia una certa llibertat per entrar i sortir», comenta. «Vaig fer medicina perquè a mi m'agrada començar les coses pel començament. Jo volia saber fins on pot arribar el desenvolupament humà en circumstàncies òptimes. Estic segura que el proper segle serà extraordinari en aquest sentit. Això és el que jo em plantejava». Al Clínic va estar treballant en neonatologia. Aviat, però, va arribar la guerra i li va trencar els esquemes, alhora que li obria un important camp professional en les guarderies de guerra de la Generalitat i, sense poder-ho endevinar encara, una fructífera trajectòria a l'estranger, iniciada sota el nom d'exili.

CAPÍTOL 4

L'alegria a la menuda

«Jugàvem a imaginar que cada avellaner era una casa, i ens fèiem visites».

NATIVITAT IGLESIAS

Pepeta Castanyer
96 anys
Filla de pescadors
Obrera tèxtil
Sant Pol de Mar

«Jo no parava mai quieta», assegura Pepeta Castanyer, donant una pàtina d'alegria a la seva infantesa, tan discreta de fets, a Sant Pol de Mar. Corria la petita darrera el *manobio*, –de *manubrio*–, el piano de maneta que tant irritava Joan Maragall com a manifestació de la «música de màquina», de la contaminació dels gustos del poble. Lluny d'aquestes elucubracions, quan la Pepeta desapareixia de la vista de tothom, la mare deia «ja ha sentit el manobio...!» I la Pepeta ja gran ho confirma: «Quan el sentia passar per davant de casa hi anava i voltava per tot el poble al seu darrere. Era una mena de piano que gent forastera portaven damunt d'un carro i que sonava fent rodar una maneta. Quan els ambulants que el feien sonar tornaven cap a la riera, on hi havia un camp on es posaven els gitanos, jo me'n tornava cap a casa», explica i sospira, «qui tornés a aquells anys...»

Perquè aquells anys eren els d'abans de la feina dura a la fàbrica o al camp, de les responsabilitats, fins i tot de la guerra: era quan la vida era clara, quan els trens de carbó treien molt de fum –com en els contes–, quan els nens eren feliços sense gairebé res. «Amb els pares ens estimàvem molt», precisa la Pepeta. «Recordo quan tots dos es disfressaven per

Carnaval i anaven a vestir-se al Cafè del Centre, que no era com ara sinó molt vell, una ruina, i ells es disfressaven per anar a ballar al ball del Centre». Aleshores Sant Pol era un poble petit, de pescadors, amb les barques a la platja, era el Sant Pol de les cases pairals. «Ara ha crescut molt i les cases, que eren precioses, les han tirat a terra per fer-hi pisos. Ja no coneixes ningú. I de barques no n'hi ha cap: si n'hi ha alguna ha anat a parar al moll d'Arenys».

Abans que tot això passés, a Sant Pol els nens jugaven a cuit i amagar i al «cavall fort», que era el joc del moment. «El fet és que el meu pare era una mica sever i tossut i ens deia que a toc d'oració cap a casa. Nosaltres agafàvem el berenar i marxàvem i quan érem aquí baix a la plaça, ja tocaven campanes i havíem de tornar. Alguns dies no vaig arribar a l'hora i la mare em feia anar a dormir sense menjar res perquè el pare no em pegués quan arribés. Després, d'amagat, em pujava menjar». Records de la Pepeta Castanyer, més dolços que agres malgrat la figura autoritària del pare.

Curiosament, el Carnaval no està gens present en la memòria d'aquestes dones. Sempre ha estat una festa vacil·lant a Catalunya, sovint prohibida o menystinguda per massa esbojarrada, per incorrecta (per dir-ho amb el modisme actual), però els balls de disfresses i les rues de Barcelona tenen un lloc en la iconografia popular. Maria Aurèlia Capmany, nascuda el 1918, recorda que de petita es disfressava amb el seu germà Jordi i es llençaven a viure la rua de la Rambla, que aquell dia estava tallada a la circulació i doncs lliure de perills, perquè en la llibertat simple de moure's per arreu també hi havia un punt de transgressió propi de la festa. Però el Carnaval no compareix en aquestes memòries que, quan més reculen, més es troben amb un paisatge mancat de joguines però ple de rialles.

Juana Zapata recorda l'obligació de fer ganxet abans d'anar a jugar, petita contribució al parament de la llar quan era temps de córrer i trescar. Les dues germanes es posaven a la feina, sabent que havien d'acabar una bola sencera de cordill, un cabdell, abans de poder plegar. «Quan la mama no ens veia tallàvem el fil, en fèiem una bola i l'amagàvem sota la sorra i aleshores sí que sortíem de la caserna per córrer per allà, perquè aquest era el nostre jugar. Els nens anàvem a un camp de *higos chumbos* que hi havia allà al davant». I l'alegria del joc els redimia de tota la resta.

La natura era l'escenari dels jocs, uns jocs molt poc vigilats, de nens deixats anar sense més perills que els que ells mateixos es procuressin: és la constant en la vida rural o en els pobles petits –tan diferents dels *nens de pis* criats en una Barcelona en la que encara es podia sortir a jugar al carrer, tot i que no sempre estaven autoritzats a fer-ho. Nativitat Iglesias evoca els jocs a l'hort de la casa pairal, els tres germans petits junts. «Jugàvem a imaginar que cada avellaner era una casa i ens fèiem visites o ens fèiem barrets amb les fulles i els brancallons dels castanyers... També ens llençàvem pels marges on hi havia herba tendra, avall com si fos un tobogan, era molt divertit, i quan tornàvem a casa els pantalonets del meu germà i el davantalet o les batetes nostres estaven bruts de color verd. Les protestes que hi havia perquè allò costava de rentar!».

Nativitat Iglesias
95 anys
Monja benedictina

A vegades, però, els jocs es feien temeraris. Un dels germans va proposar un dia pujar al *quintar*, que és un vessant de muntanya treballat en feixes, esglaonat, i des d'allà llençar-se, «deixar-se fer una estimbada», com va dir ell. «Les nenes no ens ho vam deixar fer mai, però el Joan, que tampoc tenia seny, sí. Aleshores tirava el carro daltabaix del marge amb el meu germà al damunt. No es van fer mal perquè Déu no va voler...» Potser a aquesta inconsciència hi contribuïa el Paulí, un dels treballadors de la casa, que si algun dels nens plorava d'un cop o d'una caiguda, els deia que fins que no es veiessin amb el cap separat tres pams del cos no calia amoinar-se. Més tranquil·les eren les passejades a la font, a l'hora del berenar. El pare a vegades s'hi afegia, «però quan anàvem a les fonts que no eren nostres, sinó d'en Subirà, no venia perquè deia que era terra d'un altre propietari».

Pepeta Castanyer
96 anys
Filla de pescadors
Obrera tèxtil
Sant Pol de Mar

De més grans els records es vesteixen de festa major. La Pepeta Castanyer, de Sant Pol, solia ballar amb el seu germà, que era tan alt com ella, i que ho feia molt bé. «Una vegada», diu, «van venir orquestres de balls moderns i de balls antics, els que ens agradaven més, i van tocar una polca, que aleshores es deia *piler* i vam ballar un senyor piler! L'envelat estava ple de gom a gom de gent ballant i tot d'una vam quedar-nos sols damunt la pista, mentre tothom ens envoltava i ens mirava. En sabíem molt».

Maria Calls
83 anys
Mocadera i hostalera
Vallès Oriental

Els records de la Maria Calls, l'hostalera, són igualment vivíssims: «Feien l'ofici a l'església i sortint hi havia l'envelat, als pobles es feien molts envelats de canyes i branques per ballar tot el vespre i tota la nit». Va ser en un d'aquests envelats on ella va estrenar aquell vestit blanc llarg que feia tant de goig.

Però el cert és que, amb vestit nou o sense, ballar era una de les poques diversions a l'abast de les famílies sense recursos. Només costava un xic de perícia. «Però tothom sabia molt de ballar, perquè els petits sempre ballaven entre els grans i aprenien. Aquí als pobles passa això», diu la Maria Calls, i continua la seva evocació. «Normalment dúiem el cabell tallat i el dia de la festa major, perquè anéssim ben pentinades, anàvem a Sant Celoni a fer-nos ondular. Ho feien amb uns molls que s'escalfaven sobre un fogonet. Si et feia una ruixadeta de vent d'allà a casa ja no duies res...! La mare no venia, no, la mare, pobra, duia un monyo i s'ho feia ella. No hi havia cèntims per a la mare».

Dolors Gou
107 anys
Masovera a la Secuita

L'envelat també protagonitza les festes majors de la Dolors Gou, sempre, és clar, després de la processó que feia el tomb del poble. «L'envelat era molt maco: el guarnien de dintre i hi posaven miralls. I hi havia músics. A mi m'agradava ballar prou, prou, això sí que ho sabia fer. En canvi, la meva germana semblava un *papu*, els deia jo, sembleu dos papus, ella i la seva amiga». Perquè en els balls d'envelat tant es podia ballar amb els nois com entre amigues, la qüestió era passar-s'ho bé. «A la meva germana no li agradava sortir quan era festa i a mi sí» –vet aquí la diferència de traça– «i sempre anàvem amb les amigues i amb alguna mare. La meva mare, no, pobreta, que ella no podia». Les amigues i la companyia voltaven també per les festes majors de la rodalia i quan tocava a Puigdelfí, la Dolors hi anava tots vuit dies, perquè hi tenia una germana del pare.

«Per la festa major s'estrenava la roba, els vestits, que a mi me'ls feia la meva germana, perquè durant l'any la roba era senzilla».

Carme Pedarrós
93 anys
Minera i minyona
Vall d'Aran. Bossòst

A la Vall d'Aran les coses no eren gaire diferents, excepte que les noies anaven als pobles del voltant a ballar sense ningú que les vigilés, segurament perquè les mares o les tietes estaven prou enfeinades per tenir ganes de trescar a peu fins al poble que tocava. «A Viella no hi anàvem, perquè no teníem transport», explica Carme Pedarrós. «Ja hi havia carros que t'hi portaven però calia pagar. Ara, quan eren les festes de Lés sí que hi anàvem, ens reuníem totes les amigues i a peu cap a Lés per la carretera de terra. Anàvem a ballar i quan ens semblava tornàvem cap a Bossòst». I encara serva la nostàlgia d'aquella petita llibertat, perquè diu «un cop casada ja no hi anava a les festes dels pobles, ja no en tenia ganes, perquè la vida només era treballar». Però de joveneta, amb una guitarra o un acordió s'improvisava un ball al poble mateix. «Al passeig del riu ballaven tota la nit, nois i noies».

Més li hagués exigit la vida, més hauria resistit Carme Pedarrós, una dona tan simple i tan dura com la terra mateixa. El món de la Carme Pedarrós cap en una mà, malgrat les temporades passades a França, o el viatge de nuvis, tan de revolada, a Barcelona, on va conèixer el mar. El món era, li és encara, el que abasta la mirada. Un món de coses clares, on els matisos s'esfumen i cadascú fa el que ha de fer, com si tot vingués programat per un destí ineluctable que te'n dóna una de freda i una altra de calenta, que la vida és acontentar-se amb el que hi ha i resistir el que hi manca. Així és la vida de

Carme Pedarrós, encara avui palplantada a la porta de la borda, una borda ja més arranjada, verds els porticons i blanca de calç la façana, les muntanyes adustes al fons, entre la humitat del paisatge i la boira dels records. Una mirada àvida abasta els límits precisos d'aquell món i, a sota, lleu, el somriure a penes dibuixat confirma que se n'ha sabut sortir.

A ciutat el ritme era diferent, però Maria Joaquim és capaç d'esmentar el seguit de balls populars, els uns marcats pel calendari i d'altres, de cap de setmana. «Per Sant Joan les meves germanes anaven a l'hortet que teníem i posaven tot de banderetes i feien fogueres, ja ho crec, i quan arribava la matinada se n'anaven amb els amics a comprar musclos a la Barceloneta. Jo no hi anava perquè em quedava dormint. Mai no he estat *transnochadora*.». En canvi, sí que participava dels balls de les societats recreatives, aquells casinos de barri que eren successors de les antigues entitats culturals obreres, tan progressistes, i que formaven un circuit festiu i continuat per a les classes treballadores.

Maria Joaquim
101 anys
Modista
Barcelona

«Els dissabtes o els diumenges anava amb els meus germans a una societat de la que el meu germà era soci, al carrer Montcada. Es deia La Fraternal. Ballàvem i a la mitja part els joves et convidaven a beure alguna cosa. Era més elegant que ara. Els nois portaven un mocador de seda per agafar la noia per la cintura i no deixar la suor a la roba. I per si hi havia nois que no t'agafaven amb el mocador, les noies el portaven elles i els hi deixaven perquè no embrutessin el vestit», descriu. «Recordo el ball de màscares, que ens les fèiem nosaltres i quasi sempre guanyàvem. Eren molt macos, aquells balls». Gràcia, el barri pletòric de societats i cooperatives obreres amb inquietuds culturals, també la temptava amb els seus balls menestrals. «Els premis eren de valor, podien ser un llit i un armari amb miralls. Moltes noies s'havien casat gràcies a anar recollint coses així cada any». És l'univers de la Colometa, el personatge lluminós creat per Mercè Rodoreda sobre els seus records de joventut.

Margarita Riera
90 anys
Casada amb l'empresari
Miguel Torres
Relacions públiques

Les noies de bona família també ballaven i en dóna testimoni Margarita Riera, que freqüentava el casino de la Garriga, quan hi estiuejava, o el de Vilanova, unes entitats més *senyores*, on les coses tenien una altra formalitat. «Les noies ens havíem d'esperar que sortís el noi a demanar-nos per ballar. Teníem una espècie de carnet i allà s'apuntaven els balls compromesos», comenta, tot i que el carnet de ball també s'estilava en les festes populars. «Les noies que érem una mica boniques ballàvem sempre, perquè jo, modèstia a part, havia estat bonica i tenia un cert èxit. A més jo procurava anar polida i arregladeta perquè sempre he sigut una mica presumida, que no hi ha res pitjor que una dona abandonada, no? Portàvem vestits fins a mitja cama, ens pintàvem una miqueta els llavis i es portaven joies i collarets igual que es porten ara. Els homes a Barcelona duien barret, ja ho crec.» La noia que tenia el carnet de ball ple no podia, però, tornar a casa després de les dotze i els pares feien guàrdia fins que tornava, tot i que «ja tenien confiança en mi perquè jo no havia sigut esbojarrada».

DOLORS CANALS (86 anys)   MARIA ANTÒNIA SIMÓ (84anys)

JUANA ZAPATA (84 anys)   MARIA CALLS (83 anys)

CARME PEDARRÓS (93 anys) NATIVITAT IGLESIAS (95 anys)

PEPETA CASTANYER (96 anys) MARGARITA RIERA (90 anys)

AURORA DÍAZ-PLAJA (86 anys) DOLORS GOU (107 anys)

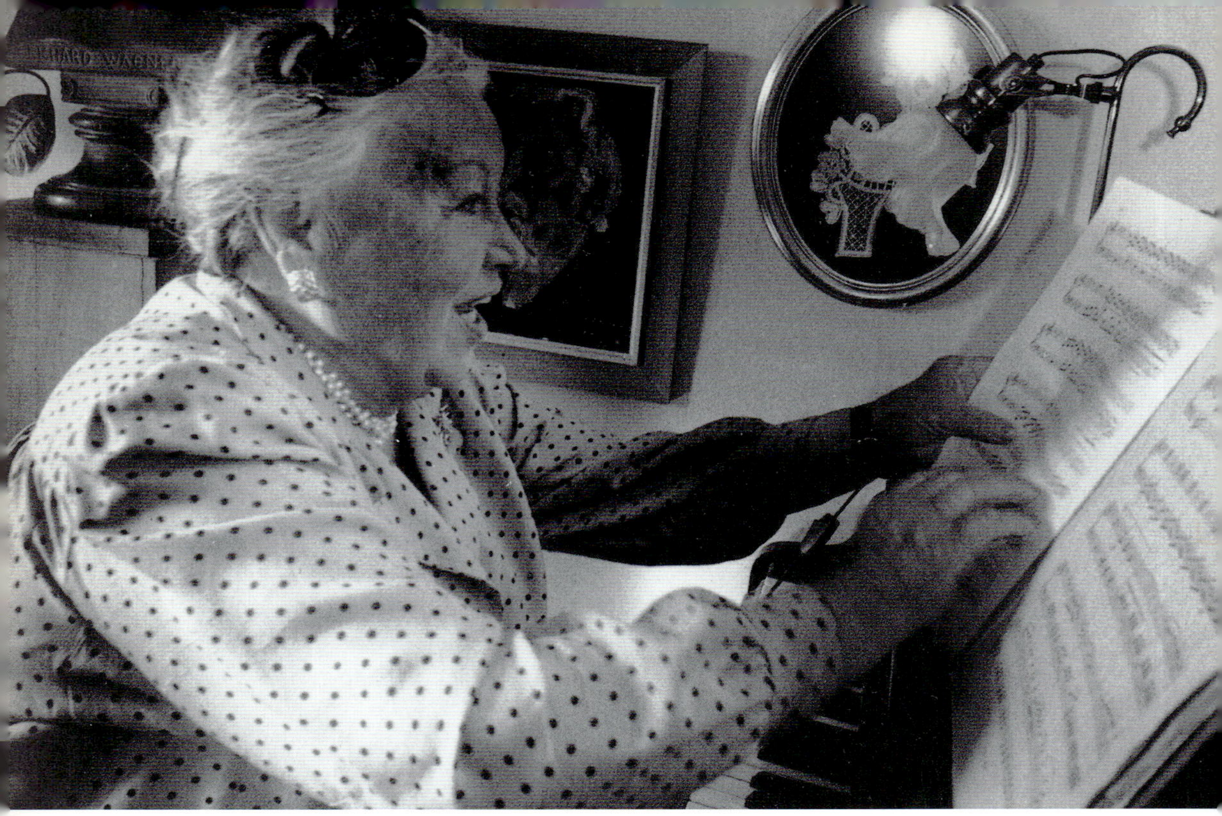

MONTSERRAT MONER (94 anys) AGUSTINA LORCA (81 anys)

MARIA JOAQUIN (101 anys) MERCÈ SABATÉ CEBADO (92 anys)

MARIA FONT DE RUBINAT (95 anys)

Maria Joaquim reafirma l'elegància del vestir, al marge de les possibilitats de la família, aquell «vestir més senyor» que diu ella, inclòs el barret dels homes, que va caducar quan la guerra. «M'encantaven perquè passaven i saludaven amb el barret. Fa molts anys que se'l van treure i no sé per què. Jo sóc una mica senyorial, m'agrada ser educada, anar bé, ser elegant. Anàvem amb vestits molt macos, totes, teníem una modista que era amiga de la mama i ens ho feia, però jo sempre m'arreglava una màniga o alguna altra cosa. A mi no m'ha agradat res ajustat a la cintura com es portava en aquell temps». I recorda també els vestits molts llargs amb colls amples i alts. Les senyores duien el cabell lligat. Maria Font de Rubinat esmenta els barrets, però obligats també per a les noies: «no sortíem mai sense alguna cosa al cap, ni que fos una mantellina al matí. Podies anar a comprar una cosa a la merceria o a la papereria –a les altres botigues no hi anàvem mai, hi anaven les criades– i havíem de dur el cap cobert. Fins a la guerra. La guerra va enterrar el barret». Mercè Sabaté diu el mateix: fins i tot per anar a la Boqueria s'havia de dur alguna cosa al cap; ella, joveneta, una boina. Fins a la guerra.

Maria Joaquim
101 anys
Modista
Barcelona

Mercè Sabaté Cebado
92 anys
Secretària
Afeccionada a la natació
Barcelona

La guerra va enterrar el barret com a distinció de classe, perquè els obrers no en duien, però abans la República va trencar les cotilles –perquè una indumentària complexa és també un instrument de reclusió, una manera d'obligar les dones a estar-se quietes, a no fer determinades coses, gestos, postures adoptades sense consciència del propi cos. Dolors Canals reviu la seva adolescència republicana, que considera una fita històrica de gran

Dolors Canals
86 anys
Pedagoga i investigadora

ressò democràtic. Va voler dir llibertat i drets. Tot allò que abans era inconcebible ho fèiem tranquil·lament i no passava res, anaves endavant. No s'havia promulgat cap llei que ho digués, que es podia fer de tot, però les famílies ho van anar acceptant. Anàvem de camping nois i noies, anàvem a esquiar, fèiem escalada... Hi ha detalls que semblen una mica frívols però que han estat molt significatius, perquè de sobte fora mitges a l'estiu i, per tant, fora les faixes i les lliga-cames i totes aquestes coses. I sense mànigues. I adéu als barrets. Tot això fora, va ser un canvi radical». Fins aquell moment, les noies havien de sortir de casa vestides de dalt a baix, des dels guants fins a les joies –les noies burgeses, s'entén. «I de cop i volta sortíem nois i noies junts i ens estàvem dos o tres dies al Pirineu o a on fos. Anàvem a esquiar i després baixàvem en cotxe per la costa, i si era el març o l'abril ens acostàvem a la platja a nedar una estona abans de venir a Barcelona. Un altre canvi: a casa vam deixar el «mamà» i el «vostè» i sempre més vam dir «mare» i «tu».

No és estrany que aquell instant de llibertat li hagi quedat fixat –tota la seva vida ha estat una lluita per la llibertat individual–, tot i que l'experiència és difícilment extrapolable a situacions més precàries. Els rics sempre han estat un xic extravagants, vistos amb els ulls del poble, que no tenia més remei ni possibilitats que aferrar-se als costums o modificar-los lentament, sense ruptures. Dolors Canals era conscient de les diferències. «Va ser durant la República quan ens vam començar a trobar gent de classes socials distintes, perquè havíem viscut molt aïllats els uns dels altres. Però quan anàvem a la muntanya en tren, a l'estació de França agafàvem tots el vagó de tercera per anar a la Molina. I nosaltres anàvem amb el vestit fet a mida d'El Dique Flotante o de Santa Eulàlia, i al costat hi havia la noia de Vic que portava els pantalons de pana del seu germà... I érem amics personals, era un intercanvi de persona a persona, no hi havia senyoreta tal o senyoreta qual. És clar, això només va ser durant la República».

La família Canals arrossegava tanmateix el pes de les normes tàcites i la Dolors aporta una anècdota deliciosa de la seva mare, anterior a aquest temps de llibertat emergent. La dona jugava a escacs, era bona jugadora, excel·lent, però no estava socialment autoritzada a jugar contra homes: només podia fer-ho amb els familiars, com el seu germà i especialment amb el seu fill. «Quan jo tenia 16 anys els vaig veure jugar un dia. Era obvi que el meu germà no la podia guanyar, mai l'havia pogut guanyar, però vaig veure que la meva mare perdia per primera vegada. Quan el meu germà va marxar li vaig dir que havia fet trampa, que havia fet una jugada errònia expressament. I ella em va contestar: és perquè ell s'ha de fer home. Fer-se home volia dir doncs estar per sobre. I vaig pensar: això és el que canviarem». Aquestes actituds mansament assumides són les que la República va esberlar, canviant les mentalitats de dalt a baix, entre els obrers i entre els burgesos –no globalment, però: només en aquelles famílies tocades de liberalitat, disposades a provar que les coses no eren com abans. Però va ser una alenada tan fresca com efímera.

La muntanya no era encara una afició habitual, malgrat l'evident tirada a l'excursionisme del país. El Centre Excursionista de Catalunya va ser fundat a la ratlla del segle i va nodrir generacions senceres d'excursionistes catalans, homes en general, al començament, que lligaven el plaer de les caminades ascendents amb la coneixença del país i doncs amb un sentit d'identitat refermada. Montserrat Moner anava d'excursió amb el seu germà gran, de vegades fins a Núria, sovint només al Turó de Montcada «que ens semblava qui sap què i és aquí mateix». Però qui de debò va estimar la muntanya fins a fer-la un mitjà de vida va ser Maria Antònia Simó, que va començar fent excursions informals amb una colla d'amics –tren fins a Terrassa i després caminar i caminar, amb sabates velles o espardenyes de cànem, sempre amb faldilles fins als anys trenta– i ha acabat sent una alpinista consagrada i minuciosa coneixedora de les muntanyes catalanes. És encara avui una dona ferma, amb l'empremta de l'esport continuat assegurant-li l'elasticitat de moviments.

Montserrat Moner
94 anys
Vídua de l'escriptor
Joan Alavedra
Professora de piano

Maria Antònia Simó
84 anys
Secretària
Muntanyenca

Quan era jove, però, tot es feia a la menuda. «No tinc fotografies d'aquelles primeres sortides, i dels anys quaranta en tinc poquíssimes perquè una màquina de retratar era un luxe. El que estava més bé de centimets tenia màquina i era qui feia les fotografies, després te les ensenyava i ja està», però les fotos –que després va fer el seu marit– no són per a ella una afició comparable a la muntanya. En aquells anys d'estretors, les sortides llargues eren una aventura esporàdica; el més normal era anar a voltar per Sant Pere Màrtir o les Planes. «Si fèiem dues sortides, una no havia de costar res i l'altra, una miqueta», detalla. Això no era un problema, com no ho era tornar a casa a una hora determinada, tot i que el límit màxim era cap a les deu de la nit, i això anys després, un cop acabada la guerra. I és que la muntanya no era el lloc per anar a fer vida social.

El que més recorda Maria Antònia Simó és l'ambient dels poblets de muntanya, que acollien els excursionistes amb simpatia i sense escarafalls, en un temps que hi havia poquíssims refugis i cap comoditat diguem-ne turística. «Normalment acampàvem a la jaça, però si plovia dormíem en una pallissa. Mai vam sentir cap comentari si jo anava a dormir amb tres o quatre nois, no sé si deurien venir a mitjanit a veure com dormíem, perquè la gent de fora a vegades és una mica especial, però érem prou joves i estàvem prou cansats perquè ens poséssim a dormir sense res més. Ens atenien molt bé». Sovint cuinaven alguna cosa a la casa. Recorda que sempre que trucaven en una casa de pagès, obria la porta una dona –«després venien els homes»– i tot i que vacil·lava acabava deixant la pallissa, el permís per fer foc o fins i tot un plat de sopes. «Sempre em deien passi, passi, pobreta, amb aquesta motxilla... Això de pobreta m'ho he sentit a dir moltes vegades. Fins i tot de casada li deien al meu marit que com em deixava anar tan carregada». Alguns d'aquests pobles ja no existeixen, despoblats en les èpoques dures, però d'altres han millorat i reviscut amb el turisme. «En el Molí d'en Güell, al Berguedà, recordo que la porta de la masia no es tancava mai quan l'amo no era a casa. Encara que estessin les dones soles i fos de nit, la porta no es tancava. Es mantenia oberta perquè quan arribés l'amo pogués entrar. I no s'hi referien mai com en Josep o en Pere o el que fos; deien: l'amo».

Maria Antònia Simó i també la seva vida fan pensar en un paisatge en calma, un paisatge lleugerament fred i pausat. La muntanya va ser per a ella una escola de saviesa: esforç, equilibri, sensatesa, gràcia. I també llibertat. Si en les excursions no valien les mateixes normes que a ciutat, i nois i noies es barrejaven lliurement –i sense més–, de la muntanya va aprendre Maria Antònia Simó a fer de la seva vida un itinerari programat per ella: a ser lliure també. Fa l'efecte que poques coses li han fallat a aquesta dona extraordinàriament serena, que poques nuvolades li han espatllat la festa, però que alhora tot plegat ha estat senzill i quotidià, fet de detalls, com una planura en flor, però amb la perspectiva oberta de les altures. Centenars d'excursionistes han trescat pel Pirineu –i arreu de Catalunya– amb les guies escrites per la Maria Antònia Simó i el seu marit, Agustí Jolis. El detall no deixa de revelar un esperit alhora pràctic i metòdic, molt català.

Mercè Sabaté Cebado
92 anys
Secretària
Afeccionada a la natació
Barcelona

Si l'excursionisme era una activitat a l'abast de totes les butxaques, l'esquí ja era una pràctica dissuasòria, apta només per a armilles ben proveïdes. Era, d'altra banda, una pràctica duríssima. Mercè Sabaté Cebado s'hi va aficionar, quan ja festejava amb el futur marit. Anaven a la Molina a passar el dia. Un cop baixats del tren, havien de caminar amb els esquís de fusta a l'esquena muntanya amunt «i quan et semblava doncs cap avall». No hi havia remuntadors. «Portàvem uns pantalons bombatxos, uns mitjons gruixuts i uns sabatots especials, i una jaqueta a sobre. Jo portava un vestit molt bo, fet especialment per un sastre». Això era a mitjans dels anys vint i la Mercè devia assemblar-se molt a la figura dels cartells publicitaris que promocionaven els esports de neu a Catalunya, fets si fa no fa en aquells temps, amb una dona vestida tal com ella es descriu. Era una raresa.

Dolors Canals
86 anys
Pedagoga i investigadora

Raresa a la qual s'apuntava, ja ha estat dit, Dolors Canals. De fet, el tast de muntanya el va fer amb el seu oncle Ignasi Canals, amb qui va pujar al Puigmal, «i amb un vestit d'estiu, jo!», riu. En aquell temps, a Núria només hi havia la capella i el tancat per als ramats que els pastors baixaven de la muntanya al vespre. No hi havia ni el funicular. Però els Canals, esportistes per tradició familiar, havien començat a esquiar d'adolescents, els dos germans sortien de casa a les tres de la matinada cap a l'Estació de França i cap a la Molina. Per la ciutat es creuaven amb grups de nois que tornaven a casa després d'una nit de *juerga*. Més tard es van apuntar al Centre Excursionista de Catalunya per fer escalada i amb un grup van pujar a Els Encantats –«dels cinc que vam pujar, tres van morir a la guerra», s'esgarrifa. I és que, la guerra estava ja planant sobre les vides d'aquells joves. El seu germà Oriol va ser campió d'esquí de Catalunya i va participar en els Jocs Olímpics de Berlín l'any 1936 –aquells que Barcelona havia demanat d'organitzar i «que van ser dominats pels militars espanyols, que van acabar de fer els seus convenis allà», diu. Van representar Espanya tres nois, l'Oriol, un asturià i un madrileny, sense obtenir cap medalla, tot i que van quedar bastant bé. «Però fa angúnia pensar que van tornar i pocs mesos després els mateixos companys d'esquí estaven enfrontats als Pirineus, els uns contra els altres...»

Dolors Canals passava els estius, o almenys una part, en la torre de la família Farriols a la Garriga, el petit poble que era un dels destins vacacionals de l'alta burgesia, amb cases de repòs modernistes flanquejant el passeig tan elegant i els plàcids balnearis d'aigües termals, els boscos i el silenci. Dolors Canals conserva els detalls d'aquella torre, tot i que no és capaç de citar el nom de l'arquitecte: «era una torre de tres pisos admirablement construïda, amb fustes perfectes a les baranes, amb una xemeneia gran al menjador amb mosaics i una taula gran i rodona dividida com un pastís. A cada porció hi havia un calaix i a cada calaix cadascú tenia el tovalló, l'argolla... Pels til·lers s'enfilaven roses de tè, grogues, i de vegades hi posaven una taula muntable i circular al voltant, vull dir amb l'arbre al mig, i tots els infants menjàvem allà, cadascú amb la seva minyona, perquè cada un dels més petits tenia una minyona que se'n cuidava».

Tenien, a més a més, un parc amb gronxadors i barres de gimnàstica. I, més amagat per no espatllar el paisatge, un corral de gallines i un molí de vent amb un dipòsit d'aigua per cobrir les necessitats de la casa. El trasllat cap a aquesta finca el feien els camàlics, que recollien els baguls –aleshores una anada de vacances de tres mesos era una operació complexa que requeria una gran capacitat logística– i els carregaven a les espatlles amb unes tires de cuiro per subjectar-los. Els camàlics també s'encarregaven de portar cap a la torre els cubells d'aigües termals per als banys de la família, aigües que brollaven bullint de les fonts i es refredaven a les banyeres per arribar a l'usuari a la temperatura perfecta.

Però la senyora Farriols, la mare de la Dolors, es va cansar de les obligacions socials que comportaven els estius a la torre de la Garriga i va decidir canviar d'escenari: van anar uns quants estius a Tossa, aleshores un poblet de no res adossat a les restes romanes i medievals. «Allà vaig aprendre a nedar amb un pescador de qui ens vam fer amics. Ell tampoc en sabia gaire, però», perquè és fama que els pescadors no en saben, de nedar, «però el seu fill, Vicenç, que tenia només 8 o 9 anys, anava tot sol en la barca a treure les llagostes de les xarxes de sota el far. El meu germà i jo anàvem amb ell, de manera que vam aprendre a fer totes aquestes coses, però quan tornàvem a Barcelona no dèiem ni una paraula al col·legi, era un món totalment a part». Vicenç era el company de jocs, però no les nenes del poble, «que estaven tancades ajudant a les mares i no podien sortir».

En aquells temps en què els pescadors menjaven bon peix perquè no podien pagar-se cap altre menjar, les runes del poble estaven a l'abast de les visites i la gent s'enduia els mosaics perquè eren bonics i ningú no els valorava. A Tossa, els nens Canals canviaven els vestits de seda, que duien al balneari de Sant Hilari, per espardenyes i roba lleugera, i s'oblidaven del sopar servit per criats mentre els músics tocaven al menjador. Però a la platja les normes eren estrictes: portaven, les criatures, un mallot sencer de cotó, de color negre, i a sobre una mena de vestit d'alpaca sense mànigues i més curt. «En aquell temps», recorda Dolors Canals, «el cos de la dona estava mesurat al mil·límetre perquè no ensenyessis més del compte i per fer una màniga curta, la modista et feia posar el braç doblegat per veure fins on arribava la roba». Les normes van saltar pels aires en els anys trenta, amb la llibertat de la República, que va portar el vestit de bany, primer, i el de dos peces més tard –però Dolors Canals adverteix que, als anys trenta, no era l'única que havia nedat despullada en algunes cales solitàries de la Costa Brava i més tard de Mallorca, compartides per uns pocs estrangers distanciats i naturals. Tot això va desaparèixer amb el franquisme.

Margarita Riera
90 anys
Casada amb l'empresari
Miguel Torres
Relacions públiques

Margarita Riera serva la memòria d'uns estius vora mar, però un xic més encalmats, a la casa familiar de Vilanova. «Tenia unes amigues i durant les vacances anava a jugar amb elles al crocket i al tennis i anava a banyar-me a la platja amb vestit de bany i una persona del servei que m'acompanyava. En aquell temps no hi havia gent banyant-se, però jo hi anava». També van passar alguns estius a la Costa Brava –una costa literalment buida– perquè la seva mare volia canviar d'aires. «És que el papà, com a catedràtic, tenia tres mesos de vacances a l'estiu i la situació econòmica ho permetia», diu. Però el mar era el prototipus de les vacances democràtiques, una llenca blava oberta a tothom, gratuïta i acollidora.

Pepeta Castanyer
96 anys
Filla de pescadors
Obrera tèxtil
Sant Pol de Mar

Vivint a Sant Pol, la Pepeta Castanyer tenia el mar a tocar. «Anàvem a la platja, passant el túnel del tren, en un lloc on hi havia una caseta que en dèiem Palestra. Allà ens esplaiàvem, ens vestíem, ens dutxàvem, sempre vigilant que no ens veiés ningú», explica. La tovallola era l'instrument imprescindible per ocultar aquestes maniobres. La noia anava amb vestit de bany, «que me'l deurien donar. Era un cos amb un cinturó i unes calcetes fins al genoll». La dona, que als seus 96 anys encara viu a Sant Pol, ja no es veu amb cor de baixar a la platja, inundada de gent: s'endevina, darrere d'aquesta negativa, una persona bastant tancada, o més aviat solitària, qui sap si temorenca, el tipus de dona que, malgrat les coses que ha anat guanyat, se sentia més protegida en aquella pàtria flonja i amable que és la infantesa. La vida pot ser ara més còmoda i més regalada, i està voltada dels afectes familiars, però alguna cosa la lliga a aquella nena que trescava per la sorra menystinguda de Sant Pol de Mar. Potser el futur obert, el territori on els somnis eren possibles, si és que mai havia somiat res més enllà del tragí quotidià.

Maria Calls
83 anys
Mocadera i hostalera
Vallès Oriental

«Els dilluns tancàvem i a les 8 del matí ja érem vora la mar, a Blanes, a passar el dia», rememora Maria Calls, tot i que està parlant de la seva vida d'hostalera, ja casada. Les vacances podien ser, aleshores, el dia lliure entre setmana, i encara no lliure del tot, perquè aquesta família no parava mai en la feina gairebé obsessiva de l'hostal. «Ens mullàvem els peus i a esperar les barques, perquè els hi compràvem el peix viu, i sense pagar ni res, ens el donàvem perquè érem coneguts. Durant 28 anys vam fer això, cada dilluns». Menjaven, aquell dia assenyalat, a Can Bertran, un hostal del camí de Blanes, i a la tarda ja anaven cap a Granollers, a visitar la filla, on feien el sopar amb el peix aconseguit en el dia de platja.

Dolors Gou
107 anys
Masovera a la Secuita

No era gaire diferent l'esplai de la Dolors Gou, de la Secuita: un dia de platja un cop l'any, la gran sortida en companyia de dues altres famílies amigues, «l'única cosa d'esbarjo que feien els meus pares: un dia de camp al mar». Anaven en carro a Tamarit, un poblet de tres cases i la petita església parroquial. L'home que se'n cuidava es va anar afegint a poc a poc a la festa i esmorzaven plegats, cosa que al capdavall va acabar convertint la sortida en una visita casolana, perquè fins i tot ajudaven a guardar els animals que el masover pasturava. «El pare havia fet uns ferros per agafar musclos. Agafaven crancs, també, per fer l'arròs, i portaven conills i pollastres. Primer, quan van començar, ho prenien tot viu i s'enduien un banc per quan ho havien de matar, però després es van acostumar a fer el sofregit a casa i portar-lo fet. I tot el dia fèiem festa, allà, passàvem un dia feliç».

Maria Font de Rubinat
95 anys
Família senyorial de Reus

Maria Font de Rubinat, a pesar dels prejudicis socials que han marcat la seva infantesa –*això és ordinari, això és de maleducada*–, anava a banyar-se a Salou, ben guarnida amb pantalons i jaqueta. El carrilet que les hi duia anava ple de gent. «Hi havia el mar dels hòmens i el mar de les dones, separats per la Punta. Si hi anàvem amb el meu *tíu* solter, en arribar allí, ell a una platja i nosaltres a l'altra». Encara que el fet era bastant general, no passava el mateix a totes les platges. A les casetes de canviar-se fins i tot es podia llogar el vestit de bany, perquè era obvi que, fos com fos, el dia de mar podia ser una ocasió única. Per això les platges estaven preparades per a la gent que no sabia nedar i pocs s'aventuraven mar endins: les senyores es remullaven els peus, els homes xipollejaven amb l'aigua a la cintura. La gent era, de pura inexperiència, més poruga. És la llibertat d'acció la que ensenya a tastar els límits, però quan tot són límits i no existeix el tast, la manca de confiança en la pròpia capacitat fa que qualsevol passa sigui una muntanya. Així vivien les dones de fa tres generacions, així també els homes que les escortaven.

Agustina Lorca passava els estius a Llançà, ja casada, on tenia un mariner amb barca que portava la família a tot arreu, mentre el marit es quedava treballant a Figueres. I Maria Antònia Simó, la muntanyenca, es banyava als anys seixanta a la cala d'Aigua-Xellida, un paratge desert que tenia encara fonts d'aigua potable i on va conèixer l'Hermós, el famós company d'aventures d'un Josep Pla ja retirat de la vida mundanal dels temps de joventut, que hi tenia una barraca. Les noies urbanes, les que passaven l'estiu a ciutat, també tocaven el mar, ni que fos en la platja domèstica de la Barceloneta. Ho recorda Maria Joaquim, que va viure una infantesa molt pròxima als pares, fos a l'hort familiar, fos als banys de mar a Barcelona: una vida que potser va condicionar el seu futur de dona sola i casolana. «El papa ens hi portava i quan venia l'ona em posava a sota, i això no ho podia suportar, em feia una por...! Portàvem faldilles llargues, un cos tapat amb manigueta i uns pantalons fins a mitja cama amb un volant i unes *presilles* blanques adornades amb *puntilletes*».

Agustina Lorca
81 anys
Mestressa dels
Magatzems Fortunet
Figueres

Maria Antònia Simó
84 anys
Secretària
Muntanyenca

Maria Joaquim
101 anys
Modista
Barcelona

Però qui de debò va quedar per sempre més lligada al mar de Barcelona va ser la petita Mercè Sabaté Cebado, que va heretar l'afició d'uns pares que anaven cada dia a nedar als Banys de Sant Miquel, a

Mercè Sabaté Cebado
92 anys
Secretària
Afeccionada a la natació
Barcelona

la Barceloneta, avui desnonats per la Llei de Costes que va tancar tota una història de remullades nostàlgiques. «Arreplegàvem una hora o altra per poder-hi anar perquè el pare treballava cada dia. Els banys eren molt macos, perquè hi havia tot un quadrat de fusta i per dalt s'hi passejava el *salvavides* per si havia de treure algun banyista. De les fustes, mar endins, penjaven una primera, una segona i una tercera corda. A la primera encara tocaves fons amb el peu, a la segona només una mica i a la tercera, havies de saber nedar. Jo saltava des de la tercera corda, perquè el meu pare em va ensenyar a moure'm pel mar. L'aigua és lo meu».

Aquelles cordes eren per ajudar els banyistes que, tot i que intrèpids, no sabien nedar. Per si de cas, portaven també unes carbasses buides penjades a la cintura, a la manera de precaris salvavides. «El vestit de bany que jo duia era el de l'època: uns pantalons una mica bombatxos fins al genoll i el cos tot tapat i amb mànigues. Eren més aviat foscos, de color blau marí o negres. Els senyors portaven un vestit de bany sense mànigues o amb mitja màniga». La mort del pare pel tifus va canviar les coses, perquè les nenes van anar internes al col·legi de les Escolàpies –la mare havia hagut de reduir el servei domèstic–, però l'internat es perllongava a l'estiu en una casa de colònies a Arenys de Mar. «Anàvem cada dia a la platja, hi corríem, però jo era l'única que nedava de totes les nenes».

Ja de gran, i abans de casar-se, Mercè Sabaté va recuperar la seva afició al mar de la Barceloneta i anava a banyar-se cada dia abans d'entrar a la feina, gairebé a l'alba, cap a les sis del matí. A les vuit del matí estava puntualment al seu despatx de secretària, en una empresa que construïa bombes per pous d'aigua, una firma compartida pels Ricard dels cotxes i els Pérez de Olaguer. En teoria plegava a les sis de la tarda, que ja és tota una jornada tenint en compte que començava amb la remullada matinera. Però a les sis era quan l'amo hi arribava, des de la fàbrica, i dictava la correspondència. I encara en sortir, la Mercè anava a casa d'en Pérez de Olaguer, que vivia dalt del que és ara Círculo Ecuestre –la casa de la «peixera», a la cantonada de Diagonal i Balmes, en origen casa Pérez Samamillo– i ajudava un germà novel·lista, Antonio, a passar en net els seus papers. «Ell, d'ortografia, no en sabia. Jo ho escrivia a màquina, perquè jo dominava amb la màquina d'escriure, era molt ràpida. Em pagaven molt bé per aquestes feines i molts dissabtes que no es treballava, en Pérez em deixava les cartes en brut i jo les passava en net a la tarda». Sortint del palau dels Pérez de Olaguer, arreplegava forces per assistir a classes a l'Institut de Cultura de la Dona, la primera de totes les activitats que va caure de l'agenda.

Perquè la Mercè Sabaté, a més a més, festejava. «Però no tenia temps, tantes coses no les podia fer. Perquè a la nit anava a dormir tard per fer-me jo els pijames, les camises de dormir, els llençols, tot això. Treballava molt, però és que m'havia de casar i m'havia de fer la roba per casar-me». Només seguir aquesta interminable llista d'obligacions quotidianes, ja cansa. Aquesta activitat només es podia sostenir en una voluntat de ferro, que és la que encara avui, passats els noranta anys, porta Mercè Sabaté cada dia a la Barceloneta per la seva diària i ritual comunió amb el mar. La pell morena, els pantalons esportius, el cabell recollit en un monyo, Mercè Sabaté mostra una vitalitat oberta i optimista que li esborra l'edat. És una dona pràctica, decidida, i és fàcil imaginar-se-la mirant la vida de fit a fit, capaç de superar el que se li vulgui posar al davant. La veu, forta i profunda, ho reafirma. Més que lluitar, la Mercè Sabaté s'hi capbussa, en les coses, i les remunta d'una braçada: tan fibrós és el seu braç com el seu caràcter.

Montserrat Moner
94 anys
Vídua de l'escriptor
Joan Alavedra
Professora de piano

Montserrat Moner, en canvi, passava els estius terra endins, en la seva terra, anant a la caseta que la família tenia a Banyoles. Hi anaven només uns dies i s'hi reunia la família tota, fent llargues passejades i banyant-se al llac, voltat aleshores de cases i hotels, molts ja desapareguts. «Ho trobes a faltar, això», sospira. Tampoc veia el mar Nativitat Iglesias, que durant les vacances s'estava a la casa pairal de Santa Creu. «Havíem de pujar en carruatge per una carretera que va construir el meu pare, perquè abans calia pujar per la muntanya amb els matxos. Trigàvem quatre hores des de Santa Coloma de Farners i de vegades els carros feien unes roderes de dos pams de profunditat. Quan arribàvem a la primera drecera que coneixíem, demanàvem que ens deixessin baixar i anar a peu. Aleshores esperàvem els carros a l'altra banda, era molt millor». La carretera encara no està asfaltada, tot i que el seu germà, l'hereu, i un altre propietari es van posar d'acord per fer-la, pagant-ne una part. L'Ajuntament s'hi va negar, perquè no havent-hi pedra a la vora, l'operació era molt costosa. De manera que ara pugen amb camions, tot i que la casa ja ha passat a mans de fill de l'hereu. «Ja

Nativitat Iglesias
95 anys
Monja benedictina

no és com quan jo era petita perquè el meu germà hi va fer obres ja fa molts anys, junt amb el meu germà petit, que era arquitecte». Tot passa, tot queda. Excepte els records no viscuts: ni Carme Pedarrós ni Juana Zapata parlen mai de vacances.

Quan passava l'estiu, es tornava a una Barcelona petita i concentrada, en les primeres dècades del segle, quan la vida hi era més senzilla i directa. Les dones del llibre l'evoquen a pinzellades, sense entretenir-s'hi. «Podies no tenir relació amb la gent que vivia al mateix barri, però es coneixien tots», tipifica Nativitat Iglesias, habitant de la dreta de l'Eixample. «Era una ciutat quieta i tranquil·la i podies creuar el carrer com volies, perquè si venia algun cotxe t'esperaves i ja està». Era la ciutat solcada pels tramvies, i per on caminaven ramats de bous que anaven fins a l'Escorxador –on ara hi ha el parc de Joan Miró. «Els conduïen pastors i com que nosaltres teníem el pis al carrer Diputació, passaven per davant de casa. Fins i tot alguna vegada s'havia ficat algun animal dins de la porteria i la pobre portera s'espantava...!» Els tramvies també estan presents en la memòria de Montserrat Moner, que va conèixer els antics de La Catalana, que valien 10 cèntims. De nit passaven els serenos, que obrien la porta de casa i, per 5 cèntims, proporcionaven una candela i un misto perquè les escales no tenien llum. I recorda Maria Joaquim que els tràmits es feien a ca l'alcalde de barri, a casa seva mateix, i només rarament calia anar a l'Ajuntament amb un paper d'aquest senyor que representava els veïns de forma directa i operativa. Una Barcelona on

Nativitat Iglesias
95 anys
Monja benedictina

Montserrat Moner
94 anys
Vídua de l'escriptor Joan Alavedra
Professora de piano

Maria Joaquim
101 anys
Modista
Barcelona

les floristes de la Rambla, ho explica Dolors Canals, orinaven obrint-se de cames sota els plàtans, i els homes a les cantonades, «això ho havia vist de petita». La mateixa Rambla que perdura en les evocacions de Mercè Sabaté, la Rambla de les dones que anaven a pentinar-se a la perruqueria abans d'anar al Liceu, «i les floristes, que posaven tots els rams a terra per vendre, i la Monyos, que la veies sempre per allà». I els carros carregats de gènere que passaven pel carrer Fernando en direcció a la Boqueria. I el carrer Aragó travessat pel tren que passava a cel obert, en una rasa que no es va tapar fins als anys cinquanta, com comenta Margarita Riera, «i els cotxes que només passaven pels laterals, però de cotxes n'hi havia molt pocs. Trobar aparcament? El que volgués, n'hi havia!».

Mercè Sabaté Cebado
92 anys
Secretària
Afeccionada a la natació
Barcelona

Margarita Riera
90 anys
Casada amb l'empresari
Miguel Torres
Relacions públiques

Però aquella Barcelona menuda i entranyable era una ciutat puixant que acceptava totes les novetats que venien de fora i les feia seves en un no res. El cinema va arribar a la ciutat a finals del segle XIX, pràcticament al mateix temps que arreu, i aviat Fructuós Gelabert filmava la sortida dels treballadors de l'Espanya Industrial i poc després la «Baralla en un cafè», que va ser la primera pel·lícula –escassos minuts d'escenes que saltironegen– de ficció realitzada a Espanya. Aviat l'invent es va popularitzar amb l'exhibició comercial dels films muts i després dels sonors i, molt més tard, el color i tota la resta. Barcelona va tenir el primer cinematògraf, com va tenir el primer tren i la primera emissora de ràdio. De manera que les memòries d'infantesa estan trenades amb les imatges sincopades de les pel·lícules sense veu. «En feien quan era petita», diu

Pepeta Castanyer, «era l'època del Charlot. Els més grans pagaven 20 cèntims per veure les pel·lícules i els més petits, deu». I quan, ja adolescent, amb les amigues de la fàbrica llogaven la *rubia* per anar a córrer per la Costa Brava, s'aturaven a veure films de Maurice Chevalier o de Sara Montiel.

Pepeta Castanyer
96 anys
Filla de pescadors
Obrera tèxtil
Sant Pol de Mar

Dolors Canals, sempre amb un àmbit propi, tenia un aparell de cinema privat, o sigui un projector, a la casa de Tossa de Mar. «Passàvem les pel·lícules de Charlot a l'altra banda del carrer, contra la paret de la casa de davant, i això encantava a la gent, sempre estava ple. La mare donava berenar a tots els infants», explica. I Maria Joaquim a penes recupera les pel·lícules mudes darrera un tel d'oblit, «no et sabria dir quines, però de més endavant m'agradaven molt les pel·lícules de Fred Astaire i aquells que ballaven. No me'n recordo gaire però sí que eren maques». Una afició, la dels musicals, que comparteix Maria Antònia Simó: «amb el meu germà vaig anar a veure les primeres pel·lícules musicals, sempre coses animades, alegres. Vaig anar a veure amb una amiga, també bona esportista, *Tres lanceros bengalíes*, amb el Gary Cooper, i hi vàrem tornar, perquè aquesta amiga estava boja per tornar-la a veure».

Dolors Canals
86 anys
Pedagoga i investigadora

Maria Joaquim
101 anys
Modista
Barcelona

Maria Antònia Simó
84 anys
Secretària
Muntanyenca

Però el cert és que amb el seu germà tenien unes aficions més curioses, com anar a volar sense motor, amb planejadors molt primitius, que de seguida tornaven a ser a terra. «També hi havia una altra noia fent vols, aquesta va treure el títol i tot. Jo no, només era una afició», aclareix. El seu germà sí que va ser, més tard, pilot professional i, abans, pilot de guerra. I va morir en un accident de vol.

Agustina Lorca
81 anys
Mestressa dels
Magatzems Fortunet
Figueres

El món també era petit fora de Barcelona, tot i que vist amb ulls joves semblava qui sap què i és veritat que algunes poblacions han decandit amb el temps. És el cas de Portbou, en l'evocació d'Agustina Lorca, en el temps florent del negoci duaner. «Era molt senyor, tot era gent important, gent de cultura», precisa. «Jo anava gairebé sempre amb la filla de la família Sol. La primera vegada que vaig anar amb cotxe va ser amb ells. Era a Barcelona, a casa del meu oncle que treballava a la Transatlàntica, i el senyor Sol i la seva família van venir a Barcelona per veure l'Exposició Universal del 1929. Vaig tornar amb ells cap a Portbou amb cotxe. No vull ni pensar com devien estar les carreteres aleshores...»

Carme Pedarrós
93 anys
Minera i minyona
Vall d'Aran. Bossòst

Molt més radical és el comentari de Carme Pedarrós, la memòria esmolada com un espasí, referint-se a la Vall d'Aran. «Això era un racó, un racó perdut, i consideràvem que ens tenien abandonats», protesta. «Més aviat ens havíem de servir de França quan teníem algun problema. Mira, qui tenia quartos i estava malalt el portaven a Toulouse, però si un no tenia quartos s'havia de morir aquí. Això era un racó de món».

CAPÍTOL 5

L'amor, aquest eix essencial

«La mare volia que em casés amb un advocat, o algú que tingués un sou fix».

MONTSERRAT MONER

Mercè Sabaté Cebado
92 anys
Secretària
Afeccionada a la natació
Barcelona

Teníem a Mercè Sabaté Cebado atrafegada des de les 6 del matí fins a ben tard a la nit, des del bany en la Barceloneta fins al pespunt dels pijames, i encara buscant un raconet per festejar. La noia, vital i entusiasta, anava tot el dia amunt i avall. Però tenia una mica de temps per xerrar amb les amigues i xerrant xerrant va conèixer qui seria el seu marit, pel carrer. Aquesta és una característica dels prometatges de l'època: amb tan poques diversions establertes, tan pocs balls o reunions –aquestes només a l'abast de les cases burgeses– el prometatge era un fet que es produïa tot sol, una tria de l'atzar que s'esdevenia, generalment, en els ambients quotidians. El nòvio era la persona que estava més a prop. I era així perquè el matrimoni era considerat el destí natural de les noies: arribada una certa edat, es mirava al voltant, de la mateixa manera que es trobava amb naturalitat una feina, fos rentant roba de les veïnes, manipulant el teler a la fàbrica o fent de secretària en un despatx. Les dones no es plantejaven la solteria com a opció o la vida professional com un corrent principal de l'existència, ni la necessitat d'estabilitzar abans la carrera per després pensar a formar una família. Això, passava, a vegades, però l'habitual era que el matrimoni arribés aviat, com a culminació de la primera relació seriosa, que vinguessin els fills poc després, i que els altres afanys de la vida ocupessin els llocs buits d'aquest ordenament. Si en quedava, d'espai –d'hores, de possibilitats– vacant.

«Jo xerrava al Portal de l'Àngel amb unes amigues que vivien al carrer Fontanella, quan sortíem de l'Institut de Cultura, i ell venia amb una colla de xicots que estudiaven Belles Arts, que aleshores estava al carrer Avinyó. I quan passaven, allò que fan els xicots, bona nit, bona nit, i així vaig conèixer el meu marit», explica Mercè Sabaté. La parella va establir una relació lleugera, d'acompanyar-la ell a casa –amb la germana de carrabina– o, només en horari diürn, a sentir concerts al Palau de la Música, a veure pel·lícules al Capitol, a patinar a l'Skating de la Diagonal, a sopar amb amics –mai sols– i fins i tot a esquiar en colla a la Molina. Va ser un festeig perllongat, molt llarg, deu anys gairebé. «La mare coneixia el Joaquim perquè ell vivia a Horta. Bé, era fill de Barcelona però va tenir una tuberculosi d'esquena quan tenia tres anys i se'l van emportar a Horta perquè la ciutat era massa humida. Quan venia a veure'm a la torreta, sempre se li feia tard per marxar cap a casa amb un autobús que sortia de la plaça Lesseps i es quedava a sopar».

La germana del promès, que era modista, havia fet alguna cosa de roba per la família Cebado. «La seva família la vaig conèixer un any abans de casarnos, però no ens vèiem massa. A casa seva no volien que les dones treballessin, les dones no podien treballar, estava mal vist, i com que jo treballava, li deien al Joaquim: un dia la tindràs a casa i l'altre no, perquè haurà d'anar a la feina». Si aquesta era la pega per la banda dels Ros –el nòvio era l'escultor Joaquim Ros–, per part dels Sabaté no es veien millor les coses. «La meva mare deia que si em casava amb un que no tenia una feina fixa un dia menjaríem i l'altre no. I ell era escultor i pintor i no sabia mai què cobrava cada mes».

Les famílies, doncs, opinaven obertament sobre el futur que s'obria a l'un i a l'altre, però en aquest cas l'oposició no va ser prou forta per trencar el compromís. Entre altres coses perquè Joaquim Ros va obtenir una plaça de professor de pintura a l'Institut Escola del parc de la Ciutadella i a l'Associació Blanquerna –dos puntals mítics de la pedagogia catalana– i la Mercè mig va deixar la feina en casarse. Malgrat els anys de prometatge, es va complir el ritual de la petició de mà. «Va venir amb els seus pares a demanar-me, i tots pensàvem que seria cosa de pocs minuts, només entrar i sortir. Però van venir a les 6 de la tarda i se'n van anar a les 9 del vespre. Des d'aleshores la relació va ser molt bona. Ell em va regalar l'anell de compromís que vaig portar quan em vaig casar».

Montserrat Moner
94 anys
Vídua de l'escriptor Joan Alavedra
Professora de piano

També llarg i amb un artista, en aquest cas l'escriptor Joan Alavedra, va ser el prometatge de la Montserrat Moner, de fet una intensa amistat que va acabar en casament. Es van conèixer quan ella tenia 15 anys, en una excursió a la muntanya de la Conreria i el que els va lligar va ser una passió compartida per la música. Però les relacions van començar i van continuar molts anys amb un tractament formal, de vostè, tot i que la Montserrat reconeix que amb els amics habituals, amb els que anava a ballar o a fer teatre, es parlaven de tu. Joan Alavedra era un personatge curiós: vegetarià militant, assumia la filosofia de vida que comportava aquesta adscripció a començament de segle, una mena de contra-cultura i d'ascesi personal que incloïa banys de mar en ple hivern, obsessió per la salut i molt d'esport, amb predilecció per la boxa. «El va portar un amic comú, que sempre deia que es volia casar amb mi, i ho va fer pensant que el Joan només estava per l'esport i els llibres, que no seria cap perill. Jo tenia 15 anys, era una nena amb mitjons i llacet al cap, molt més nena que les adolescents d'ara. És clar que després igual et casaves als 18...» riu la Montserrat Moner.

Com en el cas anterior, la bohèmia del pretendent va fer saltar les alarmes de la futura sogra. «La mare em va fer renyir amb el Joan perquè no volia que em casés amb un poeta. Quan ell rebia una quantitat per fer un llibre li durava poc. Ella volia que em casés amb un advocat, o algú que tingués un sou fix. Així que li va dir: miri, si quan ella té 20 anys pensa igual, torni, però ara deixi-la tranquil·la i no faci res per veure-la. Després la mare el va adorar», explica. Però al capdavall la parella es trobava cada dia, silenciosament, quan ella anava a buscar aigua a la font amb el càntir, «però no ens parlàvem, només volíem deixar constància que pensàvem l'un en l'altre. I quan jo ja tenia 20 anys va tornar amb l'anell de compromís. Aleshores ja no era bohemi, havia trobat una feina i volia casar-se». Però tot i això la permissivitat familiar estava sota mínims, ajudada per les estrictes normes de l'època. «No anàvem mai sols», recorda Montserrat Moner, «i si l'acompanyava a la porta la mare em cridava des de dintre perquè almenys anés contestant. Però el Joan mai va intentar res, era una cosa tàcita, era un respecte», afirma, tot i que reconeix que aleshores com ara hi havia mares solteres, «però ni se'n parlava».

Maria Font de Rubinat, d'un parlar expeditiu, descriu aquell temps com un món molt tancat on el prometatge era un afer de família a més a més d'una opció personal. «Cadascú feia la seva, algunes més aviat, altres més tard. Però les mares, de seguida que tenien una filla que feia una mica de goig, la vestien, començaven a parlar, que si aquest s'interessa, que si Fulano li fa molt de cas... parlaven entre elles. Però de matrimonis concertats ja no n'hi havia, això era abans», tipifica. «Quan encara anava al col·legi, n'hi havia alguna que ja tenia el noviet que l'esperava a la porta. Potser s'havien conegut en un ball o en una tómbola benèfica, que també n'hi havia». Perquè les noies no sortien mai soles, si calia les acompanyava una minyona, però soles, mai. Es mantenia les noies en una perpètua adolescència fins que es casaven, un estat de *puresa* en el que s'infiltraven les converses, fos entre amigues, o escoltant d'esquitllentes les paraules dels grans.

Maria Font de Rubinat
95 anys
Família senyorial de Reus

Aquests mots misteriosos anaven confegint el món real. «Si una dona feia una cosa mal feta, se l'apartava. Excepte que fos algú de baix, que ja era una altra cosa. Les de baix ja sabíem que tenien unes altres regles, com les de dalt de tot, que eren extravagants i es podien permetre segons què. De tot això se'n parlava, però d'una certa manera. Els homes no portaven a casa segons qui, ni pensaments. I tu no anaves amb Fulano o Mengano. Ara en diríem hipocresia, de tot això. La meva generació va viure molt en l'època victoriana, aquesta mena de moral». I un cop fet el retrat sociològic dels «senyors», no explica gens els detalls del seu prometatge o casament.

Aurora Díaz-Plaja
86 anys
Bibliotecària i escriptora

Aurora Díaz-Plaja va conèixer el seu marit ja a la postguerra, quan era una dona professionalment instal·lada, tot i que les depuracions havien truncat de moment la seva carrera de bibliotecària. Luys Santa Marina, falangista i amic del seu germà Guillem, la va cridar perquè treballés en l'arxiu de la *Soli*, el diari Solidaridad Nacional, que abans havia estat l'anarquista Solidaritat Obrera, i del que ell era director. L'home, malgrat la seva adhesió política al nou règim, era una persona culta i sensible, que havia fet molt per salvar intel·lectuals catalanistes en aquells temps de desastre. L'Aurora era l'única dona de tota la redacció, perquè aleshores el periodisme no era una professió femenina, entre altres coses per la dosi de bohèmia que comportaven els horaris. Això va durar encara molts anys, i la mateixa Aurora s'ho va sentir dir quan va anar a uns cursos de reciclatge per a periodistes sense titulació que es va fer el 1952 a l'Ateneu Barcelonès. Hi assistien quatre dones, entre alguns estudiants il·lustres com ara Nèstor Luján, Sebastià Gasch o Angel Zúñiga... Las mujeres no pueden hacer el horario de noche a que obliga la profesión, va dir-li un professor vingut de Madrid. Las comadronas también salen de noche, va contestar l'Aurora. I la classe va aplaudir.

El cas és que d'arxivera de la Soli, l'Aurora va passar a comentar alhora llibres en català i ecos culturals, tímids encara, en una secció que es deia *Reflejos de literatura en catalán*, que era una excepció en el desert circumdant, només deguda a la bona voluntat de Luys Santa Marina. Aquesta aventura la va tallar en sec un governador civil, astorat de llegir una crítica d'un llibre de l'exiliat Agustí Bartra. El director li va suggerir que, a canvi, es dediqués a comentar literatura infantil, que ha estat una de les grans aportacions de l'Aurora Díaz-Plaja a aquest gènere sovint menystingut. Va ser a la Soli on va conèixer el seu futur marit, Frederic Ulsamer Puiggarí, fill de pare alemany i mare catalana, titulat com a arquitecte a Heidelberg, però que no podia exercir a Espanya perquè no tenia el batxillerat espanyol. Era l'encarregat dels temes internacionals del diari. «Era el meu millor amic perquè en tota la redacció no hi havia ningú tan intel·ligent com ell», s'apassiona Aurora Díaz-Plaja en recordar aquells temps. «A vegades parlàvem en català i algú protestava perquè, deia, no ens podia entendre, i aleshores ens posàvem a parlar en alemany. Sovint ens enviaven tots dos per informar d'un tema, per exemple, òperes al Liceu».

I també junts van anar a la festa d'entronització de la Mare de Déu de Montserrat, el 27 d'abril del 1947, el ritual de la qual exigia que es pugés a peu fins al Monestir. Frederic i Aurora van anar-hi per la Soli. «Vam sortir del diari a les dues de la matinada per agafar el tren fins a Monistrol i després pujar a peu fins a Montserrat. Era una nit de lluna plena, una nit preciosa. Tota la pujada estava plena de gent i de grups de *boys-scouts* –Jordi Pujol anava com a cap d'un dels grups. Va ser fantàstic. Després de la Festa, en Frederic i jo vam anar a veure la Mare de Déu de Montserrat. Estàvem agafats de la mà tots dos i vam notar la mirada de la Mare de Déu i del nen Jesús com si ens estessin preguntant, i vosaltres dos què fareu?, hi havia una pregunta en els seus ulls i en els seus somriures. Aleshores ens vam prometre».

Margarita Riera
90 anys
Casada amb l'empresari
Miguel Torres
Relacions públiques

Més convencional va ser el prometatge de Margarita Riera, subjecte als costums socials del seu temps i condició. Tots els detalls que envolten la primera trobada entre el futur matrimoni són deliciosament significatius. «El vaig conèixer en una competició al Tennis Barcelona. Jo no m'he distingit mai per fer cap cosa en esport, però jugava a tennis i vam anar a veure una competició. Quan em va veure es va quedar com embadalit, va ensopegar i va dir que de l'ensopegada se'n recordaria tota la vida, ha, ha», riu. «Ens vam fer nòvios de seguida i vam festejar dos o tres anys, anàvem a veure pel·lícules o obres de teatre, però sempre acompanyats», precisa. Si calia, els acompanyava la mare! «Els costums d'aleshores i els d'ara no tenen res a veure. Mira, agafarnos de la mà encara, però no ens podíem ni fer un petó». El seu nòvio era Miguel Torres, en aquell moment estudiant de Farmàcia, però havia triat aquesta carrera per poder ocupar-se millor de les bodegues Torres que havia heretat de la seva mare, que s'havia quedat vídua. Llavors no existien els estudis d'enologia. «L'any 1870 ja havien començat a exportar i, és clar, era qüestió de continuar el negoci. Aleshores, quan va acabar la carrera de Farmàcia ja es va dedicar més als vins, perquè a França hi havia estudis que aquí encara no hi eren». Es va casar que tenia 24 anys, l'edat justa que requerien els costums.

Dolors Canals
86 anys
Pedagoga i investigadora

Dolors Canals, sempre més lliure, va conèixer el pintor Joan Junyer per casualitat –ell vivia a París– en una exposició d'art gòtic a la que Junyer va assitir perquè el seu pare, era col·leccionista. Ella hi va anar per gust. Joan Junyer ja estava fent una excel·lent carrera, sempre a l'estranger, com a pintor reconegut a Europa i USA. Més endavant, a Nova York, va crear les seves pintures de volum. «Fer la paret per a la pintura, no al revés».

Va treballar amb un grup d'arquitectes suecs (Asplund). Se'n va fer una gran exposició a la Reial Acadèmia sueca i un simposi sobre el seu art. Al MOMA s'han exposat obres seves en diverses exposicions individuals. «Va aconseguir el que s'havia proposat, alliberar del tot la pintura de la paret. Que s'aguanti sola! que pugui estar a l'aire lliure, amb sol i pluja i llum de nit. Que l'espectador la copsi des de qualsevol posició.» Amb motiu dels Jocs Olímpics, Joan Junyer va fer la primera obra que s'ha instal·lat aquí, a la Rambla de la Marina, i amb els seus sis metres ja és tot un símbol de l'Hospitalet. Era sord com a resultat d'un xarampió, però aquesta carència mai va desviar la seva vida: llegia els llavis, va aprendre a parlar quatre idiomes, feia una vida social perfectament normal. «Quan em vaig trobar amb el Joan tant ell com jo ja havíem conegut altres nois i noies. En aquell temps, des del punt de vista sexual, hi havia obligacions per a les noies, i si et passaves d'un punt havies de començar a parlar de casament, i així i tot es sobrepassava la ratlla, i tant!», comenta. «Però quan vaig trobar en Joan ja era una altra cosa, no tenia res a veure amb els altres i a ell li va passar el mateix. Jo no tenia ni idea de la seva família ni ell de la meva, però ens vam trobar de manera molt autèntica. No vam festejar, la paraula no és festejar: ens vam trobar i unir per sempre».

Juana Zapata
84 anys
Filla de guàrdia civil
Obrera

Fora de Barcelona les coses no eren gaire diferents –trobar-se, agradar-se...– excepte que altres factors s'interposessin en la incipient relació. Juana Zapata, amb aquesta que el destí té amb ella per tòrcer-se, ho va viure més d'una vegada. «El destí és molt dur i no se'l pot forçar», comença, anunciant que les coses mai no surten com ella voldria. «Els onze anys que vaig viure a Sant Llorenç Savall vaig festejar amb un noi que es deia Pepito i a casa meva el volien perquè era bon xicot i es portava bé amb mi, però la seva família s'hi oposava. No em volien perquè era castellana i morena, deien que semblava una «negrita» i aquestes coses fan mal». Aquesta experiència devia deixar el seu pòsit, perquè Juana no va tornar a festejar fins després de la guerra civil, quan el seu pare estava destinat a Santa Coloma de Gramenet. «Vaig fer una bogeria molt grossa, vaig fer de tot per oblidar-me del que havíem viscut i ho he pagat», anuncia. Però reprèn el fil del record. «En aquells anys teníem les sardanes, els balls dels diumenges a les sales, els envelats de la festa major. També anàvem al frontó de Santa Coloma. Allà vaig conèixer un home 36 anys més gran que jo. Jo en tenia 24». Ras i curt, va fer un mal matrimoni. «Amb ell vaig tornar a la guerra», dictamina. L'home es deia Enric Casanova Cubells i era «autor teatral, actor i artista, de tot menys treballador. Només vàrem festejar dos mesos, és molt poc temps per conèixer una persona», reflexiona, ja tard. Els pares es van oposar a la relació i fins i tot el llunyà Pepito, de Sant Llorenç, va dir que s'havia tornat boja. Però no hi va haver res a fer: la Juana estava determinada a canviar de vida. I no va canviar-hi gens.

Agustina Lorca
81 anys
Mestressa dels Magatzems Fortunet
Figueres

Agustina Lorca també va tenir una experiència frustrada, durant la seva adolescència a Port Bou: a 14 anys va començar a festejar amb un noi que es deia Alejandro de la Rosa, fill d'una família amiga i fillol d'Alejandro Lerroux, el líder populista que aleshores, el 1932, ja havia donat el màxim com a agitador de les masses obreres i era un dels dirigents de les dretes espanyoles més reaccionàries. «Malgrat les seves inclinacions polítiques, jo li deia que em volia casar per l'Església i tenir molts fills», relata amb una certa dosi d'ingenuïtat. Es veu que el noi no s'hi oposava.

El festeig va durar uns quants anys, malgrat que Agustina es va traslladar a viure a Figueres, a casa d'una tia, quan el seu germà va agafar la tuberculosi, per por del contagi d'una malaltia que aleshores tenia poc remei. «Ell tocava la bateria a Portbou en un grup, eren quatre com ell, gent de pessetes que no s'amoïnaven per res i per als quals la música era una diversió. Quan ell tocava, jo anava a ballar i hi anava amb la seva mare». La guerra va esberlar aquesta relació, com tantes altres coses: el noi, tan radical, va marxar a França. «Però jo ja no el vaig voler, ja no m'agradava. A casa seva van tenir molta pena que jo no el volgués». El segon nòvio –i després marit– era també d'una família amiga de Figueres, que es coneixien de tota la vida. «Eren gent molt catòlica, molt reservada, que només resava», descriu l'Agustina i planteja un entorn literalment oposat al del jove Alejandro. D'alguna cosa havia valgut l'experiència. Amb Josep Maria Fortunet es va casar a 26 anys i de seguida va deixar la seva feina de dependenta de Can Comas, una botiga de guants, moneders, botons i fantasies.

Maria Calls
83 anys
Mocadera i hostalera
Vallès Oriental

La Maria Calls va conèixer el seu nòvio quan feia de mocadera a la fonda de Ca l'Hostaler: es va prometre amb el noi de la casa i es van casar un cop acabada la guerra. Jaume Pradell li portava cinc anys i col·laborava amb la jove mocadera. «Estàvem tot el dia junts perquè jo, per venir a matar el porc, ja era a la fonda a les 4 del matí. Ell aguantava el porc i jo parava la sang. Llavors a fer les botifarres i ell rodava la màquina, sempre ho feia ell, perquè no va anar mai a treballar enlloc, sinó que ho feia a casa dels pares. Jo de la feina plegava a les cinc, però només sortíem els diumenges: veníem a ballar aquí a la fonda, als balls de les festes majors dels pobles de la vora, i a Llinars i a Sant Celoni també. I tot a peu, però mai sols, la meva germana petita sempre venia». A canvi del cop de mà en la matança del porc, la Maria li va fer d'infermera quan el noi va tenir una infecció a la pleura «i va quedar com tuberculós». El metge només podia passar un cop al dia i el malalt necessitava dues injeccions diàries, així que calia un candidat per aprendre a posar-les. La Maria va fer la passa endavant, com sempre. «Em feia molta angúnia punxar, però si ho deien i s'havia de fer, doncs es feia. També l'havia d'afaitar amb unes estisores. Això va passar quan encara no ens havíem casat i d'això va anar venint que em quedés jo aquí a la fonda», explica. El jove Pradell havia trobat la dona ideal per dur endavant el negoci familiar.

Després va venir la feridura de la futura sogra, a 60 anys, que va quedar amb la boca torta. I de seguida la seva mort, durant la guerra. «No es van tocar campanes ni res i va ser enterrada sense anar primer a l'església», perquè els temps no estaven per cerimònies religioses. El nòvio, mentrestant, feia de pianista pels pobles, anant-hi tot sol amb bicicleta, pianista de «piano de tecles», aclareix la Maria, i li donaven un duro i el sopar. Devia ser l'única cosa que Maria no es va apuntar a fer. És una dona d'envergadura, que amaga la seva fortalesa sota una aparent discreció, però segura d'ella mateixa, orgullosa d'una vida dedicada a servir els altres, familiars pròxims o clients de la fonda, tant li és: d'aquesta vocació servicial deu sortir l'enorme vitalitat que conserva, o potser li ve del fet de no haver parat mai, sense queixes, mirant la vida cara a cara, amb més curiositat –curiositat d'aprendre– que no pas prevenció. Com encara mira els seus interlocutors. La fortalesa de la Maria Calls li ve d'haver-se mogut sempre en un mon de paràmetres coneguts que, a més a més –i no és pas poc–, funcionava. Es pot endevinar que sempre s'ha sentit mestressa de la seva vida i de tot allò que la voltava. Capaç de posar ordre al seu entorn, de governar, fos directament o per viaranys més dissimulats. Però en aquest senyorejar en l'univers domèstic –i comercial– hi ha el rerefons de la seva determinació, ja de molt joveneta: aquell no fer fàstics a una feina, a una obligació, a una provatura, al que la vida li volgués posar al davant.

Dolors Gou
107 anys
Masovera a la Secuita

El futur marit de Dolors Gou no era pas de la Secuita, sinó de Vilanova i la Geltrú. Es van conèixer al mas Mercader, a mig camí entre la Secuita i Perafort, on la família del Cristòfol eren de masovers: era, doncs, un amic d'infantesa, ja que ell només tenia 9 anys quan s'hi van instal·lar. El pare de la Dolors ferrava els animals del mas Mercader i els nens jugaven junts molt sovint. «Si vaig festejar molt de temps? Ai Mare de Déu, si vaig festejar temps... sempre, sempre anava al mas. El Cristòfol i jo no vam fer cap refresc de prometatge perquè les famílies ens coneixíem de sempre, no calia».

Carme Pedarrós
93 anys
Minera i minyona
Vall d'Aran. Bossòst

Aquesta presència constant també es dóna en el festeig de Carme Pedarrós, a la Vall d'Aran, però amb la diferència que els nòvios es van conèixer treballant a la mina Victòria. «El meu marit era aragonès, d'Artasona, Huesca, i tenia dos anys més que jo», detalla. No treballava a la part de baix de la mina, vora el riu, sinó dalt al bosc, *al monte*, com diu ella, on s'estaven tota la setmana, per baixar el dissabte al poble. «El dissabte feien un ball al poble i ens vam conèixer aquí. Vam festejar uns cinc o sis mesos. Potser sí que era poc temps, però com que el meu marit no tenia res perquè era orfe, se li havia mort el pare i la mare... doncs estava sol i ens vam casar», diu com si res. Es deia Ramon Costa Solano.

Maria Antònia Simó
84 anys
Secretària
Muntanyenca

Igualment poc explícita es mostra Maria Antònia Simó, que –com no podia ser altrament– va conèixer el seu marit en l'ambient de muntanya. Després de la guerra ella va pertànyer al Club Muntanyenc Barcelonès, un parell d'anys, i després ja es va apuntar al Centre Excursionista de Catalunya, per un fet concret: esbrinar les causes d'un accident que hi havia hagut en una escalada a Sant Llorenç. El problema, es veu, estava en les cordes i es va crear una comissió conjunta de les dues entitats per investigar-ne els motius. Ja es va quedar al CEC, tot alternant les escalades més o menys arriscades –va ser la primera dona que va pujar a determinats pics de Montserrat– amb passejades més planeres pel Montseny. El material necessari l'agafaven del Centre: era molt precari, però no hi havia res més. «Bé, jo tenia amics, tots eren companys, sempre una cosa sana i bona, sense res de *ligues* ni tot això. Anàvem junts a la muntanya tres nois i jo, compartíem els diners pel tren i pel menjar, però érem com germans. Quan vaig conèixer el meu marit, l'Agustí Jolis, ell era president de la Secció de Muntanya i jo era del Club d'Escalada. Tots dos teníem molta iniciativa, vam anar coincidint en excursions, als campaments que organitzava el CEC i mira», explica.

Al cap d'un any de sortir, cadascú va comunicar a la família pròpia que es volien casar. «I el dia de Sant Eloi, patró dels joiers, perquè el meu sogre era joier, van venir a demanar-me i conèixer la nòvia». Un tal trencament de gel volia dir una certa cerimònia, portar una ofrena, trenar un compromís. «A casa érem les meves ties i el meu germà, els sogres i el meu promès. Va ser bonic. Vam prendre un refresc, una mica de berenar». No gaire cosa perquè, com diu ella mateixa, a casa seva no estaven per protocols.

Maria Joaquim
101 anys
Modista
Barcelona

«El primer nòvio que vaig tenir», diu Maria Joaquim reconstruint el seu passat, «va ser el fill de l'amo de la botiga on vaig treballar. Es veu que a ell li vaig fer gràcia i per això em va treure del despatx per posar-me a vendre, va ser ell qui ho va dir a la mestressa». Era aquella botiga de lligues i elàstics. «Jo portava un davantal per despatxar, un guardapols que llavors era molt corrent, i un dia em vaig trobar una nota a la butxaca, dient que ens veiéssim. Ens vam veure. Vaig sortir amb ell tots els anys que vaig estar a la botiga, sis anys, però era un xic molt emmarat, ui si ho era!», descriu. Els nois no freqüentaven les cases respectives, ni hi entraven, simplement sortien junts després de treballar, i una vegada ell li va comprar un pom de clavells que venia una dona a la Rambla, però amb la poca gràcia de dir-li a la nòvia que no ho havia fet per ella, sinó per fer-li una caritat a la dona que els venia. Ella li va plantar els clavells, aquí els tens, i així es va acabar el festeig. Un final si fa no fa traumàtic.

«A partir d'aquí els homes ja no em van fer gràcia perquè els vaig considerar tots per l'estil. I ara que sóc gran encara ho crec més», justifica la Maria Joaquim. «En vaig tenir un altre que estava bastant bé perquè tenia un bon *empleiu*, que això abans es mirava molt, més que ara, però tampoc el vaig voler». Un altre pretendent va ser el president de la societat del carrer Montcada on anaven a ballar, Rafael Ulled. «Era guapo i tenia molt bon tipus, perquè si no eren així jo no els volia. Quan anàvem a la societat sempre em comprava la toia, em feia portar el ram pel seu ajudant. Però amb ell no m'hi vaig voler casar perquè jo sabia que vivia amb una dona i a mi això d'ajuntar-me no m'agradava. Durant la guerra el van matar, pobret, perquè era republicà. Vaig tenir un gran disgust i penso en ell sovint».

No es van acabar aquí les ocasions, perquè va conèixer encara un altre pretendent tot anant a comprar oli i sabó en una botiga on hi havia dos germans, l'un casat que portava el negoci, i l'altre que era pintor de quadres i tenia *enredos* amb les models que posaven despullades. «Per això els pares no li van voler pagar diners perquè es lliurés d'anar a fer el soldat, que abans es pagava, i va estar cinc anys fora», diu. «Quan va tornar, un dia vam anar al cine a l'Arc del Triomf, amb una neboda meva. Ell estava al meu costat i només feia que respirar fort. Li vaig preguntar què li passava i em va dir que al meu costat es posava nerviós. Vaig pensar: ja hi som». El noi sabia que la Maria anava cada diumenge a comprar el cafè a Can Juncosa, així que un dia la va esperar a la porta de casa. Ella va mirar de despistar-lo, però no hi va haver manera, i van parlar. I tant que van parlar. «Li vaig dir: mira, l'altre dia quan vam anar al cinema semblava que xuclaves cargols, no em va agradar gens. Si ara fas això, què farem de casats? No em deixaràs viure tranquil·la. Així mateix li vaig dir. Venia a voltar per allà com una papallona... i és que a mi no m'agraden aquests homes tan calents».

Comptat i debatut, la Maria va considerar que no tenia vocació de casada, tot i que la seva mare li deia que perdia el temps esperant un senyoret, que al capdavall no va sortir. «Qui no es casava era una *solterona*, però a mi no m'ho han dit mai. He viscut molt bé sola. Les coses són més senzilles que si hagués hagut de cuidar, a més del papa i la meva germana, un marit i uns fills, no, no», diu, convençuda d'haver fet el bon camí. Encara de gran, un veí vidu li va fer proposicions de matrimoni, però ella estava convençuda del valor de la llibertat i li va dir que ni parlar-ne. «Ganes de ser mare no en vaig tenir mai, i no ho he trobat a faltar. Però als meus nebots me'ls he estimat molt, i els he fet de tieta, ja ho crec! Quan eren petits els feia la palma, els comprava el palmó més alt, que costava un duro. I juguets».

Pepeta Castanyer
96 anys
Filla de pescadors
Obrera tèxtil
Sant Pol de Mar

Tampoc no es va casar Pepeta Castanyer, la dona reservada de Sant Pol, i hi va renunciar –si és que realment va plantejar-se la renúncia– gairebé per por al compromís. «Tota la vida he estat soltera, no vaig tenir mai cap nòvio perquè no em van fer mai gràcia els homes. Penso que quan et cases és per tota la vida i no com ara, que hi ha gent que després de 25 anys de casats s'adonen que no estimen la dona i la deixen. I si tenen fills, què passa aleshores amb els fills? Abans no passava res de tot això, potser sí que hi havia hagut algun cas, però mai com ara. Això no ho puc suportar», afirma. Cap de les dues solteres enyora la vida que no ha viscut, tot i que aquesta no era una opció fàcil, aleshores, excepte que vingués obligada per les circumstàncies. Totes aquestes dones coneixen el cas d'alguna noia que es va haver de quedar a casa cuidant-se dels pares, la germana que, per ser la gran o per ser la petita, se sacrificava pels altres.

Margarita Riera
90 anys
Casada amb l'empresari
Miguel Torres
Relacions públiques

Quan arribava el casament, les diferències també quedaven marcades per la classe social. Margarita Riera es va casar amb Miguel Torres al Palau Episcopal de Barcelona, amb els oficis del bisbe Irurita –«que després va ser assassinat pels rojos», informa– i amb el convit celebrat a l'Hotel Ritz. «Un dinar estupendo, estupendo, encara tinc els papers del menú, que es conserven a la Fundació Miguel Torres. Potser vam ser 60 o 70 persones, més no, perquè la nostra família és reduïda, i uns quants amics, però no tant com ara que es convida tot bitxo vivent. El menú va ser superselecte, els vins van ser del millor, va ser estupendo», s'entusiasma.

Era el primer de desembre i la núvia es pelava de fred, com diu ella mateixa gràficament, perquè només portava el vestit blanc, sense cap samarreta a sota i les pedres gòtiques passaven factura. Això sí, portava set metres de cua. «El vestit me'l van fer a la casa Santa Eulàlia, que és on jo m'havia vestit tota la vida, quan encara la botiga estava al carrer Boqueria». Més tard, el vestit, despullat de la cua, va ser tenyit i utilitzat en les recepcions a què obligaven les múltiples relacions professionals. «Ens movíem en un ambient d'elit, de personalitats del món del comerç, empresaris d'aquella època i així», detalla. El viatge de nuvis va ser a França, Itàlia i Suïssa, amb tren i amb avió, i la jove parella va aprofitar per establir contactes amb els clients, perquè «el meu marit era un home molt pràctic i li agradava de treure profit de tots els viatges, perquè és l'única manera d'anar endavant». O sigui que la dona compartia la filosofia, tan catalana, de caçar dos pardals amb un sol tret.

Mercè Sabaté Cebado
92 anys
Secretària
Afeccionada a la natació
Barcelona

Mercè Sabaté Cebado es va casar a la muntanya, al poblet del Montseny, davant d'un Sant Bernat fet pel marit escultor. «Tota la família i amics van pujar en autocar, jo no, jo anava amb en Pérez Olaguer, que va ser el meu padrí de boda, en el seu cotxe. Jo anava amb un vestit jaqueta blanc i amb un barret. Érem unes quaranta persones. Va ser un dia molt maco». El viatge de noces va ser a Aiguablava, perquè a la núvia no li proven els aires de muntanya, aficionada com és a veure i tocar el mar cada dia. Allà van parar a casa d'en Ventosa Calvell, el polític i financer de la Lliga i després addicte al règim de Franco, als fills del qual el Joaquim Ros donava classes. «Era l'amo d'Aiguablava i ens va deixar una casa que tenia nou habitacions i una cuina econòmica per cent persones, era grandiosa. Al matí anàvem a buscar el peix amb la barca».

Un cop casada, tal i com havien previst les opinions familiars, la Mercè va haver de deixar la feina, però no ben bé. Tenia prou temps per cuidar-se de la casa i per anar a banyar-se cada dia al mar i per comprar el peix que venien els pescadors a la sorra de la Barceloneta, i tot això ja li estava bé, però al despatx dels Pérez no se'n sortien sense l'eficient secretària. De manera que de tant en tant els anava a posar una mica d'ordre, fins que arribava una secretària nova i tornava a endegar-se el procés, un cop i un altre.

Finalment, el marit va dir que s'havia acabat la broma. Els amos, que no volien perdre la col·laboradora, van convidar la parella a dinar al pis del carrer Balmes, voltats de cambreres, i es va acordar que la Mercè encara faria una temporada per ensinistrar la secretària que feia quatre. Aquesta noia funcionava a la feina, però es va lligar amb el secretari i la van haver de treure. Aquest cop la Mercè es va negar a tornar al despatx. Però la van convèncer perquè, des de casa seva, formés la secretària número cinc: aquest cop va fer ella la tria i la història de les anades i vingudes es va acabar de debò. Tot i que la Mercè confessa haver estat molt contenta amb les feines de casa i els banys de mar, alguna enyorança devia tenir de la màquina d'escriure i l'organització del despatx, tan activa havia estat la seva joventut.

Maria Calls
83 anys
Mocadera i hostalera
Vallès Oriental

La Maria Calls, hostalera, es va casar tot just acabada la guerra, a l'església de Vilalba Sasserra. Anava de color blau marí, un vestit jaqueta fet per una modista de Barcelona, i un petit barret del mateix color. La núvia va triar aquesta indumentària discreta «perquè no semblés que volia figurar més que el meu marit, perquè jo venia d'una casa més pobra», diferència econòmica que ha estat en ella una obsessió i qui sap si no el motiu inconscient d'haver fet tanta feina. No per res es casava amb el fill petit de l'amo. Al convit hi va haver 25 persones, tots familiars. «Vam fer un dinar i a casa meva van posar els pollastres, que va coure la meva cunyada, tot molt senzill perquè era l'any 39», diu.

Els cunyats anaven a viure al Masnou, pensaven llogar o tancar la fonda, però el sogre va proposar que se la quedés la jove parella. «Ens va dir: amb quatre berenars que feu i amb el bar ja us guanyareu la vida». I ens ho vam quedar nosaltres i la casa ja ha quedat nostra, ens la van donar. En tenien moltes de cases, aleshores, però és clar, el meu cunyat era l'hereu. De viatge vam anar només un dia a Barcelona a l'Hotel de la Paz i corrents cap aquí perquè la família del meu marit marxava cap al Masnou», recorda. Més que marxar, van fugir, perquè eren gent d'esquerres i no se sentien segurs en el poble on tothom es coneixia, tot just acabada la guerra. «Això als pobles es nota molt més», dictamina. Però malgrat els recels de l'ambient, que també els van viure en pell pròpia, la jove casada estava plena d'il·lusió. «He treballat molt i molt de gust, aquí».

Dolors Gou
107 anys
Masovera a la Secuita

Tampoc es va casar de blanc la Dolors Gou, masovera al mas Mercader: es va casar de negre, portant dol per l'avi, que havia mort vuit dies abans. «Però de negre ja era costum casar-se», aclareix. «El vestit me'l va fer la meva germana. Portava una mantellineta. Tenia un *mantón* molt maco, perquè aleshores s'anava amb *mantón*, però la meva sogra no me'l va deixar posar per això del dol». Al casament van ser una dotzena de persones, i dos mossos que acompanyaven la sogra, que tenia les cames llagades per la diabetis i no podia caminar. «Vam fer una mica de refresc quan vam sortir de l'església i vam esperar l'hora del tren tot fent una mica de passeig, naltros dos. Vam anar fins a Barcelona, que llavors era lluny, però hi teníem molta família del meu marit i a tot arrreu vam trucar, a tot arreu. No vam anar a cap hotel».

Carme Pedarrós
93 anys
Minera i minyona
Vall d'Aran. Bossòst

També de negre es va casar Carme Pedarrós, el 4 de desembre a l'església de Bossòst, però diu que era una qüestió de moda. «El vestit i la jaqueta me'ls va fer una cosina que era modista i una altra cosina em va regalar la tela. També portava una *mantilla* negra que me la va deixar una amiga, no era meva, no». En aquell temps, a Bossòst, els convits eren col·lectius, el poble sencer quan es podia, que no era el cas de la parella, així que es van limitar a convidar la família. «Un per casa van venir a acompanyarnos. El meu marit tenia un germà a Barcelona, el José, i vam convidar-lo a ell, a un tio, a una tia i als pares i germans i vam fer una xocolatada en una casa on anàvem a menjar, al poble i després vam agafar el cotxe de línia, de l'Alsina-Graells, per passar quinze dies a Barcelona.

Ella no havia vist mai la ciutat ni res que s'hi assemblés. «Em vaig espantar de veure tot allò tan gran i amb tanta gent». El cunyat José els va dur a tot arreu, sempre en tramvia, precisa. «Al cine, al teatre... Ens va portar a veure el mar, perquè jo no l'havia vist mai. Quanta aigua que hi havia!». L'aixovar de la parella, que va tornar a Bossòst per viure de lloguer, era escàs: tres cadires de palla i una manta de llana per al llit, regal de la família, i el que ella havia pogut arreplegar amb el sou de minyona: «sis plats, una sopera, una plata i apa».

Juana Zapata
84 anys
Filla de guàrdia civil
Obrera

Juana Zapata, que es va casar de revolada amb l'artista, va posar una mica de color en la indumentària. «Era l'estiu del 1940 i jo portava un abric d'entretemps de color blanc, sabates vermelles i una pamela... Ens vam casar a l'església de Santa Coloma i vam passar la nit a l'Hotel Suizo de Barcelona. Després vam anar a Cartagena, on jo tenia família. Vam anar-hi amb vaixell i vam tornar amb tren. Recordo que se'ns escapaven els pollastres pel vagó. També ens havien regalat melons». Malgrat l'oposició familiar a la boda, no hi va haver ruptura de relacions, «perquè als fills ens han renyat, ens han pegat, ens han castigat però no ens han abandonat mai», afirma, de manera que la parella es va instal·lar en un pis de Santa Coloma, propietat del pare de la Juana, que més tard va intentar que la parella el comprés per 35.000 pessetes. Però el marit, l'artista, va dir que no. «El meu germà Martín el va comprar i ara és una casa esplèndida», se'n dol la Juana. «El que va passar és que l'Enric Casanova assegurava que tenia *mucha tierra en la Habana*, que tenia molts diners, però la veritat és que no tenia ni cinc. Jo em vaig casar pensant que tindria la vida solucionada, però em vaig haver de posar a treballar. Sempre he dit que Nostre Senyor em va castigar molt durament i si ho va fer és perquè m'ho mereixia».

Aquest és, sense dubte, l'únic matrimoni desgraciat de tots els testimonis aplegats: les altres dones es reconeixen profundament enamorades dels seus marits o no confessen res i deixen entreveure una vida més aviat plàcida, amb les alternatives habituals. Tanta pau conjugal fa sospitar que també és una qüestió de l'època: hi havia la convicció que el matrimoni era per tota la vida i que, per poc que es pogués, calia fer l'esforç perquè les coses rutllessin. En aquestes dones la fórmula ha demostrat excel·lent, tret del cas de la Juana Zapata. Però és que si no ho era, calia entomar el que hi havia, com passava amb el pare borratxo que pegava la mare, que evoca amb esgarrifança Carme Pedarrós. La dona, però, comenta: «jo prefereixo la vida d'ara, que les dones no aguanten aquests marits», perquè les dones d'abans, fos com fos, no estaven preparades per separar-se dels marits, ni la societat disposada a admetre-ho. Alguns conflictes eren més anecdòtics. Maria Calls, l'hostalera, recorda la gelosia malaltissa del pare, que esclavitzava la mare: «Un dia vam anar a Palautordera amb el cotxe de la fonda, ells van venir amb nosaltres i el meu pare va tornar a peu des d'allà fins a casa i va ser-hi abans que nosaltres, i quan va arribar la meva mare, ui, les raons que

Carme Pedarrós
93 anys
Minera i minyona
Vall d'Aran. Bossòst

Maria Calls
83 anys
Mocadera i hostalera
Vallès Oriental

van tenir perquè li va semblar que hi havia un home que li agradava o no sé què i ella, pobra dona, si era una víctima», explica, i reconeix que el seu matrimoni es va emmirallar si fa no fa en la mateixa gelosia, perquè el seu marit no la va deixar treure el carnet de conduir, malgrat que ella portava la furgoneta amb el gènere, «perquè el professor era un senyor... però no arribava a l'extrem de martiritzar com el meu pare a la meva mare, eh», aclareix. La generació de Juana Zapata, ni les anteriors, no desfeien un sagrament que els amargava la vida: el matrimoni era una aposta a tot o res, una decisió presa en els primers anys de joventut que durava per sempre.

Montserrat Moner
94 anys
Vídua de l'escriptor
Joan Alavedra
Professora de piano

Un matrimoni feliç va ser el de la Montserrat Moner i Joan Alavedra. La parella es va casar el 27 d'abril de 1928, ajudats per uns estalvis que la mare havia anat fent, dels diners que la Montserrat aportava a l'economia familiar amb les seves lliçons de música. «No em vaig casar ni de blanc ni de negre, portava un vestit gris molt bonic amb un *sombreret* molt graciós. No em vaig casar de blanc perquè sempre he estat una dona pràctica. Volia un vestit que un dia que anés al Liceu me'l pogués posar». Després del casament a Montserrat, propi de la tradició del país, i d'un dinar a la Colònia Puig, van sortir de viatge per Europa, amb tren, passant per diversos països, un llarg periple des de Suïssa a Bèlgica. «Vaig tornar molt canviada. Em vaig enyorar molt perquè era molt innocent, molt nena i el meu marit tenia 9 anys més que jo. Dels braços de la meva mare vaig passar als del meu marit. Però ell em va estimar molt, d'una manera molt maca, molt romàntica».

Encara avui la Montserrat Moner defineix Joan Alavedra com el personatge de la seva vida. «Jo hauria estat molt desgraciada segons amb qui m'hagués casat perquè necessitava una mica de poesia en la meva vida i ell sempre tenia algun detall amb mi, i el tenia perquè ho sentia», diu. «En el nostre matrimoni sempre hi va haver un respecte. Per exemple, cadascú tenia la seva habitació, perquè vàrem convenir que dormir és com menjar, una necessitat. Això no era un costum de l'època sinó una curiositat nostra, que va començar quan vaig criar la Maria i que després vam continuar per comoditat: a mi m'agrada poca roba al llit, ell en volia més; a mi m'agrada llegir al llit, a ell no...» És, en efecte, una dona de memòries i de detalls, una dona disposada a fer la vida fàcil a qui l'envolta: és capaç de parlar hores seguides dels episodis de la seva vida que encara l'emocionen, però amb la mateixa atenció escolta, està pels altres. Independent per força en els últims temps, la Montserrat té una vivacitat de nena petita, curiosa i activa. Té la saviesa que no ve dels coneixements, sinó de la vida. En el seu pis diminut del Paral·lel barceloní no hi falta el piano, ni les fotos del marit, ni els records del mestre Pau Casals. Aquesta dona menuda agraeix els regals que la vida li ha fet. I de la vida viscuda treu l'energia que l'aguanta en la vida que li queda per viure.

Agustina Lorca
81 anys
Mestressa dels Magatzems Fortunet
Figueres

A Montserrat, també, es va casar Agustina Lorca, el 1944, i allà mateix van fer el convit. Ella tenia 26 anys, una edat ja tardana per als costums de l'època, tant que el seu marit li feia broma dient que ell havia estat «l'últim tramvia». Ella va deixar la feina de Can Comes per quedar-se a casa, però de seguida va començar a treballar a l'empresa del marit, els Magatzems Fortunet, casa centenària dedicada a la confecció, de molta anomenada a tota la província de Girona. Ella s'estava a la botiga. «Érem de les famílies de botiguers que treballàvem més, teníem nou empleats, tant dones com homes. Treballàvem per a particulars i també veníem uniformes i davantals per a tots els hotels». La situació econòmica de l'Agustina va millorar molt: tenia dues criades i una perruquera que la venia a pentinar cada dia.

Maria Antònia Simó
84 anys
Secretària
Muntanyenca

De gris es va casar Maria Antònia Simó, a l'església de la Concepció, a Barcelona, quan ja tenia 32 anys. Va ser una boda íntima, només amb els familiars més pròxims. «Vam fer un petit aperitiu, perquè per un dinar no hi arribàvem. El vam fer a can Soteras, a la Diagonal», rememora. La parella es va instal·lar al pis dels sogres, a Sant Gervasi, on la convivència familiar va ser magnífica. «Jo em vaig casar amb tots: amb els sogres i amb una àvia que era la padrina de la meva sogra. Al començament va ser una mica difícil però sempre recordo que la meva sogra, en entrar a la casa, em va agafar i em va dir que volia que fóssim amigues». També va tenir molt bona relació amb el seu sogre, tot i que tenia un caràcter més esquerp. «Amb la meva sogra vam establir una tàctica molt bona: ni ella era la mestressa ni ho era jo, tot ho parlàvem i va haver-hi una bona entesa. Sempre em deia nena. I sempre vaig fer tot el que vaig voler». De manera que la parella va continuar la vida de muntanyencs, abandonant ella una mica l'escalada, però no del tot. A vegades, en les sortides en grup, el marit anava amb altres per la via normal i ella grimpava per la paret amb els més valents. «L'última gran escalada la vaig fer als 51 anys, al Marroc», confirma.

Aurora Díaz-Plaja
86 anys
Bibliotecària i escriptora

Com a bons catòlics, Aurora Díaz-Plaja i Frederic Ulsamer també es van casar a Montserrat –que havia tingut una influència decisiva en la seva relació. «Va ser un casament molt bonic. Tots dos anàvem vestits igual perquè vàrem anar al mateix sastre i ens vam fer dos vestits jaqueta de color negre. Recordo que la mare em va dir que si no em volia vestir de blanc, almenys em posés un *sombreret.* Vaig anar-lo a comprar amb la Maria Aurèlia Capmany, amb qui érem grans amigues», recorda. La família va pujar a la muntanya amb autocar i després de la boda es va celebrar el convit al restaurant. «El nostre viatge de noces va ser Montserrat i Eivissa. Jo ja hi havia estat amb la meva família l'any 35, vam ser dels primers a fer càmping a Sant Antoni. En aquells moments només hi havien quatre o cinc alemanys que fugien de l'Alemanya de Hitler», precisa. I recorda especialment el vestit tradicional de les dones eivissenques, «amb una faldilla molt bonica, però amb set *refajos*! També vam conèixer un noi madrileny que feia de jutge i estava desesperat perquè no hi havia delictes ni atracaments, però sí terribles crims passionals, degut a la manca de dones....»

Dolors Canals
86 anys
Pedagoga i investigadora

En el moment de casar-se, l'any 38, Dolors Canals era una dona independent, amb feina oficial a Badalona i pis propi. Joan Junyer havia llogat un taller a Barcelona, «de manera que ens podíem trobar a una banda o l'altra, però quan ho vam veure tan definitiu vam decidir que volíem un pis comú, que no fos ni el meu ni el seu, i vam llogar-ne un», explica. «Com que ningú podia venir a portar-nos els mobles, ho vam fer nosaltres, el just i necessari. Era al carrer Sagués i a l'edifici hi havia una corriola a dalt per pujar els mobles, com encara tenen les cases velles. El Joan va instal·lar unes cordes, que no sé d'on les va treure, i amb un peu aquí i l'altre allà va anar pujant les coses. Allà vam viure un mes i mig abans d'anar-nos-en perquè van entrar els nacionals a Barcelona».

La parella, que s'apuntava a trencar motllos per filosofia personal –no pas per afany rupturista–, va tenir relacions abans del matrimoni: feien una vida lliure i adulta. Es van casar el desembre del 1938 i ho van fer pel civil. «Ens vam casar perquè per a la família Canals el que jo feia era viure en pecat, i més amb un artista... Vam ser just els quatre parents directes de la meva família i de la d'ell. L'alcalde va estar esplèndid, amb la seva banda republicana. Era l'alcalde de barri de la dreta de l'Eixample i ens va dir quatre coses molt ben dites». El convit, en plena guerra, va ser escàs, amb més fantasia que possibilitats: peles de taronja torrades i un ou o dos que algú havia trobat, amb una mica de pa. Però hi va haver un bombardeig i tothom va haver de córrer. La Dolors Canals no en conserva cap fotografia, perquè no se'n van fer. «Portàvem la mateixa roba de cada dia. Casar-se és una cosa molt íntima i molt forta, que no vol espectacle i menys disfressar-se de núvia», dictamina amb la seguretat habitual. «És un contracte oficial, la resta ja ho teníem tot». Deixa entendre que una de les raons que van avançar la data de la boda era la seva necessitat del passaport: ella treballava pel Ministeri des del 1937 i intuïa que aviat haurien de marxar tots dos. «En aquella època les dones tenien passaport a través del marit. El Joan tenia residència a França perquè feia deu anys que vivia a París per la seva feina. Això va ser una sort, perquè la muller era un apèndix del marit, de manera que jo ho tenia més fàcil per sortir». Així que el matrimoni Sunyer va començar per l'exili.

Aurora Díaz-Plaja
86 anys
Bibliotecària i escriptora

«Tant en Frederic com jo volíem tenir fills com més aviat millor. Era la il·lusió de la nostra vida», confessa Aurora Díaz-Plaja. És cert que, aleshores, cap a finals dels anys quaranta, aquesta frase hauria pogut ser subscrita per gairebé totes les noies acabades de casar (l'Aurora es va casar «gran», a 28 anys), perquè matrimoni i maternitat anaven lligats. Encara valia el precepte que els fills havien d'arribar de seguida i ser ben rebuts: no es feien ni càlculs, ni planificacions, ni s'esperava el moment oportú, fos quina fos la situació de la parella. Tot i que un tímid esboç de planificació familiar començava a obrir-se pas, almenys com a concepte, per limitar el nombre de fills en aquelles parelles més alliberades del pes religiós –no era el cas de l'Aurora– o del respecte a la convenció social, que descansava en la idea tradicional de la dona com a figura casolana i maternal, al servei de la llar i del marit. I és que la maternitat era una part important de la realització de la dona, i així era assumida, generosament. Les dones tenien més fills i els tenien més d'hora. El paper de la dona es basava en un desig real, profund i indiscutit, però fortificat per una bateria conceptual d'història secular.

L'Aurora va rebre amb alegria la notícia que el diari l'enviava, amb el seu marit, a cobrir la inauguració del primer telecadira que s'instal·lava a Núria, l'any 1947, perquè «allà hi ha una mena d'olla on les noies que volen quedar-se embarassades han de ficar-hi el cap. És com un gest que dóna fertilitat», explica seriosament. Al cap d'un mes va tenir la primera falta. La nena va néixer el setembre del 48. Treballant al diari, li tocaven 80 dies de festa, comenta, repartits per meitat abans i després del part, però va renunciar a la baixa pre-maternal perquè no volia quedar-se a casa a esperar, no fos cas que anés posés de part trobant-se sola.

«Però no va néixer al diari, eh?, el dia abans de la Mercè vam anar a missa i després vàrem anar a peu a la clínica», diu. Després van venir uns altres tres fills, fins a l'any 1955, els dos darrers amb cesària. Però els successius neixements no li van fer deixar la feina, malgrat que tot plegat comportés dormir només quatre hores. Cert és que la seva cunyada, Isabel, va anar a viure amb ells a Barcelona: la dona, que vivia a Alemanya, s'havia trobat que el seu marit li va demanar el divorci, «perquè era morena» –ras i curt, l'home era nazi. Però els que no ho eren tampoc li donaven feina: el clima a Alemanya estava prou enrarit, era l'any 1948. La dona va optar per fugir i es va acollir a casa dels parents de Barcelona, a temps per veure néixer la primera nena, que es diu Isabel perquè li va fer de padrina.

L'Aurora i el Frederic vivien a Sarrià, al carrer Bonaplata, i ella recorda que, quan estava embarassada del tercer fill, la gent de la vila se n'estranyava: com era que, tot i tenir la parelleta, encara volgués més fills –és a dir, la classe mitjana va ser la primera a trencar amb el clàssic «tots els que Déu ens doni», que és precisament el que defensava l'Aurora. I si no en va tenir més va ser perquè l'edat no l'ajudava i els metges van considerar que era perillós: a 42 anys, no s'hi podia jugar. Els quatre nens van tenir una educació molt especialment catalana, d'aquest catalanisme basat en l'ensenyament progressista i arrelat: van anar a l'Isabel de Villena, dirigit per Carme Serrallonga, una escola de referència, i van ser escoltes. Mentrestant, de la casa del carrer Bonaplata se'n cuidava una *chacha*, una dona més gran que la mestressa, que es permetia opinions com ara «això no s'ha fet mai així, senyora», quan l'Aurora ficava el nas a la cuina. En les hores lliures, l'Aurora col·laborava amb el poeta i veí J.V. Foix, arreglant-li la biblioteca a canvi de servir-se pastissos de Can Foix. «Vam estar deu anys menjant el que vam voler. Els pastissos d'aniversari no van faltar mai...», recorda.

Maria Font de Rubinat
95 anys
Família senyorial de Reus

Maria Font de Rubinat vivia en un altre univers, però no pas menys constrenyit per les normes, tot i que quan es va casar va independitzar-se d'aquell món tan marcat per les formes. El seu marit, enginyer, viatjava per feina i immediatament després del casament se'n van anar al Marroc: era un gran canvi per una noia que, al més lluny que havia arribat, era a València. Però la Maria no era pas d'arronsar-se i menys a 24 anys. Al Marroc va néixer la segona filla. La sensació que li ha quedat dels fills és que «els vaig tenir molt a prop meu», és a dir, criats sense la distància que imposava el casalot modernista a una noia mancada de mare. Els fills van arribar puntualment, amb un interval mínim, fins a ser-ne cinc.

«Vaig tenir la primera nena als onze mesos de casar-me, és el que s'acostumava, i després tots els que vinguéssin, que això ja era cosa de Déu», comenta.

Però la família hi tenia part i opinió; quan va tornar del Marroc amb les dues nenes, van dir: aquesta xiqueta necessita una persona, te'n buscarem una. I va ser quan la família va incorporar la noia –«menestrala», precisa, sempre atenta a la condició social–, la Carme, que es va quedar amb la Maria fins que la guerra i les bombes que queien directament sobre la casa Navàs la van aconsellar de marxar. «Anava molt bé que no me n'hagués de cuidar jo, perquè amb tants nens... El petit sempre era per a mi, perquè jo el vaig criar, però ella portava els altres a passeig, els posava al llit...» Una pau domèstica, cada cosa al seu lloc, que la guerra va destarotar.

Maria Calls
83 anys
Mocadera i hostalera
Vallès Oriental

Maria Calls, ja mestressa de l'hostal, va complir amb el precepte: va tenir la primera filla als deu mesos de casada. «Ni pensava ni deixava de pensar a tenir fills», diu amb radicalitat: era la natura la que feia el fet. La nena va néixer a casa i amb treballs. «Vaig estar una nit i un dia anant de part i de cap manera podia, i la llevadora vinga ajudar-me i vinga fer unes aigües d'herbes i jo asseguda allà per dilatar la matriu... Quin patir, gairebé em vaig morir. La nena va néixer allargassada... i lletja!». La pobre dona va quedar atropellada amb tant d'esforç. «Vam estar ben espantats a casa i la meva mare no va poder venir perquè s'havia anat a servir a uns senyors». No deixa de ser un relat dramàtic viscut per una noia de 24 anys, com era aleshores la Maria –deu anys després l'Aurora Díaz-Plaja, a ciutat, infantava amb cesària. Però al camp la vida era això i als tretze dies justos es va fer el bateig de la nounada, i la Maria va fer ella el menjar, «una miqueta de convit. Aquí al cap de quinze dies tot lo més ja es batejava», explica, «i a casa ja convenia perquè com que no hi havia més dona que treballés ja m'esperaven».

La segona filla va néixer al cap de cinc anys, rodona i maca com una nina: un part de mitja hora, potser per compensar. El relat confirma que la Maria no va disminuir l'activitat a causa de l'embaràs avançat. «Com que era el desembre, jo havia fet un aparador molt maco de torrons de totes classes. Havíem matat el porc i va venir una veïna a buscar un encàrrec. Jo pujava a un taulell d'aquells tan antics i em vaig sentir tota molla. Ai, Antònia..., vaig dir. Deixa, deixa, em contesta ella, no facis res més. I en mitja hora... No hi va ser ni la llevadora, perquè com que no era de Llinars, el temps que van trigar a anar-la a buscar ja em va néixer la nena. La Pilar porta el *llombrigo* tallat més arran del compte perquè li va tallar la veïna». I és que les dones sabien, ni que fos aprofitant la pròpia experiència, el que s'havia de fer: si sobrevenia el part, qui fos que hi estés present, ajudava i se'n sortia. Sempre que no es presentessin complicacions, és clar.

L'obsessió de la Maria era que les nenes tinguessin tot el que ella no havia tingut, començant per una bona educació. El col·legi del poble era poca cosa i es va decidir que les filles anirien internes a les monges de Sant Celoni. «Només eren vuit nenes, vingudes de tot arreu. Van aprendre molt de labors i francès i la gran, piano. La gran va arribar a tenir el magisteri, però com que no ha estat bé de salut no ha exercit massa, només uns quants anys», comenta.

La gran es va casar aviat i bé, amb el noi de la carnisseria del poble. «La segona tenia més balladors que la gran, perquè era més maca, era prima i molt bufoneta...», remarca, i la mare pensava que marxaria lluny de la fonda. No ha estat així. «Va trobar el marit que té –un noi espavilat de Santa Coloma de Farners– i no sé com va ser que amb nou mesos, coneguts i casats». Així, doncs, la filla petita continua la tradició a ca L'Hostaler i el gendre va muntar una indústria de pinyons a quatre passes del casal familiar.

Carme Pedarrós
93 anys
Minera i minyona
Vall d'Aran. Bossòst

Amb la mateixa naturalitat atàvica, avui perduda, va infantar la Carme Pedarrós. Ells sí, però, s'havien proposat d'esperar, «i ja ens agraden les criatures, ja, però volíem guardar algun quarto, perquè jo treballava de criada i cobrava algun diner», detalla. «No podíem prendre res perquè no vinguessin els fills, només podíem esperar que no vinguessin, però van venir»: una mera qüestió d'atzar. «Dos anys després de casats vaig tenir la nena, la Teresita, i el noi, el Ramon, dos anys més tard. Els vaig tenir a la cuina, al costat del foc, en aquella casa que teníem llogada, i va ser una mica difícil, però com que hi havia la *comadrona* em va poder ajudar». Així de senzill era el començament de la vida en aquell temps i en aquella geografia.

Margarita Riera
90 anys
Casada amb l'empresari
Miguel Torres
Relacions públiques

Alguns matisos els introdueix l'experiència de Margarita Riera: i és que l'alta burgesia podia triar. «El primer fill va néixer just abans de la guerra i el vaig tenir a Barcelona, però a casa, al pis, i va anar molt bé. El segon el vaig tenir a la Clínica del Pilar, i el tercer, que és la nena, també la vaig tenir a casa perquè jo em trobava més còmoda... com que no tenia complicacions. A la clínica em posava nerviosa perquè venia el meu marit, que allà menjava malament, que estava incòmode i així vaig dir que el pròxim el tornaria a tenir a casa». Si bé en aquell temps ja no s'estilava tant, durant anys les dones de posició infantaven en la discreció de la llar familiar. Era fama que només els pobres anaven a l'hospital, però els pobres de ciutat. Els avenços tècnics, que eren tanmateix incipients, van instaurar el costum de donar a llum en les clíniques, però les primeres generacions de parteres no sempre s'hi avenien. Ni que fos per la comoditat del marit.

Margarita Riera vivia, de casada, amb la sogra a Vilafranca: la dona s'havia quedat vídua i no volia prescindir de la companyia de l'únic fill. La parella va transigir. «Vam viure a Vilafranca però teníem pis a Barcelona, a la cantonada de Bruc i Rosselló, davant mateix de la Casa de les Punxes», explica. «Encara el conservo, aquest pis: quan ens vam casar teníem mig pis i després es va buidar el pis del costat i vam eixamplar i vam fer de dos pisos, un. Tinc un pis molt maco i aquí és on visc a l'hivern. No m'he volgut canviar mai perquè estic molt cèntrica». De manera que la parella feia el contrari del que s'estila avui: viure la setmana a Vilafranca i els dies de festa a ciutat. «Com que no hi havia pol·lució i Vilafranca era tan avorrit, els dissabtes agafàvem el cotxe i anàvem al cine, o a can Rigat a la plaça de Catalunya...»

A Vilafranca la vida no era pas complicada: la sogra havia aportat, a més a més del domicili, el servei domèstic: dues minyones. La Margarita va preferir no ficar-se en les coses de la casa, per no crear conflictes amb la mestressa veterana, així que anava cada dia al despatx de les Bodegues Torres. «Jo feia cartes en anglès, perquè en aquella època tothom parlava el francès, però *l'inglès* no, i jo feia aquesta correspondència. Vaig ajudar una mica a fer conèixer l'empresa, sí». A poc a poc va arribar a ser la relacions públiques de les bodegues. «I ho continuo sent, perquè durant la temporada d'hivern cada setmana tinc dos o tres còctels oficials: consulats, empreses estrangeres... sempre hi ha compromisos. Ha arribat a haver-hi dies que he tingut tres coses al mateix temps i on vas?, perquè no pots estar-hi, a tot arreu», se'n queixa. I té noranta anys, la senyora! Quan van arribar els nens va baixar una mica el ritme de la feina. «El primer va arribar de seguida, als deu mesos de casada, i jo em cuidava de criar-lo, a tots tres els vaig poder criar jo, que és molt important per a la salut d'ells i després pel dia de demà», justifica. «Així que fins que els tenia una mica pujadets no anava al despatx».

Agustina Lorca
81 anys
Mestressa dels
Magatzems Fortunet
Figueres

Agustina Lorca va viure una maternitat una mica més complicada, que tanmateix recorda amb alegria. «Vaig tenir quatre fills i vaig patir dos avortaments. Tenir els fills va ser una experiència molt maca i m'hagués agradat poder cuidar els sis fills que hauria hagut de tenir». Va ser la primera nena la que li va deixar tocada la matriu, segons diu ella mateixa, i va perdre el segon embaràs mentre estiuejava a Llançà. Algú de la vila li va dir que era normal, amb aquelles carreteres tan dolentes i plenes de curves: prevalia la idea que les dones embarassades havien de fer una vida tranquil·la i de repòs.

«Encara vaig tenir un altre avortament i el metge em va recomanar prendre el sol totalment nua. Nosaltres podíem fer-ho perquè teníem la barca. I així ho vaig fer», comenta. El remei va funcionar perquè van venir dues noies més. «Mossèn Pere deia que la casa on Déu hi vol bé envia una nena primer, però jo veia que al meu marit li hauria fet més il·lusió tenir un nen, tot i que no deia res. Finalment va venir el petit, el Frederic». Aleshores vivien costat per costat amb la família del marit, i en arribar els nens van obrir la paret perquè els dos pisos es comuniquessin. Aquesta comoditat va permetre que la parella viatgés durant les vacances, deixant els nens amb alguna de les àvies. «Vàrem voltar molt, especialment per Europa. La primera vegada que vaig anar a Montecarlo vaig haver d'ensenyar el passaport per demostrar que era casada, perquè em veien massa jove, no aparentava l'edat que tenia». I les noies joves, és clar, no viatjaven soles amb un senyor.

L'Agustina Lorca explica la seva vida –i no l'explica tota, que es reserva alguns aspectes– com si tot li hagués estat fàcil i plaent, i repassant els fets es veu de seguida que no ha estat així, que hi ha hagut trasbalsos, ferides i dolors, i algun revés que la vida li reservava per als anys madurs. Però hi ha serenor, o més aviat una profunda noblesa, en Agustina Lorca. No és pas l'acceptació nua dels fets, sinó la confiança que allò que la vida treu amb una mà amb l'altra ho retorna. Somriure picardiós, posat elegant, collaret de perles, l'expressió d'Agustina Lorca és encara avui confiada. Els dolors se'ls sap ella i deixa per als altres l'amabilitat d'una vida viscuda amb naturalitat, com si les coses llisquessin sempre cap a un destí més bo.

«Només onze mesos després de la boda vaig tenir la Maria, que va néixer a casa perquè el costum encara es mantenia», testifica Montserrat Moner. No és que el costum fos del tot còmode: «La llevadora va anar a buscar el metge. La nena va néixer a la una del migdia i el metge va arribar a les cinc de la tarda i aleshores em va cosir», explica. «No recordo haver tingut cap problema», afegeix. Per si de cas, el segon fill va néixer a la Clínica de Santa Madrona, que era on infantaven les dones treballadores – és a dir, les obreres. Aquest fill és Macià Alavedra, que amb el temps arribaria a ser conseller de la Generalitat en diferents governs de Jordi Pujol. La Montserrat Moner, tan atenta als detalls, aporta una carta que li va enviar el seu marit, Joan Alavedra, des de Londres el dia del novè aniversari de la seva primera filla. Diu: «Jo et vaig conèixer amb mitjons i un llaç al cap i va ésser aquella nena, aquella que en tants moments ets encara, la que va afrontar amb tant coratge aquell pas. És això el que hi ha d'admirable en tu, Montserrat, el sentit comú, el seny que et dóna tant coratge». I, tot sospirant, comenta que és un miracle que s'hagi conservat aquesta carta –molt més emotiva encara en els trossos no transcrits– perquè la família ho va perdre tot corrent cap a un exili d'anys, passant a peu la frontera, com tants milers de derrotats. «La sort meva ha estat trobar l'home que vaig trobar, perquè jo no hauria pogut viure amb una persona diferent».

Montserrat Moner
94 anys
Vídua de l'escriptor
Joan Alavedra
Professora de piano

Juana Zapata ho deixa molt clar: «Si jo em vaig casar va ser per tenir un fill. No estava ben vist tenir

Juana Zapata
84 anys
Filla de guàrdia civil
Obrera

un fill de soltera aquells anys», afegeix com en un desafiament. I potser per això, del matrimoni desgraciat i la vida tan dura, només salva l'experiència de la maternitat, a la que es va aferrar apassionadament: «Va ser molt bonic. Durant la infància de la Maria Cristina jo vaig ser molt feliç, tot lo feliç que no havia pogut ser abans. Perquè era meva, era la meva filla, i vaig aprofitar tots els seus moments. I vaig donar-li tot el que jo no vaig poder tenir i això només ho sabem Déu i jo. Li vaig donar tot el que vaig poder». El relat, amb tot el que connota, s'exemplifica en un cas tan petit com aquest. Un any, vivint a Barcelona però sense gaires certeses econòmiques, la Juana va deixar la petita dormint i se'n va anar a la Fira de Reis de la Gran Via: en va tornar amb una nina de porcellana. «Quan l'endemà li vaig donar la nina, li va caure i se li va trencar. Vam estar totes dues abraçades plorant. Me'n recordo més, d'aquella nina...». Però adverteix: «A més de joguines i regals també li vaig donar estudis, a pesar que em va costar grans sacrificis». No està segura que la nena, i després noia, hagi arribat a entendre el que va costar aquella vida mitjanament regalada –«ella no va treballar mai, perquè vaig aplanar-li tant el camí...»– però suposa que sí, que ara que és més gran i també amb fills, «li donarà la importància que té».

Aurora Díaz-Plaja
86 anys
Bibliotecària i escriptora

La mateixa tendresa, però sense recança, la va aplicar Aurora Díaz-Plaja a la seva primera filla, la Isabel, a la qual llegia un conte cada nit. La nena volia un conte nou cada vegada i l'Aurora va començar a inventar-los, lligant-los amb els colors: un conte blanc era un conte de fantasmes, per exemple, i així amb tota la paleta. Més tard, els va recollir en un llibre, que li va significar el Premi Nacional de Literatura Infantil. «És el llibre que més m'estimo de tots els que he escrit al llarg de la meva vida», diu. Era un ambient familiar entranyable, que es transmet alegre i distès, tot i que la parella no es permetia luxes –però la felicitat és un luxe– ni gaires distraccions fora de la feina que els obsedia.

Dolors Gou
107 anys
Masovera a la Secuita

Dolors Gou és taxativa: «Les dones d'aleshores es casaven i tenien fills. Jo també». I així, ella es va casar i va tenir el primer fill als 23 anys, que ja es considerava prou grandeta. «Ara no sé què pensen, els que es casen ara...», comenta. Els seus dos fills van néixer a casa. «Jo no vaig anar a cap *puesto*. Hi havia gent que demanava llevadores i sabien quan tocava i on havien d'anar, però jo no en vaig tenir cap perquè s'havia d'anar a buscar al Catllar i el pare va fer anar el mosso a buscar-la, però com que el mosso hi va arribar a peu, que és com s'havia d'anar aleshores, ja va fer tard». La jove partera va ser atesa, o purament acompanyada, per una dona que més o menys feia de llevadora o que simplement «anava per les cases quan la demanaven». Els parts no van presentar complicacions –perquè quan n'hi havia, eren complicacions sovint fatals. La tradició s'ha mantingut, perquè la seva jove també va infantar a casa quatre fills, i sense la llevadora, que sempre feia tard. «Jo de llevadora no n'he fet mai perquè no m'ha agradat, no he vist néixer cap criatura», comenta, com si hagués faltat al paper que li pertocava.

Aleshores vivien, la parella amb els dos fills, a la Secuita. L'home treballava la terra i ella es cuidava de les criatures, però al cap d'uns anys la jove del mas (és a dir, la seva cunyada) va voler tornar al poble –«no era dona de mas i va voler anar-se'n»–. Després va ser llevadora, i a la Dolors, pagesa, això li sembla tota una sortida professional, una ocupació urbana. Al mas es van quedar els pares, els masovers històrics, ja molt grans i incapacitats per treballar. El marit de la Dolors es va apuntar de seguida per reemplaçar la parella que havia marxat. «Això va ser l'any 1921. Vam començar a portar el mas Mercader i hi vam ser fins ara fa set anys, que vam haver de marxar», explica, i recorda una vida tranquil·la, malgrat alguns contratemps, com la mort de la sogra, aquella dona diabètica amb les cames llagades que havia d'estar sempre asseguda. «Era molt bona dona i molt treballadora. Era una senyorassa, en feia dues, d'àvies», l'evoca. Aviat va morir el sogre i al mas va quedar la jove família amb una cunyada que havia estat destinada a cuidar els pares i que es va estar amb ells fins que se'n va anar a viure amb una cosina també soltera. Altrament no s'hagués separat d'ells, perquè les famílies, abans, estaven soldades per lligams tàcits i indestructibles.

El mas pertanyia a una família rica de Vilanova i la Geltrú, que només hi treia el nas a l'estiu, voltats de minyones i servei. Els masovers, que feien de mitgers, és a dir, que es repartien la meitat del que donava aquella terra, vivien al pis de baix i la família al del mig, quan hi eren. «Eren molt bons», diu la Dolors, amb aquesta tendència seva integradora i amable. «La família tenia sis fills i amb el meu Cristòfol eren com germans, havien pujat junts. Encara ara vénen a veure'm, els fills dels amos», explica. Però també recorda que al mas Mercader hi havia molta feina, moltes bèsties per tenir-ne cura, i ceps, i vi per fer, i garrofes i avellanes que els comerciants venien a comprar a la casa mateix. Tota la feina del camp es feia amb mules, perquè el primer tractor el va comprar el Cristòfol, el fill gran. «Ens llevàvem amb el sol i quan el meu home s'aixecava m'aixecava jo, i a treballar a la cuina, perquè de vegades teníem 25 persones forasteres treballant i havia de fer menjar per a tots. Al foc sempre hi havia un pot de fesols». L'hisenda feia, tota sencera, 65 hectàrees i era complicada d'administrar.

De manera que no hi havia festes ni vacances, però la Dolors ho explica sense cap retret. Li agradava la feina que feia, sobretot la cuina. Recorda els venedors de peix que venien des de Tarragona –mare i fill, amb una panera molt gran carregada al cap, tres hores de camí fins al mas, on esmorzaven i després continuaven la ruta. «Després de la guerra van venir uns altres a vendre el peix, amb moto i tot havien vingut», remarca. També passava, explica, un home de Valls amb un carro que era una botiga ambulant de tota mena de gènere. En aquells temps, els primers, la masia no tenia ni cambra de bany, tot i que era sòlida i bonica. Havia pertangut a la pubilla dels Mercader i va ser el seu home, un cop casats, qui va anar introduint les millores, sense fer distincions entre el pis privat dels amos i l'habitatge dels mitgers. «Segons què ho pagava l'amo i segons què no, perquè la llum la vam haver de posar naltros, perquè l'amo no en volia, com que ells només venien a l'estiu, no la necessitaven», diu. «Un germà del marit va posar una caldera a fora i ens va posar la llum a casa: teníem un llum al menjador i un llum a la cuina, però per la resta de la casa havíem d'anar amb espelmes i llums d'oli, d'acetilè». O sigui que tampoc havia estat una modernització plena. Tot i alguns detalls: «I nevera, primer en vam tenir una que s'hi posava el gel, el portaven de Tarragona, i després, molt més tard, vam tenir un frigorífic d'aquests normals». Llavors precisa: «Abans de la guerra al mas ja teníem telèfon, però quan va venir la guerra els amos el van treure i se'l van endur i després el van tornar a posar». Perquè la guerra va ser una fractura del calendari, i l'abans i el després, en totes aquestes vides.

Mercè Sabaté Cebado
92 anys
Secretària
Afeccionada a la natació
Barcelona

Va ser el cas de la Mercè Sabaté Cebado, que volia molts fills recordant en com s'havia divertit a casa seva amb cinc germans –a la casa del seu marit eren vuit– però es va haver de conformar amb dos, amb la guerra entremig, «perquè ens vam quedar sense el sou fix del meu home». El Joaquim va arribar el març del 36, quan ella tenia 29 anys, que llavors ja era una edat. «El vaig tenir a casa perquè vaig avisar la llevadora quan ja havia trencat aigües. Ella em va dir que no aniria de pressa, perquè era el primer fill, però quan va arribar va haver de posar aigua al foc perquè el vaig tenir molt ràpid i molt bé». La nena va néixer el 41, també sense complicacions, i els va criar tots dos durant més d'un any. «En aquells moments molta gent llogaven dides, tinc uns amics que ho van fer. No sé per què ho van fer, perquè la dona, quan dóna el pit, es desfà més o menys, però la meva mare ens havia donat el pit a tots i tenia cintura, tenia molt bon tipus», comenta, deixant entreveure que no era només per impossibilitat d'alletar que es contractaven dides.

La Mercè era una dona esportiva –els banys de mar a primera hora– i pràctica, així que va inventar una mena de cabàs pels nens *avant la léttre,* per poder portar els nadons a tot arreu sense haver de recórrer als cotxets, que eren un bon tros pesants i aparatosos. «Vam agafar un cabàs d'escombriaire, li vaig posar un matalàs, el vaig folrar per fora i amb el nen a tot arreu, amb cotxe, amb tren... Anava molt bé». Una gent que tenia una botiga de coses per nens a la Rambla de Catalunya li van demanar permís per copiar la idea, «però els inventors vam ser nosaltres». Vivien aleshores en una torre al carrer Sant Magí, amb habitacions grans de sala i alcova, cambra de bany, planxador, cosidor, habitació per a la minyona i tot el que fes falta. «Quan vaig tenir la nena la criava jo i la vaig haver de despitar perquè la criada em robava i a resultes d'això la llet se'm va fer espessa, com llet condensada», explica.

Eren els temps del racionament de la primera postguerra i els queviures que aconseguien, amb la targeta com a credencial, els posaven en una habitació al jardí, però les coses semblaven acabar-se massa de pressa. La minyona, si era preguntada, deia «de donde se saca y no se pone, ya se sabe», però al capdavall la mare va sospitar, entre altres coses perquè la noia se sobresaltava si algú entrava de sobte a la seva habitació. Les discretes investigacions van descobrir que la noia portava una clau penjada al coll. Van avisar el vigilant del barri i davant d'ell van obrir el bagul –el *mundo*– de la minyona, convertit en un rebost improvisat tot ple d'oli, pasta de sopa i coses que havia anant prenent. La van treure, però el vigilant va dir que havien d'esperar fins l'endemà, que ja era de nit i no eren hores perquè una noia voltés sola pel carrer. Va marxar a les vuit del matí. «Robava per robar, aquesta noia, perquè a casa seva no passaven gana», adverteix, però segurament ho robava per vendre, perquè molta gent necessitava coses de menjar. Una altra criada també feia racó, però amb la roba: la va descobrir en buscar una camisa d'anar al Liceu que s'havia de posar el seu marit. Va entrar a l'habitació de la minyona, on hi havia l'armari de la roba que no feia servir cada dia, i va veure un embalum sota la vànova del llit. Hi havia anat amuntegant roba de fora de temporada, que la criada esperava que no fos trobada a faltar fins que ja fos tard.

Maria Antònia Simó
84 anys
Secretària
Muntanyenca

Qui no va tenir fills va ser la muntanyenca Maria Antònia Simó, però no pas per decisió pròpia. «I és clar que ens hagués agradat de tenir-ne! En aquella època era lo normal, i crec que continua sent-ho avui dia. Tenir fills és una gran il·lusió per a una parella, perquè estàs creant un personatge», diu, amb aquesta particular expressió. «Si aleshores haguéssim tingut aquestes possibilitats que hi ha ara, la fecundació in vitro i tot això, no sé què hauríem fet. Aquests avenços em semblen molt bé, i si amb la tècnica el fill pot ser una mica teu, millor. Però nosaltres no sé si ho hauríem intentat». De fet, els fills no van venir i el fet de no tenir-ne no els va fer ni més infeliços ni més feliços, comenta, convençuda com està que haurien fet la mateixa vida –i quan diu vida diu muntanya– amb criatures. Ni frustració per la maternitat negada, doncs, ni satisfacció per la major llibertat per a la parella: en el seu cas està fora de tot dubte que la muntanya hauria guanyat la partida de totes maneres. «Precisament la relació amb alguns amics que fèiem muntanya ja no va continuar perquè n'hi ha que es van casar amb senyores que no eren de muntanya i ho van haver de deixar», diu, com si el cas li resultés incomprensible. Si les excursions eren intocables, altres diversions quedaven en segon pla: no eren pas d'anar a ballar, tot i que tots dos en sabien prou per no quedar malament si l'ocasió es presentava. «El cinema i el teatre sí que ens havia agradat. Hi vam anar per costum un dia cada setmana, no pas el dissabte o el diumenge, perquè sortíem de la ciutat. Anàvem al cinema de barri. Et col·locaven el NoDo i després dues pel·lícules i, si eren curtes, encara l'actuació d'un còmic entremig. A mi m'agradaven les comèdies romàntiques», explica, però sense la passió que posa en parlar de l'excursionisme.

La casa, a poc a poc, s'havia anat omplint de comoditats. Quan es va casar, la Maria Antònia Simó encara rentava al safareig. «En aquells anys, amb la meva sogra fèiem la feina de casa i rentàvem el dia que tocava. Era un torn que es repartia entre les veïnes de l'escala: rentaves, estenies... Si un dia no t'anava bé, t'ho canviaves amb una altra. Anàvem encara amb la pala i el totxo de sabó», recorda. «Acabada la guerra, ens vam fer durant anys el sabó nosaltres, amb greix que compràvem a la plaça i no sé què més hi posàvem». I així van passar de la nevera de gel al frigorífic i de la pala de rentar a la rentadora. La televisió encara es va fer esperar uns anys, i al final la van comprar perquè el sogre es distragués, però no van ser dels primers a tenir-ne. «Hem viscut molt decentment i bé», determina.

Dolors Canals
86 anys
Pedagoga i investigadora

Tampoc va tenir fills Dolors Canals, a mitges per la guerra i a mitges per la determinació de viure a fons la vida de parella. Havent-se casat quan la guerra estava a punt d'acabar, com qui diu amb el passaport a la butxaca, prou feina tenien a començar una nova vida. «En circumstàncies històriques normals, n'hauríem fet un o dos, només, però era impossible, perquè un no arrela tan fàcilment en un món en guerra», explica, tot i que reconeix que les circumstàncies només van ser una part de la decisió. En la vida de la Dolors Canals, als fets se sumen les reflexions, i del pensament sobre la pròpia peripècia es passa sempre a la generalització, no debades la seva dèria és interrogar-se –o planejar amb la imaginació– sobre els camins futurs de la humanitat. «No es pot fer segons quina vida i immediatament començar amb els fills, perquè ja has de comptar amb una tercera persona en aquest món. Tot això s'ha de repassar, s'ha de revisar, perquè la funció principal de dues persones unides no és exclusivament la reproducció», adverteix, i llavors s'engega: «Hi haurà uns canvis molt radicals en aquest sentit, de fet ja hi són, i el que hem de fer és posar-los en la bona direcció: és tota l'espècie humana que es preocuparà més dels infants».

Baixant a terrenys més prosaics, la Dolors Canals està en contra de la creença que ocupar-se vint-i-quatre hores al dia d'una criatura fa una mare millor: «això científicament no s'aguanta, no es pot acceptar que si una dona té vida pròpia és a costa de l'infant, i l'infant també necessita vida pròpia i una bona escola amb companys de la seva edat. Perquè en l'univers d'aquesta pedagoga hi ha la convicció que, fins fa quatre dies, les dones van ser expoliades d'una part, si no de les seves vides, almenys de la seva llibertat, perquè el món s'organitzava entorn d'un concepte de la dona que la menystenia. Però les idees de Dolors Canals sempre s'avancen al temps i sovint es fa difícil seguir-li les traces del pensament.

CAPÍTOL 6

El punt i a part de la guerra

«Vam menjar moltes guixes,
que la gent deia que feien mal als ossos.
El que ens va faltar més va ser el pa».

DOLORS GOU

Quanta, quanta guerra, va titular Mercè Rodoreda una de les seves novel·les. I que inútil, dirien aquestes dones que van viure la guerra des de darrere, entre les bambolines de la rereguarda, rebuscant menjar i notícies del germà o del fill o del pare, una guerra llarguíssima i sense èpica, una guerra que els va esquinçar la vida i que només amb penes i treballs la van poder apedaçar molts anys després, per aquest sentit de continuïtat que té sempre la vida i sobretot la vida des d'uns ulls de dona. I és que la visió de la dona és de cada dia i ran de terra. Les dones són les víctimes d'una guerra que mai no fan. Virginia Woolf, que es va obsessionar amb aquest tema, deia gràficament que la guerra separa homes i dones, perquè els primers se'n van a lluitar i les segones es queden a casa esperant que caiguin les bombes. Tenen la tragèdia, però no la batalla. És per aquesta visió tan particular del conflicte, que les dones veuen més els efectes que no pas les causes, que es contaminen d'odis i rancúnies, però continuen buscant el pot de llet que permeti alimentar els fills. Així, la política, amb ben poques excepcions, no hi surt en aquests relats: hi ha un besllum de la Setmana Tràgica –les fumeroles entrevistes dels convents incendiats–, l'anècdota d'un germà apallissat l'Onze de Setembre, el senyor que venia a comprar vots en els temps rampants del caciquisme... La política també era cosa d'homes i ni tan sols en aquells anys febrosos, de bàndols ja predibuixats, no entrava en la consciència d'unes persones dedicades a fer rutllar la vida quotidiana. La guerra, se la van veure a sobre gairebé per sorpresa. I si no era del tot per sorpresa, era perquè els homes els explicaven coses d'allà fora, del món congestionat per tensions i radicalismes, per l'espurna ja desfermada del conflicte.

Maria Font de Rubinat
95 anys
Família senyorial de Reus

«El meu pare anava a Barcelona i quan tornava explicava la gent que havia vist, aquest o l'altre, gent com nosaltres, senyors, i tothom deia el mateix, que en passaria una de grossa», conta Maria Font de Rubinat. Al seu món infantil, molts anys enrere, ja havien arribat ecos de les coses que passaven i recorda la bomba del Liceu, però aleshores ella no sabia què era una bomba. Les cosines –les cosines Macià Lamarca, de Lleida, filles del futur president– jugaven a tirar bombes al jardí: posaven pedretes dintre d'un diari, pujaven al balcó i deien: nenes, sortiu, que tiraré una bomba, i la Maria Macià deixava anar el diari i s'escampaven les pedretes. Era un joc divertit i la Maria Font, de Reus, li demanava a cada moment: fes la bomba. Però el 1936, quan estava a punt de regirar-se el país en un esclat sense precedents, la Maria Font ja era gran i casada i amb fills, i ni aquesta maduresa li va servir per intuir la catàstrofe: «Consciència de la guerra? No, ni jo ni ningú. Una batussa com a màxim, i que duraria poc», confirma.

Un cas excepcional és el de Teresa Pàmies, l'escriptora que tantes pàgines ha dedicat a reconstruir la memòria dels anys foscos, narrant en primera persona les experiències viscudes des que el seu pare, un pagès il·lustrat que va aprendre a llegir durant la mili, va començar a desfilar davant la guàrdia civil per les seves activitats clandestines com a militant del Bloc Obrer i Camperol. «Jo era una combinació dels meus pares», explica en una entrevista televisada (*Personal i intransferible,* TV3, 1994). «D'una banda repartia el periòdic *Catalunya roja*, però també anava a cosir i a l'Orfeó Balaguerí, on vaig cantar durant dos anys. Combinava les *Pàgines viscudes* de Folch i Torres amb Máximo Gorki». La jove Teresa acompanyava el seu pare als mítings per la comarca, de vegades recitava poemes encesos pels cafès, admirava la integritat del pare, que vivia amb la mateixa rectitud que predicava. I així la Teresa va poder viure, poc temps després, i escriure molt més tard, el temps en què eren capitans.

Montserrat Moner
94 anys
Vídua de l'escriptor Joan Alavedra
Professora de piano

Montserrat Moner té la vivència directa de la política a través del seu marit, Joan Alavedra, que va ser secretari personal de Josep Tarradellas quan aquest era conseller de Governació de la Generalitat republicana. Però se li imposa el record amable: «El Joan no va ser mai de cap partit, només va ser de tot el que volgués dir Catalunya. Llavors la política no era com ara, els polítics vivien d'uns sous molt corrents. Hi havia una vida cultural molt maca. Anàvem a sopar, a concerts, fèiem reunions a casa. Vam ser grans amics de Josep Carner». Però a partir del 1934 les coses van canviar. La Generalitat, presidida per Lluís Companys, va trencar amb un Madrid governat per la coalició de dretes, la CEDA, i els fets, frustrats i frustrants, del 6 d'octubre, van acabar amb el govern en ple a la presó del vaixell Uruguay, ancorat al port de Barcelona. Joan Alavedra entre ells. «Es va difondre la notícia que arran d'una bomba, el Joan i el Melcior Pont, que era secretari de Ventura Gassol, havien mort, i vaig desmamar el meu fill Macià, que tenia sis mesos, perquè se'm va acabar la llet de l'ensurt». El seu marit va estar empresonat uns dos mesos. «I va quedar deprimit, perquè no estava d'acord amb els fets d'octubre. Aleshores les coses ens van anar més justes, tot i que jo donava lliçons»: és a dir, l'economia domèstica, l'alletament del fill, gravitant sobre la visió política d'uns fets complexos, esvalotats i potser puerils, fruit d'un país que encara no havia crescut. El 18 de juliol en Joan Alavedra va dir: «agafem els nens i anem a la caseta de Banyoles, que aquí passaran coses molt grosses». I així va començar la guerra.

Dolors Canals
86 anys
Pedagoga i investigadora

«Al principi de la guerra jo encara vivia a casa», reconstrueix Dolors Canals, la dona que es va sentir alliberada durant la República. «Ens pensàvem que en pocs dies s'hauria acabat el conflicte i, de fet, es va acabar a Barcelona. El Joan em va telefonar per sortir. Vam travessar la plaça de Catalunya, que estava plena de cavalls morts i inflats per la calor que feia, vam baixar per la Rambla i encara hi havia trets per les teulades, el que se'n deien *pacos*, però vam suposar que eren els últims. Sorprenentment hi havia un cafè encara obert i ens hi vam asseure i després vam tornar a pujar cap a casa. Ens pensàvem que ja s'havia acabat, però tot va continuar i aleshores va començar una altra qüestió important:

es van tallar els comptes dels bancs i es van requisar tots els vehicles, així que moltes famílies es van quedar sense res, entre elles la meva. També vam patir registres dels incontrolats». Va ser quan per primer cop, mancada la casa de servei, la Dolors va entrar a la cuina, on no hi havia posat mai els peus. També va anar a oferir-se com a voluntària de la República, per fer front «a l'atac brutal del feixisme».

Margarita Riera
90 anys
Casada amb l'empresari Miguel Torres
Relacions públiques

Margarita Riera també recorda el trasbals dels primers dies. «Ens ho van prendre tot. Eren els de la FAI, que no eren republicans sinó anarquistes, i ens van agafar el negoci i l'activitat empresarial va quedar a zero. Ells en disposaven. No hi vam posar els peus en tres anys. Ens ho van prendre tot: el cotxe, els comptes corrents dels bancs... Ho vam passar tan malament com es vulgui. Sort que teníem una mica de calerons a casa, no massa, però per anar tirant». El seu marit, ben aconsellat, es va amagar a Barcelona a casa d'un amic, «perquè mataven els propietaris pel fet de ser-ho». La Margarita, amb el nen petit, també va marxar a Barcelona, acompanyada de la seva sogra, però va tenir la precaució de deixar una família guardant la casa de Vilafranca, «una família una mica humil, diguéssim, i així ells els van respectar».

Però va patir registres, tant a Vilafranca com al pis de Barcelona, on es va instal·lar amb el nen i la sogra. «Venien els de la FAI, obrien els armaris i ho tiraven tot per terra, tot, tot. A mi no em van amenaçar mai, però em deien: porta vi i beu amb nosaltres, i jo havia de beure amb ells. A la meva sogra la van destinar a fregar els vàters i aleshores em vaig enginyar perquè un cunyat que era metge li fes un paper conforme estava gravíssima i que no es podia moure del llit. I quan els de la FAI la van venir a buscar perquè fes aquest treball denigrant els vaig dir: però què en fareu d'una malalta? No veieu que només us donarà feina?».

Maria Font de Rubinat
95 anys
Família senyorial de Reus

La Maria Font recorda la gent que va fugir, no pas ells. «Els que tenien passaport i diners se n'anaven, però nosaltres no vam poder, amb cinc fills i una casa. Només marxaven a fora els que tenien molt o els que no tenien res. El meu marit estava bastant a casa i de vegades em cridava perquè sentís alguna cosa a la ràdio. Em va fer escoltar un discurs que va fer un general que havia desembarcat a Mallorca, que després el van afusellar. Va dir que a la Rambla posaria dues fileres amb els caps dels catalans, ja es veu a què venia disposat. La Rambla de dalt a baix, amb dos fileres de caps. El van enviar a prendre Barcelona i comença així... era estúpid. Però quan el vam sentir ens va fer molt d'efecte». Tot i que reconeix que mai va sentir que aquella guerra anava contra ells, uns propietaris de Reus que no havien fet mal a ningú.

Agustina Lorca
81 anys
Mestressa dels
Magatzems Fortunet
Figueres

També escoltava la ràdio Agustina Lorca, amb divuit anyets i sense cap interès per la política, és a dir, esgarrifada. «El 18 de juliol a Figueres va ser horrorós, hi va haver molts assassinats, van morir molts capellans, entre ells el de Figueres, mossèn Eroles. Va ser terrible. Sentíem les notícies per ràdio, d'amagat, tot ho havíem de seguir per la ràdio».

Mercè Sabaté Cebado
92 anys
Secretària
Afeccionada a la natació
Barcelona

La Mercè Sabaté Cebado va sentir les notícies quan era a Aiguablava, amb el seu fill de tres mesos. Cada any anava, els mesos de vacances –el marit era professor– a casa d'en Ventosa Calvell, i s'instal·lava a la casa petita de la finca, no pas la principal, que els resultava massa gran. L'any 1936 cap intuïció va fer que el matrimoni desistís de les vacances. Els Ventosa, com no podia ser altrament, van marxar del país immediatadament després de començar la guerra: com a home de la Lliga no les tenia totes. «Des de la caseta de la platja vèiem com disparaven de Palafrugell a Aiguablava perquè hi havia un barco, que si era dels de dalt, que si era dels de baix. Ens havíem d'amagar perquè no ens toquessin. Nosaltres érem més partidaris dels republicans, és clar, i una de les germanes del meu marit portava tot de llibres de missa i coses per als pobres, i li vam dir: amaga tot això, que no t'ho trobin els republicans». Van tornar a Barcelona, amb la criatura en el cabàs inventat, que els van regirar de dintre i de fora en arribar a l'estació de metro de Lesseps.

Nativitat Iglesias
95 anys
Monja benedictina

Molt més compromesa era la situació de la monja Nativitat Iglesias. En començar la guerra, la comunitat de Santa Clara va marxar a Itàlia, però amb la condició que cada una aportés 500 pessetes, una quantitat bastant elevada aleshores, per cobrir les despeses del viatge i l'acolliment de les benedictines del Santíssim Sagrament, on pararien. La mare de la Nativitat va considerar que eren massa diners i la va fer quedar, però la família temia que la noia s'emboliqués amb tasques d'ajut a catòlics, fossin religiosos o seglars, com ja havia fet en els anys republicans. El seu germà, relativament compromès com a secretari que havia estat d'Oriol Anguera de Sojo, president de l'Audiència de Barcelona, li va demanar que s'estés quieta i tranquil·la per no haver de marxar ell també.

«No vaig poder fer res per ajudar ningú, només per la família: fer cues i buscar menjar per on fos, perquè curts de menjar vam viure», recorda. «El meu germà, que era gras, va perdre vint-i-cinc quilos. Amb tot, tampoc no vam ser dels que vam patir més, perquè com que teníem parents fora de la ciutat sempre ens feien arribar alguna cosa. Per exemple, un any que hi va haver moltes patates, una germana meva que s'estava a Palautordera ens en feia arribar cada setmana una maleta plena. Però d'amagat, que això era l'estraperlo. Ens la deixaven al carrer Provença amb Enric Granados i jo l'havia de carretejar fins a casa. Pesava tant que sovint m'asseia a reposar una mica al passeig de Gràcia».

També solia anar a Cornellà a buscar bledes. Anava en un tren de càrrega, amb animals, que sortia de l'estació de Magòria, o bé amb metro fins a la Bordeta i després a peu. Una vegada la va veure pujar al tren, sense bitllet, un empleat de la companyia. L'home la volia fer baixar, però els altres passatgers la van defensar tant que el revisor es va espantar i se'n va anar, i ella i les bledes van poder fer el viatge. «En arribar a Barcelona, no podíem sortir sense bitllet per l'estació, així que havíem de fer tota la volta per les vies fins a sortir a la plaça d'Espanya. I segons a quines hores, si no passava cap tramvia, havia d'anar a peu fins a casa, al carrer Diputació amb Bruc», explica. Però malgrat tots aquests trasbalsos, Nativitat continuava anant pel carrer vestida de monja. «Sí que tenia una mica de por, però recordava una comèdia de Guimerà que es deia *L'ànima és meva* i quan em cridaven des dels camions, que em cridaven, jo pensava això: l'ànima és meva». Quantes dones traginaven maletes plenes de menjar per aquella Barcelona desconcertada?

Pitjor eren els registres. En va viure un, en un pis que les monges clarisses tenien a la Ronda de Sant Pere, on algunes de les dones estaven al llit, malaltes o massa grans per moure's per arreu, a més de la Mare Abadessa. Això va ser abans que la comunitat s'exiliés a Itàlia. La Mare Abadessa li va donar cinc mil pessetes perquè les amagués i els diners es van salvar. «Aquella gent eren d'Estat Català, per això no va passar res. Del pis havíem tret tots els sants però un d'aquells homes es va enfilar dalt d'una cadira i damunt d'un armari va trobar un nen Jesús. No el van fer malbé. Eren set homes armats. A mi em van agafar i vam entrar tots en l'ascensor, que va fer un crac que jo vaig pensar que cauria cap avall. Em van pujar al camió per portar-me a casa. Deurien ser quarts d'onze de la nit quan vam arribar. Vam pujar a casa tots plegats i en veure la meva mare li van preguntar l'edat. Ella va dir que aquella nit feia 70 anys. Doncs, miri, l'hem vinguda a felicitar, li van dir. Aquells homes no van fer res, només enredaven una mica».

Un altre cop, en un registre a casa seva fet per la FAI, van fer malbé els llibres i ho van tirar tot enlaire, papers i coses del despatx del germà. «Als d'Estat Català els hauria dit, voleu dir que en Macià hauria fet això que feu vosaltres?, però em vaig estimar més callar». Nativitat Iglesias té als ulls i al somriure la dolçor senzilla que donen els molts anys de vestir hàbits, aquell somriure mansuet i petit que li lleva tota asperesa al rostre, prim i ple d'arrugues. La mirada és tanmateix vivaç. Al darrere hi ha una ment que ha processat els fets viscuts, sense rancúnia de cap mena, mirant de comprendre la naturalesa humana. Té 95 anys i està en pau amb ella mateixa i amb el món. I no és que no hagi estat una dona compromesa i lluitadora: és que ella mateixa va establir els límits, l'escenari, l'abast de la seva comesa. I més que res, ha estat amb la seva lucidesa amb qui ha fet els millors tractes.

Juana Zapata
84 anys
Filla de guàrdia civil
Obrera

Als pobles, la guerra va ser més menuda i més directa. Ho recorda Juana Zapata, que aleshores vivia a Sant Llorenç Savall. «No tinc paraules per dir lo malament que ho vam passar», comença. «Com en tots els pobles petits, on tothom es coneix, vàrem viure dues guerres, la gran i la que passa al poble. Al meu pare se'l van endur els rojos per feixista, va estar presoner els tres anys de conflicte. No vulguis saber el que va arribar a patir, per això no puc veure els rojos, que Déu em perdoni però és així». L'home va estar pres, successivament, a Montjuïc, a l'*Uruguay*, al seminari del carrer Diputació i en un camp de concentració de Falset. Segurament era més guàrdia civil que no pas feixista, però els matisos anaven escassos en aquells moments. «De tant en tant el meu pare ens escrivia des de la presó i se les inventava totes per fer-nos arribar algun missatge. Una vegada va dir: Mira encima del lavadero que me parece que hay un nido de palomas. Un niu de coloms? Vam mirar i allí hi havia les armes de servei. Les vam agafar a la nit la meva mare i jo –la mare, pobreta, era la meva companya en aquestes coses– i les vam enterrar. Després li vaig fer una carta al pare, que li vaig fer arribar amagada en un mitjó, dient-li que tranquil, que els coloms eren morts. Jo el vaig entendre i ell em va entendre. Ell volia que treguéssim les armes, perquè ho hauríem pogut passar malament en un registre dels molts que feien».

La Juana està convençuda que al seu pare se'l van endur per una denúncia. L'home tenia un company guàrdia civil, un guàrdia sense ideologia però que l'odiava, que era el seu enemic, i de menor grau en el cos armat. La mare sempre va voler pensar que no era aquest Gómez, que així es deia, el culpable de tant patir. Però la Juana deia: si me entero de que lo ha denunciado, lo cojo del cuello y lo cuelgo. Però mai ho va poder confirmar. «Vam haver de sentir paraules molt grosses contra el meu pare i em vaig haver de mossegar la llengua cada vegada, cosa que ara no faria. Recordo el dia que vaig haver de frenar el meu germà Martín, el primer dels nois, que havia agafat un ganivet per anar a matar una persona del poble que estava parlant malament del papa. Por favor, Martín, por favor!, li deia jo, anant-li al darrera. Amb el ganivet no li va fer mal, però el va pegar». Així les gastaven en els pobles petits.

Carme Pedarrós
93 anys
Minera i minyona
Vall d'Aran. Bossòst

Carme Pedarrós es va veure separada del seu marit quan va començar la guerra, perquè ell estava treballant en una altra mina, a França, ja que la Victòria de Bossòst estava tancada. Era una situació que es multiplicava en altres famílies del poble, tan dependent del país veí per la subsistència laboral de la població: l'home que havia quedat a França, sense poder tornar, i la dona i els fills al poble, angoixats. No hi havia notícies entre una banda i l'altra i se sabia que a França circulaven tota mena de rumors intranquil·litzadors, exageracions, relats de morts i venjances que no podien ser confirmades ni desmentides. Aquells homes aïllats devien patir molt per les seves famílies.

Per això un dia, pocs mesos després d'iniciada la guerra, un grup de dones i la Carme també va decidir anar a veure els marits a Luchon, tot travessant la frontera per la muntanya. «Algun feixista del poble ens va veure i ens va denunciar. Va venir *l'alguacil* i ens va dir que havíem d'anar a firmar a l'Ajuntament. Quan hi vam anar, ens van carregar en un camió i ens van dur a Saragossa. Es creien que érem espies dels rojos i ens van desterrar». De manera que també es va veure separada de la mare i els fills, que es van quedar a Bossòst, una nova angúnia sobre l'angúnia primera pel marit. A Saragossa les van posar en una residència de monges, on almenys tenien un llit i menjar. Podien entrar i sortir però no es van voler arriscar a fugir: Saragossa era tan lluny de la Vall d'Aran! Van estar-s'hi dos mesos i mig. A la capital aragonesa van coincidir amb el que seria més tard metge de Bossòst, aleshores tan sols un estudiant, amb qui tenien un tracte cordial: sovint les convidava a un cafè, xerraven. Finalment, l'Ajuntament de Bossòst va fer un paper certificant que eren bones persones i van poder tornar en un camió de soldats, però fent algun tros ben llarg fet a peu. «Un cop aquí vam poder anar a Luchon a veure els homes i jo vaig tranquil·litzar el meu marit, que havia sentit a dir que matarien les dones i els nens. Vam estar-nos-hi una nit i l'endemà vam tornar a peu cap a Bossòst».

Però tornar a casa no era cancel·lar les angoixes. Molts homes de la Vall d'Aran van anar a parar a la presó de Vielha, per *rojos*. «Els franquistes anaven a buscar els homes de nit», precisa, perquè en la zona manaven les dretes. La vida, però, s'organitza i el primer repte era aconseguir un mitjà de subsistència. La Carme es va col·locar de criada dels oficials d'una guarnició improvisada, establerta a Bossòst per controlar la situació. Van requerir dues dones que els fessin la feina de casa i el menjar i la Carme no va dubtar, quina altra cosa hauria pogut fer? Amb això va poder anar tirant. El seu marit de vegades enviava diners cap a Espanya, a través d'Andorra, des d'on uns amics que també eren miners els remetien a Bossòst. La guerra de cada dia no eren les notícies, ni les xerrameques, ni les ideologies: era la de mantenir en ordre la vida familiar i quotidiana. No sempre era fàcil.

Juana Zapata
84 anys
Filla de guàrdia civil
Obrera

El poc que quedava per repartir, als pobles, anava a parar als qui en aquell moment feien la llei. Les etiquetes es pagaven cares. Hi insisteix Juana Zapata, estigmatitzada per feixista, quan el seu pare estava presoner. «Sort que la mare havia estalviat alguns diners i que hi havia una bellíssima persona a Sant Llorenç Savall, el forner, que ens va ajudar molt, no econòmicament però sí amb menjar, perquè gràcies a ell no ens va faltar mai el pa», explica. Però a Sant Llorenç Savall ningú els venia res. Recordo que un dia vam preguntar a uns pagesos si ens donarien un ou i un tros de pa per cadascú a canvi de la roba que portàvem i ens van dir que sí, però a l'hora de la veritat ens van dir que no, perquè eren uns vius. Eren unes llesques de pa grosses així! que en devien ser de bones...! Però no les vam tastar». Un altre dia van veure un nen que menjava una llesca enorme i li van preguntar on era casa seva. Allà van parlar amb la mare del nen: potser els donaria pa a canvi de roba? La dona va demanar tres metres per cada llesca. Al moment de tallar la llesca, va demanar encara més roba, i la Juana i les altres li van dir que això era robar, que ja es podia confitar la llesca, enorme i temptadora, que aquell dia tampoc no van menjar.

Aquestes anècdotes, tan mesquines, contribuïen a fer forçoses les excursions a Lleida en busca de proveïments –una ciutat on tornava a ser una persona anònima. El viatge era un afer complicat per a la Juana, que no tenia passis de cap mena. Les dues amigues que l'acompanyaven, excompanyes de la fàbrica, sí que en tenien, però ella havia de baixar del tren i passar per les vies. «Mai em vaig fer mal, era valenta, però portava molta ràbia per dintre», recorda. A Lleida, les tres tenien una habitació llogada per deixar les coses que compraven. «Aquelles dues noies eren de família feixista, però com que els pares no eren guàrdies civils no es notava tant com en el meu cas. Una d'elles tenia un cosí amagat a les golfes de casa. Nosaltres ho sabíem i quan vèiem moviment de registres, l'avisàvem, pujàvem a les golfes, tapàvem amb robes el seu cosí i ens assèiem a sobre per ocultar-lo. No el van trobar mai, però el pobre va morir tuberculós. És molt amarg recordar tot això».

Maria Calls va viure la guerra entre dos fronts. No podíem fer foc, a l'hostal, ni coure menjar, per-

Maria Calls
83 anys
Mocadera i hostalera
Vallès Oriental

què no ens veiessin. I els veïns de Can Bosch van portar les botifarres i tota la carn de la matança del porc, tot ho van portar a casa meva per guardar-ho perquè els havien incautat la casa per fer-hi un quarter de soldats». La Maria Calls recorda especialment les columnes de refugiats, que passaven per aquesta zona com un corrent constant. Tot de gent a peu per la muntanya, fugint de la guerra, fent un caminet estret, l'un darrere l'altre, carregats amb el que es podien endur. «I els soldats que venien a casa, que no havien menjat, s'ho enduien tot, el que havíem comprat i els conills que teníem en gàbies i els cistells d'ous, ho vam haver de donar tot. Eren gent que amenaçava. A la nit trucaven a la porta, venien amb cavalls. Això va durar una bona temporada», recorda.

Sent de pagès i fent-se el pa a casa, no van passar gana. «No teníem por perquè érem ignorants», determina. «Si haguéssim sabut el que sabem ara, sí que hauríem patit, però no teníem cultura, no tanta com ara». De manera que ella continuava treballant a la casa –la fonda no funcionava– i, com a tasca afegida, portava menjar als dos homes de la casa, que estaven amagats pels boscos, un d'ells el seu nòvio i futur marit. Fugien dels guerrillers. «Pel camí et passaven les bales arran, piuuu, piuuu, i deies mira, ja ha caigut la bala. Mai pensava que em podien matar». El seu nòvio s'havia deslliurat del servei per la malaltia dels pulmons, però els milicians no filaven tan prim i tenia por que el reclutessin sense més miraments. «Per aquí hi havia dos nois que eren una mica aturats, no pas subnormals però una mica sí, i se'ls van endur a la guerra i no s'han vist mai més. No saben si van morir ni aquí, ni allà, ni res».

Durant la guerra van vendre oli a Sant Celoni, despatxant amb precaucions des de la botiga que hi tenien. Un dia, des del mateix Ajuntament, que estava a mans de la FAI, els van demanar tot l'oli que tenien. El seu cunyat va intentar resistir-s'hi, va mirar d'aturar les trameses d'oli que li feien altres productors, però no va poder fer-hi res. Només plegar de vendre oli a Sant Celoni. A totes les cases van haver-hi requisaments, a totes les cases van haver-hi morts, com si la guerra escampés la desgràcia equitativament. El seu germà, recorda la Maria, va fugir de la guerra, però el van agafar i va estar presoner en un camp de concentració. No va desertar per una qüestió ideològica: simplement va arribar un moment que no va poder més i amb un company van deixar les armes en una trinxera, en plena batalla, i van sortir corrents, van travessar el riu –el front era a tocar– i van tornar a casa. Però no era cas d'estar-se amagat, així que es va presentar a l'Ajuntament de Llinars, que estava a mans de la dreta, pensant que, desertor com era, el rebrien amb els braços oberts. Com que estava fitxat com a home d'esquerres, el van tancar a Santander. «Diu que el feien voltar tot el camp amb un sac de sorra a l'esquena, i dormir a terra. Molt castigat va estar, ell», diu. Però va salvar la vida.

Maria Font de Rubinat
95 anys
Família senyorial de Reus

Maria Font de Rubinat es va quedar sola amb les cinc criatures, a Reus, vivint la guerra petita de les persecucions i la guerra gran de les bombes. «A Reus hi van haver morts, el mateix que a tot arreu. Els rojos van assassinar molts coneguts meus», diu, sense canviar el to de veu. El seu pare, diputat de la Lliga i propietari, també va ser detingut, «i vam haver de pagar quartos perquè el deixessin anar. El meu marit va donar els diners», explica, però ell al seu torn va ser presoner dels nacionals, set mesos tancat a la presó. «N'hem passat de totes», confirma. Ella, que diu no haver tingut mai por, ni tan sols quan ja de gran sentia sorolls de nit en aquella casa tan gran i solitària, simplement resava, a veure què. «És una por diferent del que s'espanta i fuig», dictamina. Però a Reus queien bombes i la casa Navàs està a dues passes de l'Ajuntament, un blanc cobejat. La propietat tenia incorporat el refugi, amb un rètol a la porta que posava: capacitat per a 300 persones. «És un soterrani esplèndid», diu, amb orgull de mestressa. «Però havíem de tenir la porta oberta dia i nit, i això no m'agradava gaire».

Fins que una bomba va destruir part de la casa –encara ara està aquell tros en reparació, amb l'excepció d'una torre, que es va perdre per sempre–, la família no es va mudar a Salou. Això va evitar que la casa fos confiscada. «En les cases on vivien els amos i obrien la porta i contestaven, mai ningú no els va dir surti vostè que m'hi poso jo. Potser el van agafar i se'l van endur i li van pegar quatre tiros, potser sí, però quedar-se la casa amb la gent a dins, això no. Ara, els que marxaven i deixaven la porta tancada, aquests sí que ho van perdre tot. Per això nosaltres vam aguantar. Trucaven. A veure qui deurà ser, ara. Venien i preguntaven: quants matalassos tenen? Quanta gent són? I tota la resta ens la prenien», sintetitza, amb la seva capacitat de resumir situacions complexes amb quatre mots. La noia que es cuidava de les criatures va resistir tant com va poder, però finalment va marxar a un mas, i constantment li insistia que tregués els nens de Reus, que allà corrien perill, però la Maria no volia separar-se'n. «Els nens havien d'estar amb mi. Ja es començava a parlar dels nens que anaven a Rússia, quina angúnia». Un cosí seu va deixar les filles en una casa d'acollida de la Generalitat abans d'anar al front i ella va trobar que era una ximpleria. «Ell creia en el govern, jo encara no hi crec ara», determina. Els nens recollits van ser enviats a Rússia, però les dues nenes es van salvar de miracle, segon explica, perquè quan eren a París, la petita es va posar malalta i la gran va aconseguir de fer arribar un avís al seu pare, que les va recuperar.

Mentrestant, la Maria resistia gràcies a un míser lloguer que cobrava d'una botiga adossada a la casa, uns lloguers que havien quedat reduïts a la meitat. «De diners no n'hi havia gaires, però tampoc se sabia com gastar-los. El menjar s'havia de trobar amb molta traça. Quan era a Salou, anava pels masos a comprar verdures, carxofes, faves, el que trobava, que aquest és un país de verdura. I sempre prenia un nen amb mi, o dos, de vegades. Això estovava la gent, perquè tothom té bon cor. Sempre l'he sapiguda llarga, però de gran encara en vaig aprendre més». Confessa que la feina de buscar menjar i ocupar-se de les criatures la va ajudar a no atabalar-se amb el que estava passant. «Tot el dia anava a buscar menjar, però quan t'obsessiones per una cosa, acabes trobant-la». La guerra acaba sent una mena de batalla d'organització contra les mancances.

Després de la bomba del 1938, la casa amb la teulada esberlada, se'n va anar doncs a Salou. «Aleshores la meva dèria va ser tenir una gallina», diu. I en va tenir dues, de gallines, al terrat. Menjaven avellanes, tot i que la gent, escèptica, li deia que les gallines no podien trencar els fruits: ho feia ella, els donava avellana picada. I cada dia els nens menjaven ous frescos, un de sencer per al més petit, i un altre repartit entre els quatre més grans.

Maria Antònia Simó
84 anys
Secretària
Muntanyenca

Maria Antònia Simó comparteix la doble experiència, la de les bombes i el menjar, però en aquest cas des de Barcelona. I eren pitjor les bombes, perquè l'instint de supervivència acaba posant el menjar a taula, tot i que a ciutat els recursos eren més escassos. Les bombes, en canvi, queien cegues sobre edificis, persones i béns. Però la gent acabava per incorporar-les a la realitat quotidiana, com una cosa aliena que passava allà fora, i no en feia gaire cas. La guerra i les seves bombes sobre la rereguarda acabaven sent una mera qüestió d'atzar, si t'ha de tocar et tocarà igual, pensaven, perquè no es pot suportar la tensió de defensar-se sempre, sempre, contra tot i contra tothom. «Quan sonava la sirena tocava córrer, però nosaltres ens quedàvem a casa, que passés el que volgués. Si el bombardeig t'enganxava camí de la feina, entraves en una porteria, perquè tampoc hi havia refugis a cada cantonada. No puc dir que hagi passat autèntica por, tot i que vivíem molt a prop de la fàbrica Elizalde, on s'hi feia material de guerra». La fàbrica, originalment de motors, estava a la part alta del passeig de Sant Joan, i va ser un objectiu cobejat per les bombes, que certament no eren un model d'encert, perquè mai van arribar a fer-hi blanc. En va patir el barri, aquella part alta de l'Eixample que toca a Gràcia. «De retruc va rebre casa nostra», confirma Maria Antònia Simó. «Però en aquest cas els obusos no van venir dels avions, sinó del mar. La paret que donava a la casa del veí del costat es va esquerdar tota. Després d'això ens van deixar més tranquils, però els bombardejos continuaven, cap a la banda del port».

Com tothom que era a Barcelona, recorda perfectament l'explosió de la Gran Via, que va fer caure totes les façanes de la mansana, deixant els edificis esbatanats, com llaunes de sardines obertes, i només un de sencer, el cinema Coliseum. Va ser tan impressionant el cataclisme provocat que van córrer els rumors que s'havien utilitzat explosius experimentals més potents –el més probable–, o que la bomba havia fet detonar un camió d'explosius que passava pel carrer. Va ser el març del 1938: aquell any els morts per les bombes, a Barcelona, van passar del miler. Els barcelonins es congregaven davant aquella mansana escapçada per comprovar la destrossa. «En tinc una imatge: una casa enderrocada i dos quadres enormes amb els retrats d'un senyor i una senyora penjats a la paret que devia ser del saló, perquè aquelles cases eren de categoria. Aquesta és una imatge que va quedar gravada a molts barcelonins de l'època», evoca Maria Antònia Simó. Els bombardejos eren sobretot una agressió a la moral de la rereguarda. I la gent va acabar pregant que s'acabés la guerra, fos quin fos el resultat.

També va viure sota les bombes Aurora Díaz-Plaja. «Però no podia sofrir anar als refugis. L'únic en el qual entrava era el que teníem a l'Ateneu, que sempre ha estat la meva segona casa», diu. Allà va trobar un dia un grup de bascos, devots de Sant Ignasi, que la van convidar a anar a missa –una missa clandestina– en un palauet que tenien, on ara hi ha les Galeries Maldà. «En el moment que combregàvem va caure una bomba al carrer Duc de la Victòria», recorda, com recorda també la bomba que va matar al doctor Sagalà, eminent hel·lenista, i d'alguna manera conserva en la memòria totes les bombes que van petar contra la pell de la ciutat, a la Barceloneta i a Sant Felip Neri, al port i a la Catedral, on fos. Mercè Sabaté, allà dalt a Gràcia, es ficava sota el llit amb el nen petit, perquè córrer cap al refugi de la plaça Lesseps –el túnel del metro– hauria estat més perillós. El seu fill assegura que en guarda la imatge, gravada en un replec de la consciència, tot i que era un bebè de mesos: és possible que la seva mare li transmetés tot l'espant, la desesperació, de les víctimes impotents.

Aurora Díaz-Plaja
86 anys
Bibliotecària i escriptora

El germà de la Maria Antònia Simó, pilot afeccionat, se'n va anar a la guerra amb la República, mentre la família buscava menjar pels carrers de la ciutat: les trinxeres eren cosa d'homes i el rebost, de dones i nens i vells. Amb el rebost, però, la guerra esdevé quotidiana, tan ran de terra que potser es fa més absurda: acaba sent un joc d'intercanvis. «La gent canviava bledes per pa, i si tenies pa de feia dos dies el canviaves per oli, i així. Sempre hi havia una veïna o una botiga que et canviaven els aliments», diu la Maria Antònia. I les mateixes paraules les podria repetir Mercè Sabaté Cebado. «Anàvem a fer les cues. Hi anaven la minyona o el meu marit, mentre jo em quedava amb el nano. Els amics et porta-

Maria Antònia Simó
84 anys
Secretària
Muntanyenca

Mercè Sabaté Cebado
92 anys
Secretària
Afeccionada a la natació
Barcelona

ven això o allò, anàvem menjant», però un punt de ressentiment s'hi infiltra, en el relat tan escuet, perquè la guerra despulla la condició humana. «Hi havia gent que feia les cues per tenir llet per als gossos, quan hi havia criatures pendents de poder beure'n, era terrible».

Pel carrer, diu, passaven gitanos amb cabres o un ós presoner al que feien ballar –la quotidianitat, és a dir la continuïtat– i demanaven menjar per les cases, però la gent sospitava que volien entrar i robar. Tothom estava en guàrdia contra els aprofitats, tothom alhora estava disposat a donar una engruna als que en tenien menys. «Si teníem alguna cosa, els ho donàvem per les finestres, que tenien reixes, i així no passava res», assegura. I les cabres dels gitanos i la gent fent cua per la llet del gos acaben configurant una estranya, estrafeta coreografia. La que recorda Maria Joaquim, refugiada en una torre de Pedralbes, a casa d'una família amiga, per fugir dels bombardejos de la ciutat vella. Allà treballava encara de modista, una mica només, perquè la gent havia de vestir-se, o de girar una indumentària ja massa gastada, però sense permetre's luxes que d'altra banda haurien estat fora de lloc. La seva germana feia les cues per trobar menjar, una estricta divisió del treball. «El pa que s'assecava el donàvem a un pastor que baixava amb cabres per aquells camps i ell ens donava un litre de llet».

Maria Joaquim
101 anys
Modista
Barcelona

Necessàriament semblant, però amb l'afegitó d'alguns matisos importants, és l'experiència de Dolors Gou, la masovera del mas Mercader. Per començar,

Dolors Gou
107 anys
Masovera a la Secuita

el seu fill se'n va anar a la guerra, cridat en la primera lleva, i va passar-s'hi els tres anys. Va començar la batussa en les files dels republicans però va canviar de bàndol quan era a Andalusia. I en aquest bàndol, el vencedor, es va arrenglerar tota la família. «Naltros ens vam quedar al mas, i una parelleta que més o menys ens eren família, van venir a refugiar-s'hi des de Barcelona. No teníem res i encara vam recollir aquesta parella i una nena d'un germà meu i la Montserrat de cal senyor Oliver», diu. La gent fugia de l'estupor i la gana de les ciutats. Al seu home el van tancar, com a tants d'altres, potser perquè es va saber el canvi de bandera del fill, o pels detalls tan innocents que relata la Dolors Gou.

«Els del comitè de la CNT el van portar a la presó perquè anava a missa, junt amb altra gent, perquè ell no es ficava en política. Hi havia gent del comitè que volia acabar amb tot lo que fos religiós, i jo tenia dues germanes monges i el meu home, dos germans sacerdots», i l'adscripció religiosa va marcar l'adhesió política, que va ser atàvica, la defensa del món conegut. Un mes i mig més tard van deixar anar el marit, les condemnes eren també erràtiques: va ser gràcies a les gestions d'un fiscal de Tarragona amic de la família, però l'home va passar la resta de la guerra amb trifulques constants amb l'Ajuntament de la Secuita. El germà, que sí que havia fet una mica de política, va haver de marxar, tot i que la Dolors reconeix (i agraeix) el fet que el van avisar que se n'anés, estalviant-li algun mal major.

Finalment, el comitè es va incautar del mas Mercader. «Els amos tenien molta cosa, estaven carregats de tot, de roba, del que fos. Ho van desmuntar tot, els del Comitè, i quan va estar tot desfet van posar un quartelet, i hi tenien camions i els camuflaven al bosc perquè quan passessin els avions no els veiessin». La família Gou, o el que en quedava, se'n va haver d'anar a Vistabella, on van passar la resta de la guerra. No va ser cap descans. «Anàvem a treballar les terres de la gent de Vistabella, a recollir garrofes per guanyar alguna cosa. Ho vam passar malament. Vam menjar moltes guixes, que la gent deia que feien mal als ossos. El que ens va faltar més va ser el pa...» La Dolors Gou, però, va guanyar la guerra o això va creure.

Margarita Riera
90 anys
Casada amb l'empresari
Miguel Torres
Relacions públiques

Del mateix bàndol era Margarita Riera: quin remei, la dona, amb les bodegues incautades i després destruïdes per una bomba, ella refugiada a la casa de Barcelona, el marit amagat per salvar-se d'absurdes venjances de classe. «La bomba havia d'anar a l'estació, on hi havia material bèl·lic dels rojos, però es van despistar i va anar a parar a les bodegues. La gent deia que corria el vi pels carrers... De tot el que teníem a les bodegues, l'únic que vaig poder salvar va ser la bicicleta». I amb aquella bicicleta i la complicitat del cap de la FAI, antic treballador de can Torres que servava la fidelitat, va poder trobar menjar, canviant un xic de moscatell per ous o un pollastre, menjar que carretejava fins a Barcelona en dues maletes, sempre la imatge recurrent de la dona traginant maletes. «*Hasta* havíem menjat garrofes. I unes lleguminoses que en deien guixes, de la família dels cigrons, que es donen als porcs, que la gent bé no les menja perquè estan sempre corcades!», s'esgarrifa.

Ella vivia amb els seus pares, perquè en el pis de Barcelona, tan gran i *sense servei*, subratlla el matís, no hauria pogut fer res. «Els meus pares també eren benestants i tenien dues minyones, així que m'estimava més estar amb ells. El meu marit va estar amagat tota la guerra. Aquests són els anys pitjors de la meva vida, els pitjors», s'exclama. Li semblava que tots els somnis s'havien esfondrat amb les bodegues incautades. «El negoci que ens havia costat tanta suor i tants anys, que hi havíem posat tant de nosaltres, i ens ho havien arrabassat tot...»

Molt diferent és l'experiència de les dones que es van quedar a Barcelona i, a més dels tràngols habituals, van tenir feina i compromís amb la República: que d'alguna manera van adaptar la dedicació professional a la nova circumstància. Aurora Díaz-Plaja, aleshores jove i independent, va fer de bibliotecària en el bibliobús de la Generalitat, un servei que recollia lots de llibres per dur-los al front i als hospitals de la primera línia. Organitzaven les Milícies de la Cultura i l'Aurora s'hi va apuntar, amb el permís explícit del seu pare. «Era una feina perillosa, però alhora inefable i la vaig disfrutar molt. Jo anava amb el Bibliobús, que era com de plata, molt bonic. Des dels avions devia semblar un tanc, perquè els avions se'ns atansaven sempre, però mai ens van bombardejar. Els meus germans també es van apuntar a les Milícies de Cultura i van ensenyar a llegir i a escriure als nois anarquistes que anaven a la guerra», reporta amb orgull sincer.

Aurora Díaz-Plaja
86 anys
Bibliotecària i escriptora

Dolors Canals, sempre amb les idees clares, es va presentar a la Generalitat «pel que fes falta» i immediatament es va decantar pel servei de guarderies

Dolors Canals
86 anys
Pedagoga i investigadora

de guerra, on s'acollien els fills dels obrers que feien funcionar les fàbriques que encara servien. L'existència de guarderies era una reivindicació bàsica dels comitès d'empresa que es van formar en totes les fàbriques, al costat del servei de menjar: es tractava, per una vegada, de fer les coses fàcils a les dones que treballaven per mantenir la producció del país. Els serveis solien establir-se a les torres dels amos, sovint contigües a la mateixa fàbrica, que van ser incautades. Els obrers van conèixer les dutxes; els nens, els banys de sol i les activitats compartides, la neteja diària... Durant els anys de la República, l'*establishment* de l'antiga moral havia fet molta propaganda contra les guarderies: l'església oficial les considerava contràries a l'esperit de la família i enemigues de la posició correcta de la dona a casa, que era ocupar-se del fills tot el dia. No era pas una novetat. «Quan tenia 7 o 8 anys, els jesuïtes de davant de casa feien sermons contra la revolució soviètica i ens explicaven que arrencaven els infants dels braços de les mares per donar-los a l'Estat. Nosaltres érem petits i no agafàvem la cosa, però després vam entendre que estaven parlant de guarderies... La meva mare va creure que s'emportaven els infants a hospicis, i s'esgarrifava pensant en els monstruosos hospicis d'aquí».

Mentre s'ocupava d'aquesta feina, primer a Sants i després a Badalona, la Dolors vivia en un pis propi i prescindia de les opinions familiars. Els Canals eren majoritàriament partidaris dels franquistes. Li interessava més desenvolupar la seva feina a les guarderies amb paràmetres científics, cosa que va poder fer quan li van demanar d'obrir-ne una altra a

Badalona. Abans que res, feien un curset intensiu per a les dones que es presentaven per a la feina, generalment dones que havien perdut el lloc de treball a la indústria per falta de cotó. «Allà vaig fer el primer treball científic: els efectes de l'estimulació sensorial sobre l'activitat muscular dels infants d'un any, que després vaig publicar a París. Elles eren perfectes com a ajudants. Les obreres tenen una disciplina de treball i una visió real de les coses». A més de pel renom que va obtenir aquest treball, rebia delegacions estrangeres –ella parlava anglès– enviades per la Generalitat i que volien conèixer les activitats de la República durant la guerra.

Als 23 anys, poc després, la Dolors Canals es va trobar com a cap de les guarderies de guerra de Catalunya. Tenia xofer i cotxe oficial i una oficina al passeig de Gràcia amb secretària. Aquestes guarderies, en principi concebudes per facilitar el treball de les obreres de les fàbriques, van acabar acollint els nens refugiats de Madrid o de València que van anar a parar a Catalunya. «Cap al final de la guerra era terrible, perquè diferents organitzacions estrangeres enviaven aliments, llet en pols o el que fos, i el dia que arribava el carregament hi havia un bombardeig al port i tot anava enlaire. A vegades no teníem mantes, no teníem res, els infants es posaven malalts, agafaven pulmonies, perquè va ser un hivern molt dolent. Tot es va acabar amb la gent anant a peu per les carreteres cap a França».

Aquells nens, assegura, no van jugar mai a la guerra. La tenien tan a prop, que els era suficient. «Sortien d'un refugi i veien enfonsada la casa del davant, els crits de la gent, els familiars morts o les víctimes ensangonades i això se'ls quedava gravat. Mai van fer jocs de guerra». El seu home, Joan Junyer, s'ocupava de la protecció d'obres d'art, tot col·laborant amb Carles Pi Sunyer, alcalde de Barcelona. També rebia delegacions estrangeres d'intel·lectuals favorables a la República, «perquè arreu se sabia que això era el preludi d'una guerra mundial contra el feixisme i que si no s'aturava aquí els cauria a sobre», precisa.

El mateix esperit de lluita animava les dones obreres, moltes de les quals perdien el marit al front, «però eren dones combatents i això no feia més que accentuar la voluntat de treballar. S'aplegaven en les seves reunions i mítings amb el puny enlaire. No eren gent d'acovardir-se, encara que rebien», comenta. «Moltes van sortir soles cap a l'exili, amb els fills, i la gent s'enduia el matalàs perquè en aquella època un matalàs era una possessió important per a un obrer, era una inversió forta i havia de durar tota la vida».

Qui té memòria directa dels mítings amb el puny enlaire, un gest pueril i tanmateix símbol d'una voluntat de plantar cara i resistència, és Teresa Pàmies, la dona capitana: una fotografia l'ensenya en el Congrés de les Joventuts Socialistes Unificades de Catalunya, a la Monumental, el 1936, un míting en el que ella va ser l'oradora debutant, al costat de Lluís Companys i Frederica Montseny, la primera dona ministre que va tenir Espanya, en el govern de Largo Caballero. Durant la guerra, Teresa Pàmies va ser secretària femenina de les JSU. «Vam crear una associació de noies», recorda ella mateixa, «que es deia Aliança Nacional de la Dona Jove, un títol pomposíssim. Hauria estat millor dir-nos Aliança de

Noies Catalanes, però vam tenir un gran conflicte amb el nom, entre altres coses perquè hi havia dones joves que ja tenien una certa vergonya de dir-se *noies*».

Quan va arribar el dia fatídic de la caiguda de Barcelona, recorda Pàmies, aquestes noies van demanar què podien fer. Els van donar pics i pales i un camió que les va dur a la plaça Bonanova per construir una barricada, una cosa simbòlica i inútil que volia representar la resistència inexistent d'una ciutat ja vençuda. Els feixistes baixaven del Tibidabo i elles continuaven aixecant la muralla. «Crèiem que teníem raó i que era impossible que entressin els nacionals. Feia un sol esplèndid aquell 26 de gener...»

El mes de febrer, després d'un llarg deambular per diferents amagatalls, Teresa Pàmies va travessar la frontera, cap a un exili repartit entre París, Mèxic, Iugoslàvia i Praga, potser la ciutat que més lligada ha quedat a la seva història, no tan sols pels deu anys que hi va passar, sinó per l'entranyable relació que va establir amb el poble txec i el seu paisatge urbà, mentre enviava missatges radiofònics a l'Espanya ocupada. L'exili va ser un drama per molta gent, l'única salvació possible per a molts que d'alguna manera o altra estaven compromesos. La resta la va fer la por. No és fàcil perdre una guerra. El mateix dia 27 de gener va marxar la Montserrat Moner amb la família. «Tots els que deien que teníem la guerra guanyada tenen ara els seus afers a l'estranger; jo que deia que la teníem perduda, m'he quedat aquí», va dir Joan Alavedra.

Montserrat Moner
94 anys
Vídua de l'escriptor
Joan Alavedra
Professora de piano

Els Alavedra, matrimoni i dues criatures, van marxar cap a França per Prats de Molló, esperant de trobar una carretera, que a la pràctica va resultar ser un camí de muntanya. Eren les cinc del matí i feia una temperatura de 10° sota zero. Van començar a caminar. «El Joan tenia la sensació que tot el que passava era culpa seva», diu. A Prats de Molló separaven homes de dones i nens, i el destí dels nens, s'esgarrifa quan ho explica, era anar cap a Rússia, fos veritat o no, que aquestes pors planaven sobre aquella columna de derrotats. Però allà mateix la família Alavedra es va negar a separar-se i un regidor de Perpinyà, que els era conegut, va aconseguir dur-los a un hotel. I des d'allí, Ventura Gassol, que era conseller de Cultura però havia hagut de marxar feia temps a París per mor de les amenaces, els va dur amb ell a la capital. Tenien uns diners, pocs, al Crédit Lyonnais. El primer que van fer, era el 2 de febrer, va ser anar a missa. Poc després, el mes de març, van coincidir amb Pau Casals i el mestre els va convidar a instal·lar-se a Prada de Conflent, on el clima era més benigne i, va afegir, es parla català.

A Prada hi havia una colla de catalans refugiats, entre ells Pompeu Fabra, l'arquitecte (i polític de la Lliga) Puig i Cadafalch, Ventura Gassol... Allà van llogar una petita casa i van passar estretors econòmiques, però la vida cultural era rica i «vam ser bastant feliços», com diu Montserrat Moner, avesada a veure el cantó positiu de les coses. Va ser a Prada on Joan Alavedra va donar a conèixer *El Pessebre*, un poema, un oratori, que havia començat quan estava presoner després del 6 d'octubre perquè la seva filla Maria li havia dit que volia uns versos on les figuretes de la fira de Santa Llúcia parlessin. El poema estava escrit en una llibreta qualsevol, que la nena va dur amb ella quan van marxar a l'exili. Ho van saber quan es van celebrar els Jocs Florals, l'any 1943: Joan Alavedra es va sentir obligat a presentar alguna cosa, com a signe de continuïtat, però no sabia què fer i la nena va treure la llibreta. El poema va guanyar la Flor Natural i, en sentir-lo llegir en la Gaia Festa, Pau Casals va decidir de posar-li música.

Dolors Canals
86 anys
Pedagoga i investigadora

Dolors Canals, acabada de casar amb Joan Junyer, en aquella cerimònia civil sota les bombes, va marxar a l'exili poc abans del 26 de gener. «No podia anar-me'n fins que no tingués tots aquells infants ben col·locats», adverteix. «Vam marxar amb una motxilla a sobre de la roba corrent perquè no hi havia temps de buscar la roba d'esquí adequada per a la muntanya. Portàvem documents, els pocs diners que quedaven, que tampoc valien res, joies que hi havia per casa». La marxa va ser amb tren, amb carro i a peu, amb nits al ras i un bombardeig a Figueres que els va ferir de forma lleu a tots dos. «Quan caminàvem per la muntanya cantàvem una cançó de Tomàs Garcés: adéu galant terra, adéu, adéu-siau vinya verda...» Deixaven enrere tant el record del seu germà, aquell aspirant olímpic, mort en el bàndol dels franquistes, com el germà d'en Joan afusellat pels franquistes pel fet de pertànyer a la Unió d'Estudiants. La guerra també va partir les famílies pel mig.

Ja a París, on Joan Junyer tenia un pis i taller, la Dolors va publicar el seu primer treball científic internacional, escrit sobre les taules de fusta de *Aux Deux Magots*, el cèlebre cafè del barri Llatí. L'article va obtenir molt de ressò i li va obrir les portes per a una altra investigació en col·laboració amb un especialista de l'Institut Pasteur. El seu marit va reprendre el ritme de les exposicions. La vida s'anava recomponent, eren joves, tenien ambició. Retrobaven amics, feien feina, estaven junts. Però van arribar els alemanys, la segona guerra mundial, i van haver de fer les maletes i tornar a marxar, aquest cop cap a Amèrica i en camarot de primera a proa, perquè en Joan s'ho va vendre tot convençut que trigaríem a tornar. «Vam sortir en un vaixell que anava carregat de refugiats espanyols amb bitllets pagats per la República. De nit, a la part de popa, se sentien les veus dels espanyols cantant i ballant. Cap semblança amb la idea dels «vencidos» amb el cap cot. Aquesta gent sabien que se n'anaven a Amèrica i s'allunyaven de la segona guerra mundial, però que res no acabava, que a la llarga guanyarien perquè Europa no se sotmetria al feixisme. Van sortir molts intel·lectuals del moment, molts, molts, la intel·lectualitat espanyola va marxar fora...»

I així va començar un periple dens, llarguíssim però fructífer, per l'Havana primer i després a Nova York, on les seves vides es van enriquir amb nova feina i noves experiències i una consagració internacional compartida per tots dos.

La fi de la guerra, pels que no se n'havien anat, va ser un respir. Les coses tornaven a lloc, un lloc diferent d'on havien estat, però que permetia una tímida, esporuguida mirada endavant. Alguns van recuperar els béns –les misses, en el doble sentit de la paraula– perduts i d'altres van començar una llarga temporada de pors i silencis. El menjar escassejava, les cues del racionament es van canviar per les cues d'un altre racionament igualment mesquí, però almenys havia desaparegut l'amenaça del front o de les bombes –però apareixia la màscara terrible de la repressió. Qui més qui menys, però, va respirar. Les monges clarisses de Nativitat Iglesias van tornar al convent de Santa Clara: era un convent de posar i treure, mers envans, *inventat* dintre dels murs gòtics del Saló del Tinell, a la plaça del Rei, com tants altres monuments històrics que havien assumit nous usos, no sempre adequats o respectuosos. Les monges l'ocupaven des del temps de Ferran V i ja s'havia perdut la memòria de la magnífica sala original, tancada i barrada sota els murs de la clausura de la comunitat benedictina. «L'historiador Duran i Sanpere va entrar a l'església pensant que tota l'obra original estaria desfeta, però va descobrir que les monges no havien fet malbé res. Només havien empetitit l'espai abaixant el sostre, però tot estava intacte», especifica Nativitat, com qui explica una entremaliadura.

Nativitat Iglesias
95 anys
Monja benedictina

La descoberta del Saló del Tinell va ser una de les fites màgiques d'aquella incipient postguerra tenyida de gris, com ho va ser el despullament, pedra a pedra, de la muralla romana, també dirigida per Duran i Sanpere: per a la gent del país va ser recuperar, i més que recuperar fer evidents, arrels i història, quan tot semblava perdut. «Quan ho vam veure jo vaig dir que era preciós i una altra monja va dir que quina llàstima, perquè hi havia estat tants anys...» El problema va ser que, un cop descobert el tresor gòtic, s'imposava trobar un altre convent i, entre un visitador vingut de Roma, un ajut de l'Ajuntament per compensar la recuperació del Tinell, la col·laboració d'altres comunitats i una mica de bona voluntat, la comunitat es va establir en una torre del carrer Copèrnic que més aviat semblava un castell, amb un jardí esplèndid. «Les monges van començar a vendre part dels terrenys per poder subsistir i es va començar a edificar però no senyorialment sinó amb blocs de pisos», diu Nativitat sense voluntat crítica. L'anestèsia moral de la postguerra es plasmava en desordre urbanístic, primer tímidament, després a l'engròs: va ser terrible la voluntat depredadora de l'especulació.

Margarita Riera
90 anys
Casada amb l'empresari
Miguel Torres
Relacions públiques

Per a Margarita Riera havia acabat el malson i s'estrenava un nou somni. «Acabada la guerra ens ho van tornar tot a l'acte. En Franco ens ho va tornar tot, o sigui que jo no en puc dir mal», reconeix. «Com que no teníem diners, vam demanar un crèdit a Madrid per reconstruir les bodegues i ens el van donar de seguida. Vam rebre ajut del règim perquè érem exportadors i donàvem moltes divises, una bona quantitat de dòlars al govern. Els dòlars són la riquesa d'un país i nosaltres proporcionàvem dòlars, per això ens van ajudar molt i de seguida». Doncs bé. Durant un temps –«prudent», diu– van deixar que la família de Vilafranca usufructués la casa que havia estat guardant durant la guerra, i després tota la família va tornar a instal·lar-s'hi. Però el matrimoni volia deixar enrere el passat i va emprendre un viatge de negocis a Amèrica, l'any 1940 mateix, tot deixant el nen de 4 anys amb els avis.

El periple va començar per Panamà i va continuar a l'Havana, on van establir una mena de quarter general per fer viatges més curts: era la Cuba d'abans de Castro, «i l'Havana era una ciutat preciosa, amb molta activitat, els carrers nets i les cases florides, tot feia goig, tot estava arreglat. Venien molts americans i abocaven dòlars a dojo, a dojo. La gent gastava i gastava i hi havia molt turisme», declara Margarita Riera. I encara després van anar a Costa Rica i Veneçuela i Mèxic i Canadà i Brasil i mig univers. «Tinc molt bons records d'aquell viatge. Després d'haver passat una guerra civil això va ser glòria», diu, emfàtica. Va durar dos anys llargs, el viatge, però la Margarita al capdavall enyorava el seu fill, i quan va tornar a estar embarassada va convèncer el marit, encara reticent, de tornar. «Com que portàvem tants trastos i tanta roba i regals vam decidir que era millor agafar el barco. Era en plena guerra europea i ens van parar al mig del mar. Van pujar a la superfície uns submarins alemanys i ens van fer un registre, un registre d'aquells de ficar-me una mà pel vestit per veure si duia alguna cosa amagada, eh? Però com que van veure que no portàvem res de guerra ens van deixar passar», explica. Van arribar a Bilbao, on els esperava la família amb el nen, quina alegria. La Margarita havia plantejat tímidament d'endur-se'l en el viatge i va ser el marit qui va dir que ni parlar-ne, que ella li havia de fer de secretària i que el petit havia d'anar a col·legi. «Era tot un caràcter», dictamina: es va fer com ell va voler, com gairebé sempre.

Però no és cert que les coses tornessin a ser com abans, ni tan sols mirant-les des de la talaia dels «propietaris». Maria Font de Rubinat recorda la primera postguerra com un desastre. «Els que en-

Maria Font de Rubinat
95 anys
Família senyorial de Reus

traven no eren dels nostres, perquè nosaltres no érem del Franco», aclareix per començar. És que ni tan sols encetaven un temps de calma. «Van venir de nit a buscar el meu marit i el van ficar a la presó perquè havia sigut d'un comitè. Ho va ser perquè va veure com anaven les coses, que en els primers dies de la guerra havien matat a Fulano i a Mengano, i amb un amic va pensar que millor era que s'hi possessin ells. Tant de bo ho haguessin fet a tot arreu, això. Van fer un comitè ells dos, un electricista, un ferroviari, un jardiner i qualsevol que s'hi volgués apuntar. Es van fer de la UGT per tenir un carnet. Havien recollit moltes armes, perquè aquells dies era molt perillós tenir armes a casa, ni que fos una escopeta de caça, així que els deien: Quimet, que podries venir a buscar...? Llavors ja van ser *pistoleros*. No podien fer res més. Després el van cridar per anar al front, a Aragó».

S'ha acabat, va pensar la Maria el 1939, tant se val, és hora d'arreglar la casa i tornar a prendre criada, recuperar la vida d'abans. Però al marge de l'episodi de la presó, del ressentiment contra el comitè, del fet que no van recuperar els diners o les joies... a més a més de tot això, l'ambient a Reus va continuar enrarit. La gent no tornava a casa igual que havia marxat: eren uns altres. «Venien carregats de pretensions, venien amb recels, et deien: per què a mi m'han saquejat la casa i a tu no? Venien de fora i el primer que feien era anar a buscar els matalassos, a buscar els mobles que havien perdut. Només pensaven en això. I van començar a treure diners, van començar a gastar... diners que abans no tenien, perquè havien fet estraperlo i havien fet negocis fora. Molta gent va recobrar més del que havien perdut». Maria Font té molt gravada la misèria moral d'aquell temps, amb els fabricants de cotó que negociaven amb els cupos d'importació, els comerciants d'avellanes de Reus que havien passat la guerra a França i que en tornar van fixar les lleis del mercat i l'exclusiva de les exportacions... «Els diners van canviar de mans i això va canviar els costums», sintetitza. Una part del seu univers estava definitivament caducada.

Maria Calls
83 anys
Mocadera i hostalera
Vallès Oriental

Els cunyats de la Maria Calls van marxar de l'hostal perquè els havien penjat l'etiqueta de ser d'esquerres i van preferir viure més desapercebuts al Masnou, que eren temps de represàlies i venjances. «El meu marit i jo ens vam quedar», diu la Maria, «perquè vivíem aquí mateix, a sobre de la botiga, però també vam despertar recels. Amics que havien rebut els nostres favors *inclús* ens van deixar de parlar temps, temps, i tant. I també ens van prendre coses, perquè aquí també teníem estanc, correu i telèfon i tot això ens ho van treure. Això va venir perquè el meu marit havia festejat amb una altra noia, i el seu pare era ara l'alcalde, i com que m'havia preferit a mi doncs van dir: ara t'ho prendrem tot. Aquell home era de dretes i el meu marit era d'esquerres. En aquesta casa hem estat una mica odiats, com d'enveja, diria jo», descriu. Amb la botiga de Sant Celoni i l'Hostal van aixecar any rere any un cert patrimoni, amb pisos comprats aquí o allà, però l'arrencada va ser una mica més tard, quan el proveïment del menjar –i les possibilitats dels clients– es van normalitzar.

«La gent no tenia diners i comprava poquet», recorda Maria Calls. Van haver de treballar molt, adaptant-se al que hi havia en cada moment, fos un sac de sèmola o la cansalada de la matança, i administrant-ho amb la innata saviesa dels bons comerciants. Va ser aleshores que van començar a fer menjars a la fonda: «treballàvem tota la setmana i els diumenges no s'hi cabia. Teníem unes anelles davant la casa on els homes fermaven els matxos. En tota la rodalia només hi havia aquest hostal. Més tard van canviar els animals per motos, sobretot en temps de bolets. Venien amb motos i ens compraven l'esmorzar abans d'anar al bosc». Amb els guanys, sempre modestos, de l'activitat, el seu marit jugava a borsa amb molta prudència –va comprar accions clàssiques, de Telefònica o de Fecsa, que ella encara conserva avui. «Ell anava a la Borsa, i a la Borsa també es venia grana, els vagons d'arròs i sucre es venien allà, tot era allà. Hi havia el *corro* dels que compren i els agents de canvi a dins, que sortien de tant en tant, i el meu marit els deia el que havien de comprar, sense llapis ni res. Havia encertat milions, eh, el meu marit. No s'equivocava d'un cèntim».

Dolors Gou
107 anys
Masovera a la Secuita

Dolors Gou, que va tenir un fill lluitant amb els nacionals, es va sentir alliberada en acabar la guerra. Sense recels. «Vam tornar a estar un altre cop tranquils, més per la part de la religió que no de la política, perquè jo no he estat mai política». Li fa gràcia dir que ella tenia la mateixa edat que el Caudillo: «Per mi, Franco és Franco. I sempre m'ha agradat, què hi farem», confessa. No van poder tornar de Vistabella al mas Mercader de seguida perquè estava destrossat: al final de la guerra havia servit per allotjar nens refugiats de Madrid i del nord i ho havien deixar tot enlaire. «Els amos van tornar i van arreglar el mas i fins que no va estar tot arranjat i emblanquinat no vam tornar naltros», diu. «I llavors la vida va tornar a ser igual que abans. El meu home, per no portar tota la hisenda com la portava abans amb el meu fill, va repartir les terres i se'n va quedar un tros. Això es va fer d'acord amb l'amo. Hi havia un celler molt maco, i la collita la portaven tots allà, i quan feien les vendes del vi repartien les pessetes. El meu marit feia d'administrador. I vam continuar així fins ara: la mestresssa, l'última propietària del Mas Mercader, va morir sense fer testament i van quedar sis germans que tots eren amos i es van vendre el mas». Però això va ser molts i molts anys més tard.

Carme Pedarrós
93 anys
Minera i minyona
Vall d'Aran. Bossòst

Després de la guerra, el marit de Carme Pedarrós va obtenir la plaça de peó de camins a les Bordes i això va ser com un miracle. Deixar la mina i establir-se va comportar un canvi d'identitat: l'home es va fer de dretes. «Vam passar més bons temps, això sí, perquè ens van donar la casa. *Caminer* volia dir que arreglava la carretera, que no tenia l'enquitranat d'ara, sinó que era de terra i cada dia es feien forats i s'havia d'arreglar. S'arreglava allí i es foradava allà», rememora. Ella feia alguna feina en cases veïnes, es cuidava dels horts –en tenien dos–, dels quatre conills i les gallines, i entre tot plegat podien comprar algun tros de carn, quan baixava un carnisser de Vielha a servir el poble. «Als primers anys després de la guerra va ser difícil, però la gent es va anar espavilant i va anar guanyat quartos i els que tenien diners venien d'estraperlo l'oli, el sucre i altres coses que no es podien comprar».

També hi havia els maquis, amagats a les muntanyes, diu, que baixaven de tant en tant als pobles i mataven gent: amb aquesta contundent simplicitat ho expressa. «A les Bordes van haver-hi vuit morts en una sola nit. Amb la veïna vam dir, ai, què hem de fer?, perquè els volíem anar a veure i vam anar a l'església i allà a la plaça estaven les caixes amb els morts a dins, i algun d'ells era guàrdia. Els maquis mataven els franquistes que trobaven a les cases», remata el relat. Assegura que eren tots forasters, que van escampar molta por entre la gent de dretes i que tot plegat va durar molt de temps. «A mi no m'agrada la violència, a mi m'agrada la tranquil·litat», confessa. Amb el temps, ja tot més encalmat, el seu marit es va fer pescador de truites, que agafava al riu Garona, i les venia als hotels que acollien francesos, a Lés. «Ell anava a esperar el camió que feia les obres de les centrals hidroelèctriques i a la nit anava a portar les truites a l'home de l'hotel, que les recollia per l'endemà oferir-les als turistes. Després, el diumenge el meu marit anava a l'hotel i li pagaven sis pessetes el quilo».

Maria Joaquim
101 anys
Modista
Barcelona

Maria Joaquim, la modista que havia passat la guerra recollida a la torre amical de Pedralbes, va retornar al carrer Pere Serafí. Portava una idea al cap: atipar-se de pa, en revenja per les penúries passades. I va complir: cada dia anava a comprar unes barretes de pa amb pernil que costaven un duro, una fortuna aleshores, però tant li era. Es va engreixar 49 quilos. «Encara que jo en política no m'hi vaig posar, mai no vaig estar d'acord amb coses que et feien fer amb en Franco: anaves al cine i al descans t'havies d'aixecar i *manos arriba*, a saludar! L'ostentació del poder no m'ha agradat mai i ell era un home de gran poder. I tot el que van fer amb el català, que no el podies ni parlar pel carrer...!», es queixa. L'Agustina Lorca tampoc no ha oblidat els rètols *Hable usted en cristiano* posats a l'Ajuntament de Figueres.

Les lleis de la postguerra podien tenir conseqüències dràstiques per a molta gent que no havia fet altra cosa que seguir un camí professional. El marit de la Mercè Sabaté, que era simplement un professor d'arts plàstiques, va ser represaliat «perquè ensenyava en català. Va quedar inhabilitat per treballar, ja no va poder fer classes. Sort que havien cremat tantes esglésies i tanta cosa que va començar a fer estàtues i sants i marededéus. De seguida va tenir molta feina. Les marededéus s'assemblen totes a mi, sí», riu. El germà petit, que havia anat a la guerra als 19 anys, va tornar amb una angina de pit, el noi la devia passar negra. «Festejava i no es volia casar perquè estava tan malalt, però es va casar i va tenir cinc fills. Va tenir un atac de cor un dia que estava dinant i es va morir. Va ser el dia de Sant Jordi de ja fa molts anys», evoca.

Mercè Sabaté Cebado
92 anys
Secretària
Afeccionada a la natació
Barcelona

Però la primera postguerra, com abans la guerra, és sobretot el temps de les targetes del racionament com a únic recurs, aquesta és la imatge que se li fa present a la Mercè Sabaté Cebado. Tenia una criatura encara petita, un bebè que ja no mamava, i davant d'un fill amb gana i necessitats nutritives s'esborren les cabòries polítiques i tot. «Havia de comprar aliments Permanyer, que tenien una botiga al passeig de Colom, i feien coses especials per a criatures», explica. «Si trobava llet condensada, agafava sis pots de cop, tots els que podia, els arreplegava de l'estraperlo o d'on fos, i li donava barrejada amb la llet normal. Era difícil de trobar farina, però jo tenia un conegut que era forner i me'n donava. Home, havies de tenir molta relació amb tothom. I havies de tenir *salvoconductos* per anar a tot arreu». En guarda un, del 1940, expedit a Begur: l'autoritza a anar a Girona i Barcelona per tren o per carretera, amb la prohibició expressa d'acostar-se als pobles fronterers.

Maria Antònia Simó
84 anys
Secretària
Muntanyenca

«No es podia ser del Centre Excursionista sense passar per una mena de servei militar, un servei social per a dones en el qual s'estudiaven els Principios del Movimiento i totes aquelles històries», apunta Maria Antònia Simó, i és només un exemple banal del control polític exercit sobre tota mena d'activitats, és a dir, sobre les consciències, per aquella dictadura de quaranta anys. «Jo no el vaig haver de fer perquè representava que era cap de casa meva i aleshores n'estava exempta», aclareix. En aquella època grisa, moltes entitats privades, fossin del ram que fos, miraven d'actuar com una mena de paraigua de les expressions culturals que anaven una mica més enllà. Tothom intentava estendre la poca llibertat que cabia entre quatre parets, l'única possible. Era fer conferències o tenir una biblioteca, o simplement brindar el lloc on refugiar una conversa. Diu Maria Aurèlia Capmany, d'aquells anys, quan ella era una professora de filosofia reciclada, que feia classes en un institut de Badalona perquè la Universitat li estava vedada: «És cert que la nostra generació no fantasiejàvem, no imaginàvem, però també que ens vam acostumar a viure molt tancats.

Era el que ens passava a nosaltres, que ens tancàvem, perquè les coses de fora les trobàvem horribles i per altra banda ens reconeixíem, ens visitàvem l'un a casa de l'altre, ens llegíem el que escrivíem, perquè com que no podíem publicar ens ho llegíem». Una vida de portes endins, una llibertat fràgil com la bombolla que la propiciava: la vida real, la que donava una minsa continuïtat al passat truncat, s'havia fet clandestina, un teixit de complicitats i sobreentesos. El gruix de la població en quedava, doncs, al marge: aquest era l'efecte buscat per tant de control i tants impediments, el desmembrament d'una societat que havia estat lúcida i activa.

Maria Antònia Simó
84 anys
Secretària
Muntanyenca

El CEC va fer, com va poder, conferències i classes d'astronomia o geografia, de català, de qualsevol cosa que anés més enllà de la muntanya i servís per reconstruir les bases d'una cultura esquarterada. «Segons en quines conferències hi havia un representant de l'autoritat, amb qui al final ja ens coneixíem, que demanava informació. Perquè, és clar, una conferència en català no la podies fer i tampoc podies embolicar-te a parlar de segons quin tema», confirma Maria Antònia Simó: un silenci que va durar si fa no fa quaranta anys.

Mercè Sabaté Cebado
92 anys
Secretària
Afeccionada a la natació
Barcelona

Mercè Sabaté Cebado torna a la visió domèstica d'aquells anys: la seva torreta del carrer Sant Magí va anar a terra per fer-hi pisos, com abans s'havia parcel·lat el convent improvisat de Nativitat Iglesias –tota la ciutat alta va perdre caràcter i fesomia, envaïda de ciment i especulació, com si també es volguessin esborrar les pedres i la memòria que contenien. La família es va canviar a una casa gran sobre la riera de Vallcarca, una casa que després ella mateixa va partir en dos, sacrificant el jardí i la pista de tennis on els seus fills, tots dos minyons de muntanya –aquest cau de continuïtat– plantaven la tenda per jugar a les acampades. «Cada matí me n'anava a la platja», insisteix Mercè Sabaté, atenta a les seves aficions. «Quan els nens eren petits me'ls enduia amb mi. Neden molt bé». El seu marit va continuar fent dibuixos i esculpint sants, fins que les escoles on havia treballat van tornar a obrir després de la guerra, amb un altre nom i en una altra llengua, perquè tot, d'alguna llunyana manera, torna, continua, resisteix. Però no era el mateix. «L'Institut Escola del Parc era un lloc on els alumnes anaven sols i a peu», diu, «i a Blanquerna hi anaven amb cotxe i xofer. Ja era una escola de categoria, i si plovia no li deien al professor que pugés també ell al cotxe, no», matisa, perquè els detalls són els detalls i la Mercè té la vista esmolada per copsar-los, el lleu ressentiment per les coses que havien canviat, o per la gent que havia perdut els valors d'abans. Els seus fills van anar a una altra escola que va marcar fites en la història de l'educació catalana: Virtèlia, a la Via Augusta. Van ser companys de Pasqual Maragall.

I hi havia també la censura a les pel·lícules, que irritava la bona aficionada que era Mercè Sabaté: «Els llits no sortien mai, tallaven les escenes i no sortia res de tot això». Anys després la gent –ho recorda en primera persona, incloent-se en l'aventura– agafaria l'hàbit d'anar a Perpinyà a veure els films sense retocs. La moral malaltissa del règim ho envaïa tot. «Per televisió tampoc no es podia anunciar ni una combinació, no es podia anunciar uns sostenidors, havent-hi el Franco, no podia ser», insisteix. La població es veia obligada a quedar-se, de portes enfora, en la minoria d'edat. A la Mercè Sabaté li agradaven també les revistes dels teatres del Paral·lel, que havia anat a veure de jove, acabada de casar –les noies solteres no hi anaven, no quedava bé que veiessin segons quines coses– però també l'escena frívola queia ara sota la censura franquista, encarnada en un vigilant assegut a la sala, que controlava que les dones no es despullessin massa, tot i que, insinua, «de tant en tant deixaven anar una mica més del compte».

Nativitat Iglesias
95 anys
Monja benedictina

Nativitat Iglesias dóna una visió menys domèstica del règim, malgrat que les monges estaven tan allunyades de la política com de qualsevol altra cosa, tancades en el seu món particular. És el seu un exercici de reflexió practicat al llarg de tota la vida, que té més a veure amb la ment que tragina que amb els hàbits que vesteix. «Nosaltres no ens ficàvem en si hi havia una part de l'Església catalana més favorable al règim de Franco o no. Nosaltres, en tot cas, sempre hem estat una mica de la terra. Sempre vàrem parlar en català. És més, si venia una monja de fora de Catalunya l'havia d'aprendre. Potser de les monges que van passar la guerra a Itàlia algunes van tornar una mica influenciades pel govern de Mussolini, però certament, amb el temps, ningú estava ja per dictadures», explica. I recorda la figura de l'abat Escarré, que es va haver d'exiliar arran d'unes molt dures declaracions contra Franco, l'any 1966. «Va ser molt dolorós perquè espiritualment em va ajudar molt. A mi i a d'altres monges ens va concedir els vots de la Condició Solemne», és a dir, els vots definitius després de passar pels anys de noviciat i pels vots simples, que són encara de prova.

Les monges benedictines tenien pocs recursos. Quan el convent del carrer Copèrnic es va fer inadequat, van intentar fer-ne un de nou a la Vall d'Hebron, però el govern de Franco els va denegar la subvenció demanada. La solució definitiva a tanta incertesa va arribar el 1954: es van instal·lar a Montserrat, en un edifici que havia estat l'Hotel Marcet, i el van ocupar conjuntament amb una comunitat de monges de Sant Benet de Mataró, amb les quals es van fusionar. La Nativitat va ser priora d'aquest convent durant quasi vint anys, i encarregada de la biblioteca. Sense recursos –la comunitat no té escoles, que és la font d'ingressos tradicional–, les monges es van espavilar a trobar feines: sargir peces de roba tarades que els remetien de Sabadell i Terrassa, la confecció d'ornaments religiosos i la realització de peces de ceràmica, que és encara la principal dedicació de la comunitat.

Montserrat Moner
94 anys
Vídua de l'escriptor
Joan Alavedra
Professora de piano

Montserrat Moner va tornar a Barcelona al cap de deu anys de vida a Prada, en part perquè el seu fill Macià, ja de 14 anys, va anar a passar unes vacances a Banyoles, temptativament, a veure què, i ja no va voler tornar a passar la frontera: Catalunya, deia en les cartes que enviava a la família, era el país més bonic del món. S'hi van sumar alguns problemes amb la casa que tenien llogada a Prada i tot plegat va forçar el retorn. «A la frontera ens van dir que no tindríem problemes, que el meu marit era *un español más*, però un cop instal·lats a Barcelona es va haver de presentar un cop al mes a la policia. El vigilaven pels càrrecs que havia ocupat i per ser un gran catalanista», explica. Els Alavedra havien deixat, abans de marxar, els mobles dipositats en una institució religiosa: no en van trobar ni rastres. «Els van fer desaparèixer quan va arribar en Franco per por a dir que tenien amistat amb un home que al capdavall no era ni roig, ni anarquista, ni comunista, que era senzillament català. Vam perdre totes les obres d'art que teníem. L'únic que vam salvar va ser el piano de cua, perquè l'havíem portat a casa de la meva mare», sospira.

Van haver de viure, provisionalment, a casa de la mare durant uns mesos fins que el puzzle es va anar refent: una nova feina per en Joan Alavedra i nous alumnes per a les classes de música de la Montserrat. Al marit li van oferir feines editorials i de ràdios, però es va negar a escriure en castellà mentre el català fos prohibit, així ho va dir, i finalment va optar per fer feines comercials, de despatx. «Els primers diners extres els vam fer amb una edició de luxe *d'El Pessebre*, un llibre que es venia a 850 pessetes i que es va exhaurir. Aleshores vam poder llogar una caseta al carrer Lincoln. Quan la filla del propietari es va casar i va anar-hi a viure, vam venir a aquest pis del Paral·lel». El pis minúscul del Paral·lel on el sol del matí il·lumina la fusta noble del piano de cua. Però els deu anys d'exili havien destruït la memòria tangible d'una part de la seva vida: no en guarda ni una foto, ni una carta, ni un objecte. Ho va perdre tot. «Jo he estat una víctima de la política», diu, però no és pas una queixa sinó una constatació. El seu fill, en tot cas, no va tenir reserves a assumir l'herència política del pare.

Margarita Riera
90 anys
Casada amb l'empresari
Miguel Torres
Relacions públiques

El segon fill de Margarita Riera va néixer a Barcelona, en una casa amb dues minyones i cura pels detalls: «Jo les agafava que fossin del centre d'Espanya perquè els meus fills tinguessin un bon accent castellà, que és una cosa important. Un català que parli castellà rara vegada el parla bé, es nota en l'accent i en els *giros* i en les frases», justifica. «Els meus fills parlen un castellà perfecte». I és que les peces del seu món tornaven a encaixar com un guant a la mà. Els nois van anar als maristes i, quan va néixer la filla, al seu temps va anar al Col·legi Alemany, repetint el patró familiar per últim cop: les noves generacions ja inventen camins. Tots tres van fer estudis d'enologia per continuar el negoci familiar, la noia finalment establerta pel seu compte a Califòrnia, en la vall de Sonoma.

Però abans de tot això, la Margarita Riera va continuar ocupant-se de les relacions públiques de les bodegues, assistint a les fires internacionals –tenia una traça especial per donar a conèixer els seus vins–, viatjant amunt i avall sense parar. «Hi anava sola, a les fires dels països comunistes», relata. «Allà on hi ha comunisme hi ha pobresa, però eren una gent que més o menys es defensaven. Això sí, mai he sabut què feien amb els milers de caixes de vi que els veníem, perquè als supermercats (més aviat uns *colmados*) el vi no apareixia. Deurien fer les seves combinacions i se'l quedaven per a ells o per fer intercanvis amb altres països, no ho sé. Nosaltres el fèiem arribar i el cobràvem en dòlars, però on anava a parar el vi, no ho sé».

És una dona enormement distingida i pràctica, que guarda una relació ambivalent amb la realitat:

una part del món existent la domina, l'analitza, li canta les quaranta si convé, i l'altra part fa veure que no la veu. El seu és un cap molt lúcid centrat en els metres quadrats de la pròpia experiència. Però té el mèrit indiscutible d'haver depassat els límits que li venien donats per nissaga i condició. Poques dones de la seva generació s'han llançat a l'aventura empresarial amb tanta empenta, esmerçant-hi tants recursos personals i mantenint-se al peu del canó fins als noranta anys complerts. Però la Margarita Riera, que no s'enganya, sap molt bé que ha fet aquest camí perquè era l'empresa del seu marit. Mai ho hagués intentat en una firma comercial aliena a la família. Això no treu vàlua a la seva experiència. Al contrari, la confirma com una senyora, educada des de petita per ser-ho, tota ella un projecte realitzat amb escreix.

«Franco va ajudar molt a l'exportació, eh?», interpel·la encara. «Se li han fet moltes calúmnies i s'han dit moltes coses però en això ell va ajudar. Franco va pensar que tota aquesta anarquia, tot això de la FAI, estava situada a Catalunya i per això ell va voler reprimir el català. Això va ser una equivocació», precisa. «Tots els extrems són dolents i el que fa bo és la convivència: parlar català i parlar castellà, que hem de ser germans. Jo em sento molt catalana però parlo el castellà i no imposo el català a ningú. Sóc lliure, no sé com dir-ho». Així que, en arribar el 1975 la mort del Caudillo, «ni ho vam celebrar ni ho vam deixar de celebrar». Per dir-ho amb les seves paraules: Franco va ser bo per al negoci i dolent per al català, vagi una cosa per l'altra i en paus.

Quan va morir Franco, el fill de l'Agustina Lorca feia el servei a Sabiñánigo i van passar por, de mane-

Agustina Lorca
81 anys
Mestressa dels Magatzems Fortunet
Figueres

Nativitat Iglesias
95 anys
Monja benedictina

ra que la família no es va embolicar en celebracions, no estaven d'humor. Nativitat Iglesias en guarda un record boirós: que les monges pensaven pobre home, com el fan patir, aquesta commiseració. «El que tinc més present», diu, «és la coronació del rei Joan Carles, que hi havia el cardenal Tarancón. Vaig pensar que estava bé. Crec que el rei va saber trampejar el període de la transició, que va ser una gràcia que se superés sense víctimes. Això vol dir que ni els uns ni els altres tenien ganes de gresca sinó que es volien fer les coses sense gaire soroll», reflexiona.

Maria Calls
83 anys
Mocadera i hostalera
Vallès Oriental

Pragmàtica també es mostra la Maria Calls quan improvisa el balanç d'aquells anys. «Nosaltres vam ser castigats pels de la banda d'en Franco, oi?, doncs encara menys d'acord amb la seva política. Però el negoci anava bé, més que ara, perquè no pagàvem moltes coses que ara paguem i no eren tan mirats de si vens això o vens allò. Ara cada cop et van ajustant, et van ajustant.... Lo del català era massa... Però per un altre cantó, no ho sé, ara maten les persones i roben i no els castiguen. Aleshores estava més castigat. Potser també hem de mirar les coses com siguin, eh? Tot l'odi per Franco tampoc», matisa. La Montserrat Moner no va dubtar: va treure de la nevera l'ampolla de cava que feia moltes nits que hi era, perquè tothom sabia que Franco moriria en plena nit, i també ho va fer la Mercè Sabaté Cebado, que confessa haver fet «festa grossa». A l'Aurora Díaz-Plaja se li escapa un gest d'innocència: es va emborratxar, «com tots», diu, «com tots». Però només es va emborratxar mitja Barcelona.

Montserrat Moner
94 anys
Vídua de l'escriptor Joan Alavedra
Professora de piano

Mercè Sabaté Cebado
92 anys
Secretària
Afeccionada a la natació
Barcelona

Aurora Díaz-Plaja
86 anys
Bibliotecària i escriptora

CAPÍTOL 7

La vida, és a dir, la mort

«El dia que hem de morir hem de morir;
el dia que sigui que vingui la mort, aquí l'espero».

MARIA JOAQUIM

Juana Zapata
84 anys
Filla de guàrdia civil
Obrera

Després de la guerra, Juana Zapata va anar, doncs, a viure a Santa Coloma de Gramenet. No hi va trobar pas una rutina fàcil, però les penes tampoc li devien venir de nou: el destí, la vida, no l'han deixada ni respirar. Va canviar de ciutat, perquè l'havien fet fora d'un pis que tenia, ja casada, a Barcelona. Va ser l'únic moment que va abaixar la guàrdia: li havien trobat un tumor al pit i la van haver d'operar. El seu marit, aquell home al qual es refereix sempre amb un menyspreu que es barreja amb l'odi pur i simple, «es va quedar a casa», diu, «amb la cafetera a punt i la botella de conyac al costat. S'estava animant mentre jo era a l'hospital. No li perdonaré mai». Juana era aleshores la que aportava l'únic sou fix a la família, el marit dedicat a unes activitats artístiques que de vegades es materialitzaven i més sovint eren pures fantasies: l'home no ingressava ni cinc. La Juana, decidida, havia entrat a la fàbrica Baró de mocadors, vuit hores de jornada i dissabtes a la tarda i diumenges lliures. «Un dia li vaig dir: hoy es el último día que te pongo el plato en la mesa hasta que me traigas dinero», però ni així va reaccionar l'Enric Casanovas. El cap de la fàbrica es va preocupar perquè Juana no rendia i va interrogar una de les seves amigues. És que no menja, va contestar la noia, passa el dia amb una fruita i prou. Tot el que guanyava era per donar de menjar a la família i pagar el lloguer. L'encarregat, que sabia que el marit era artista, li va dir que potser podria ajudar-lo. Tenia una companyia de teatre, van caure alguns bolos. Més tard, la Juana va passar a treballar en un taller de confecció –sempre aprofitant d'aquell aprenentatge bàsic de l'agulla– on cosien els equips dels jugadors de l'Español i esmòquings i pantalons.

«Jo no sabia res d'això, vaig haver d'aprendre'n. Me'n va ensenyar molt bé l'encarregada i jo tenia traça i m'agradava. Vaig passar a ser sastressa d'home. Primer em van ensenyar a fer els traus dels punys, després els de davant, que són completament diferents, i més tard els de la solapa de l'americana, que han de ser perfectes perquè es veuen molt. El jornal no estava malament», recorda. Les úniques vacances de la família eren banyar-se a la Barceloneta, alguns dies, però tan sols la nena es ficava a l'aigua, amb vestit de bany i flotador. Va ser treballant en aquest taller de confecció que es va posar malalta. «Vaig tenir la desgràcia que em van haver de tallar un pit, em van operar de la vesícula, vaig estar malalta del fetge... tot el que té el cos ho tenia malament. Després vaig haver de deixar de treballar perquè ja em fallava la vista i en la feina que feia era imprescindible. Deuria tenir uns 42 o 44 anys, només sé que em sentia molt jove. A partir d'aquí vaig començar a treballar a casa fent flors de plàstic. El metge em va recomanar de deixar de treballar, però jo havia de guanyar diners».

Durant un temps va estar fent de figurant en pel·lícules de cinema on de tant en tant treballava el seu marit, una feina molt ben pagada i que la transportava a un altre món, un món de maquilladores que la deixaven guapíssima i d'actrius com l'Ana Mariscal, que ella defineix com un «bitxo, de tan dolenta com era, mala persona». Però ella va preferir cosir. La realitat sempre ha anat de bracet amb la Juana Zapata, que és una dona incapaç de somiar, de tan dura com li resulta la vigília. No li agradava gens anar emmascarada, diu, fent servir aquesta expressió. «Un cop mort el meu marit, em va sortir l'oportunitat de comprar un pis a Santa Coloma, un sisè pis. Havia estalviat diners però me'n faltaven alguns i me'ls va deixar la meva cunyada. Jo vinga plorar perquè mai havia demanat diners a ningú. Recordo que la nit abans de donar la paga i senyal vaig dormir amb els diners sota el coixí. Quan vaig aconseguir de comprar el pis, em passejava fent petons als mobles, que no eren gran cosa, però m'era igual. Jo deia: Déu meu, això és meu. Això és molt gran, t'hi has de trobar, em va costar molta suor i molts plors poder tenir alguna cosa meva, poder vestir la meva filla i donar-li de menjar».

El pis, se'l va vendre anys després la filla, davant dels ulls de la seva mare, que estava instal·lada llavors en una residència de Santa Coloma. Ni la Juana ni el seu gendre podien pujar les escales fins al sisè, sense ascensor, i el pis va semblar de sobte inútil i poc apropiat, tot i el seu passat: allà hi havia viscut la filla de casada, els néts de la Juana hi havien portat nòvios i nòvies, hi niaven quantitat de records i aquells esforços i plors que la Juana tenia tan presents. Era un somni que s'havia fet realitat. Però la dona finalment va acceptar, no sense recança, que el temps havia anat avançant, que el present ja pertanyia als joves i, un altre cop resignada, va anar a la residència. L'alcaldessa de Santa Coloma de Gramenet, Manuela de Madre, va fer les gestions: de feia temps que eren amigues, de quan ella organitzava algunes festes en una Llar de Jubilats i l'Ajuntament li donava subvenció, i es visitaven i xerraven. Amb la venda del pis, alguna cosa va acabar definitivament per la Juana Zapata.

Maria Joaquim
101 anys
Modista
Barcelona

La Maria Joaquim, modista de vocació i professió amb aquella màquina de cosir negra que és gairebé una peça de museu, va viure molts anys amb la seva germana Leonor, totes dues soles després de la mort del pare, que es va escaure poc després de la guerra. La germana es dedicava a l'enquadernació i ella a cosir. Van llogar plegades un pis al carrer Montmany, a Gràcia, que amb els anys van comprar, i es van aplicar a viure una vida senzilla, amb petits conflictes domèstics entre les dues germanes, diferents com la nit i el dia. «Ella no volia anar enlloc, no li agradava de sortir ni quedar-se sola. Era molt rara, la meva germana. No ens aveníem massa, però jo callava i m'hi acostumava, no deia res. Va morir ara fa vint anys», recorda. Ara la Maria Joaquim ja té 101 anys i ha vist canviar el món com qui regira un mitjó. «Abans, en sortir de la feina o de l'escola, les noies venien a casa a aprendre a cosir. Ara se'n van a les discoteques. Són nous costums, ja ho sé, però són costums dolents», i ho diu una dona animosa que ha disfrutat molt sortint de casa, assídua com era als balls de les societats recreatives, una altra cosa, és clar. «A les discoteques s'està a les fosques, és temptador... és perillós per la noia», dictamina.

Les dues germanes s'havien quedat ancorades en una vida d'un altre temps. No van voler mai tenir nevera, perquè amb la compra diària ja passaven: guardaven les viandes del dia en un prestatge a la galeria que els feia de fresquera i així fins avui. «Tot són trastos i sempre he pensat que quan un aparell d'aquests s'ha d'arreglar costa molts cèntims. No tinc tant de menjar a casa com per tenir nevera», somriu. Posats a fer, tampoc van voler la rentadora. «La meva germana anava a rentar al safareig que hi havia aquí, al carrer Bruniquer. Allà feien el llexiu, i te'l donaven en una galleda que costava deu cèntims. Ara jo porto la roba a la bugaderia, se l'endú una noia dels serveis socials que em ve a ajudar els dimarts i dijous i des de fa un any l'Ajuntament em paga el que em costa. La porto dos cops al mes, i ja en tinc prou. Ho deia la dona del safareig: la Maria porta la roba que no cal ni rentar-la». I n'està orgullosa, de la seva vida menuda, tutelada pels serveis socials de la comunitat.

Pepeta Castanyer
96 anys
Filla de pescadors
Obrera tèxtil
Sant Pol de Mar

Tampoc li acaba d'agradar la vida del jovent actual a Pepeta Castanyer, la dona reclosa i tímida de Sant Pol de Mar. «Ja sé que sóc de quatre generacions enrere», reconeix, «però puc dir el que penso. Penso que abans la gent s'estimava més. Les famílies estaven més unides. Ara tot és un *desbarajuste*». Li ho ensenya la televisió, amb unes pel·lícules que, diu, ja no són com les d'abans. «Les que m'agraden són les de l'oest, les del circ i les de la neu», explica, donant-li a la televisió un sentit veritable de caixa dels somnis, de finestra abocada a mons que li són tan estranys. No es va perdre ni un sol capítol de *Nissaga de poder*, el serial de TV3 que presentava vides conflictives i violentes, en un univers de riquesa i depravacions, ben bé el *desbarajuste* a què al·ludeix en parlar del temps que, més que viure i compartir, observa. Fins i tot va aconseguir un dia de saludar el protagonista, en Jordi Dauder: el fet ha estat un dels esdeveniments de la seva vellesa.

Montserrat Moner
94 anys
Vídua de l'escriptor
Joan Alavedra
Professora de piano

Montserrat Moner també sent una difusa nostàlgia per un passat –una infantesa– feliç: «Penso en els meus besnéts, que tenen tantes coses, que arriba Nadal i reben motos i de tot, i sovint els veus i estan com tristos. Jo no he estat mai trista, ni ara ni quan era nena. Sempre he estat contenta amb el que he tingut», opina. Un símbol del que diu és la nevera de gel de la casa del carrer Lincoln, la primera vivenda que van llogar després del retorn, amb la barra de gel que s'havia de comprar cada dia. La nevera elèctrica, el frigorífic per dir-ho amb el mot d'aquell temps, va arribar l'any 1949. Però tot ha anat canviant des d'aleshores: la moda, els costums, la manera de menjar, la salut. «Quan jo era petita, els pares no portaven els fills a vacunar-se i, per exemple, quan tenia 4 anys vaig tenir la meningitis i no em vaig morir de miracle, perquè no hi havia res per tractar aquesta malaltia. Els meus fills ja van estar vacunats», diu, alleugerida.

Mai ha estat possessiva amb els fills. «Penso que un fill és una cosa molt important i encara ho és més saber que, un cop ve al món, tota la vida tindràs obligació amb ell però ell no tindrà mai cap obligació amb tu. Si penses així, agraeixes tot el que et donen». I, conseqüent, va deixar que triessin la pròpia vida, el fill, Macià, dedicant-se a la política i la noia, Maria, anant-se'n sola a París quan tenia vint anys. «Aquesta edat només es té una vegada», concedeix la Montserrat. «Ella havia fet oposicions a l'Ajuntament, però quan hi va entrar va veure que era una cosa molt passiva, molt d'anar fent, i va voler anar a París. Ella no s'hi va fer massa, aquí, sempre se'n volia anar. El meu marit s'hi oposava, però jo li vaig fer entendre que era jove, que igualment se n'aniria i, a més, enfadada amb ell, que era millor que es busqués la vida a París i que sabés que podia tornar. Amb el temps es va casar amb un francès i va anar a viure a Montpeller. Ens escrivíem moltíssim i guardo unes cartes entre pare i filla molt i molt maques». I és que ella se sent, i sens dubte ha estat, el fonament de la família.

Aquesta filla va morir de càncer als 45 anys, deixant el marit enfonsat i quatre filles, una de les quals també va morir, d'accident, als Estats Units. La vida ha estat, doncs, cruel amb la Montserrat, absurdament, com són absurds els cops que la vida clava, a cegues. Quan va morir la néta, Joan Alavedra estava ja malalt i ella li va estalviar la notícia: se la va empassar tota sola durant mesos, inventant cartes i notícies de la néta absent, perquè l'home no patís. Quan finalment va morir el seu home, la Montserrat va tenir una angina de pit, de tanta angúnia com havia estat entaforant dins seu. Dues de les nétes viuen avui a Barcelona, la tercera a Montpeller.

Dolors Canals va continuar la seva vida activíssima, en un apartament a l'East Side de Manhattan, des d'on el matrimoni Junyer projectava la seva feina arreu del món, ella en el terreny científic, ell en l'artístic, ella al seu despatx i ell al seu taller, però combinant itineraris i activitat social. «A vegades estàvem als antípodes l'un de l'altra. Jo a Austràlia, ell a Anglaterra. A Europa, com que tot és a prop, ens trobàvem a París el cap de setmana. Rarament hem estat separats gaires dies». Durant anys ella va fer un programa setmanal de ràdio, una conferència, de fet, a la CBS, que s'emetia internacionalment, sobre temes relacionats amb la infància. A partir de la mort de Franco va començar a tornar a Catalunya, «perquè si has nascut aquí no pots prescindir-ne, i vols deixar-hi la teva contribució. Primer tornàvem uns quants mesos a Catalunya, després ja ho fèiem a l'inrevés, espaiant les estades a Nova York. Em fa una gran pena pensar en la gent que va haver d'aguantar quaranta anys la dictadura, gent que ho van haver de pagar tan car. Nosaltres n'érem solidaris i ajudàvem organitzant els Jocs Florals de Nova York per mantenir l'idioma. Molt del que s'havia avançat durant la República havia desaparegut, es va retrocedir a l'època de la meva àvia, amb aquella submissió de les dones tan forta, de vestidets negres i el collaret de perles i les misses i les confessions», es dispara.

Va anar al Banc d'Espanya per recuperar una part del seu patrimoni, sense sortir-se'n. Descriu amb traça l'escena: «Ve un uixer a buscar-me, tot mudat, que m'acompanya cap amunt, pica a la porta, l'altre dóna permís per entrar, l'uixer obre la porta, veig el funcionari important darrere la gran taula, l'uixer em presenta i l'altre diu que molt bé, que tanqui la porta. Aleshores s'aixeca, ve cap a mi, em besa la mà i jo li dono un cop al nas perquè estava acostumada a donar la mà», riu amb ganes d'ella mateixa i de l'altre. Encara li van preguntar, al Banc d'Espanya, si el marit li donava permís per endegar la tramitació i ella, lògicament, va saltar dient que l'herència era seva. Però vostè és casada, li van replicar. Però no sóc espanyola!

Maria Antònia Simó
84 anys
Secretària
Muntanyenca

Els desplaçaments per l'adusta ciutat de postguerra, la Maria Antònia Simó els feia amb tramvies, metros, autobusos i troleibusos. Però aviat va arribar el mític 600 a la família excursionista, «que et portava a tot arreu, tant per la muntanya com per la ciutat, era com una tortugueta», diu. Finalment van tenir un 127 i aquí es van quedar, repetint el model i sense més pretensions, perquè les mides i les prestacions s'ajustaven al que necessitaven. «Preferíem fer un viatge llarg que ens costés cèntims que no pas tenir un cotxe més gran», explica. El temps s'ha endut també aquell últim cotxe: ara han tornat al tren de Sarrià. «Pel que fa als últims anys hi ha coses que t'agraden i d'altres que no tant, com passa a tot arreu. Ara es donen aquestes baralles, picabaralles millor, sobre si hi ha prou català o si hi ha prou castellà. Jo em sento catalana perquè he nascut a Barcelona, abans que res sóc barcelonina. Tinc bons amics a tot arreu: al nord, al centre i al sud d'Espanya», i es mostra com una dona racional i equànime en els seus judicis sobre els afers polítics, que segueix amb una relativa atenció. Muntanyenca apassionada, té molt a dir sobre l'ecologisme modern, que considera excessivament preservacionista. «Abans, donar suport a la construcció dels primers telesquís era ser molt de la muntanya i ara els ecologistes diuen que la fem malbé. D'acord, però com viuen els pobles d'ara i com vivien quan jo tenia vint anys? Què hem de fer? Conservar la muntanya i que aquella gent es podreixi? Sí que hem de conservar la natura i jo sóc la primera que n'he disfrutat i en disfruto, però d'això a voler preservar allò tal com era i la gent tal com vivia, tampoc».

Igualment crítica, com totes aquestes dones que freguen la ratlla del segle, es mostra pel que fa a l'educació de les criatures, que troba massa condescendent, massa voltada de regals materials, ella que no ha tingut fills. «No crec que als nens se'ls hagin de donar tants capricis com se'ls donen ara. Tinc nebots i els nebots tenen fills i sé el que em dic. Tenen un camió i aleshores volen un tanc, i quan tenen el tanc volen el camió-cisterna que reparteix aigua. Això és una exageració i no crec que sigui bo per a l'educació dels nens. Per mi va ser una experiència positiva no tenir res i, en canvi, sentir un gran goig quan finalment ho aconseguies. Ara ja hi ha bastants pedagogs que diuen que s'ha arribat a un extrem», diu.

Maria Calls
83 anys
Mocadera i hostalera
Vallès Oriental

El marit de la Maria Calls portava les nenes, ja adolescents, a ballar a Sant Celoni, amb un cotxe que havia costat penes i treballs de tenir, un Renault amb el morro llarg que ella qualifica de «molt lleig». Ells també s'hi afegien, eren balladors de mena. La fonda anava a tot gas, sempre plena de gent, amb l'especialitat dels peus de porc, només faltaria, i la botifarra amb mongetes o amb bolets quan n'és el temps. Aleshores ja hi havia servei, noies del poble que s'estaven una temporada servint taules o ajudant a la cuina. Amb els anys i el progrés, va arribar un dia que van canviar de lloc la carretera –perquè la històrica ja passava per dintre del poble i es va quedar com a simple carrer–, que els va deixar amb el restaurant mal orientat i el van haver de girar cap a la nova carretera. Però ja no eren els bons temps de ca l'Hostaler, perquè la proliferació d'establiments de tota mena va fer afluixar la clientela.

De tota manera, la Maria encara hi treballa amb la filla, mentre que el gendre i la néta, la Núria –que fins fa quatre dies vivia a l'hostal amb l'àvia– s'han concentrat en el negoci dels pinyons, que funciona a cor què vols, amb set persones treballant-hi i dos o tres viatjants. Entre ells hi ha el nòvio de la néta, un holandès que va conèixer a Mallorca i que ja parla català. «I jo dic que quin atreviment de fer això, la nena», s'espanta, «perquè el va conèixer i ja el porta a casa i a casa és des d'aleshores. A la meva època això no hagués passat, que va, l'haguessin tret de casa, el meu marit, sí. Jo, què hi farem, m'he modernitzat i si veig que és feliç, ja s'arreglaran. I és que s'ha de fer així, em sembla». Però confessa que li fa una mica d'angúnia la relació, «perquè dels forasters, de la gent de tan lluny no sabem res. A mi m'hauria agradat més que estigués amb un noi d'aquí, que n'hi ha de prou macos i coneguts i amb carrera, però mira, és cosa d'ella». Encara que digui això, el seu tracte amb l'holandès és entranyable.

Aurora Díaz-Plaja
86 anys
Bibliotecària i escriptora

També va reprendre la feina de bibliotecària, després del parèntesi a la Soli, Aurora Díaz-Plaja: exactament el 1942, a la Biblioteca del Servicio de Trabajos Portuarios, que va engegar ella mateixa gràcies a la intervenció d'un amic del marit. Les existències eren precàries: un prestatge amb llibres comprats pel tinent que n'estava al càrrec, llibres que es donaven en prèstec. Ella va proposar de fer una petita sala de lectura. «Em vaig entusiasmar amb aquesta feina i vaig crear una biblioteca nova i popular, en el sentit que jo dono a la paraula popular. És una de les biblioteques més meravelloses que he tingut», i li sorgeix el mateix entusiasme que ha abocat sempre a la feina. Els portuaris es van descobrir com els millors lectors que pogués haver-hi, gent que llegia per gust, que venien amb carretons a buscar els llibres de préstec per endur-se'ls quan s'havien d'embarcar. Ella mateixa comprava els llibres, que no eren tècnics, sinó de literatura en general, els que la seva clientela cada cop més nombrosa volia llegir. En aquell temps les biblioteques populars estaven controlades pels alcaldes franquistes, però aquesta era lliure: tenien novetats, best-sellers, llibres de toreros –detalla– i molta literatura en català. Només va tenir problemes amb un llibre: *Don Camilo y Don Pepone*, una història italiana d'un capellà comunista que era amic d'un alcalde feixista. En un moment, els amics es barallaven i el capellà li deia a l'alcalde «Don camalo», que una nota a peu de pàgina aclaria que era un insult corrent, de fet una derivació del mot camàlic que s'aplicava als malparlats, una cosa ben innocent. Però l'Aurora va agafar unes tisores i va retallar el tros, no fos cas que fos malinterpretat i se censurés el llibre in totum. Va tenir por que algun lector no protestés.

Més tard va passar per altres biblioteques, algunes en funcionament i d'altres per iniciar, i fins i tot se'n va anar, a càrrec del Ministeri de Cultura, a muntar les biblioteques de les escoles de Melilla, que després d'anys encara tenien els lots de llibres empaquetats. S'hi va estar quinze dies. En una de les escoles triades ella hi havia estat de nena. «Passió pels llibres? No, no és això: es tracta de passió per la lectura, perquè els llibres quiets no m'agraden», precisa.

Dolors Gou
107 anys
Masovera a la Secuita

Dolors Gou va casar els dos fills el mateix dia, el Cristòfol amb una noia de Vallmoll, on es va celebrar la doble cerimònia, i la Gertrudis amb un noi de Vistabella que s'havia quedat vidu amb un xiquet. «Vam fer una mica de refresc i després cadascú a casa seva», descriu. El seu fill i la jove van anar a viure al mas Mercader, que completava així les tres generacions de la mateixa família. La Dolors va continuar treballant com sempre, amb ben poques distraccions, fora de jugar a cartes, per separat, el marit al cafè de la Secuita i ella amb les amigues a Vistabella, a set minuts a peu del mas, ho tenia cronometrat. Alguns dies el Cristòfol l'anava a buscar amb cotxe, perquè el vehicle privat el va estrenar, i en exclusiva, el fill, representant de les noves generacions que s'adapten al que toca. Tot i que la jove encara va parir els quatre fills al mas.

«Les relacions entre pares i fills han canviat, és clar que han canviat, ara van més a la seva», reflexiona Dolors Gou. «Abans el fill gran gairebé sempre es quedava amb la feina dels pares i potser l'altre també, i el Cristòfol, el meu fill, ha fet de pagès com el seu pare. Ara ja no és així. Fer de pagès és molt pesat perquè és molt fonda, la terra, costa molt. Ara els fills no són pagesos, els sembla que la terra no val res. Abans els nens, de seguida que havien acabat els estudis, anaven darrere, de son pare a fer alguna feineta i llogar-se allà on podien. Jo tinc un besnét de 27 anys que encara estudia i una néta que és psicòloga i encara no ha trobat la feina que necessita. Ara s'estudia i la terra s'oblida, però ja tornarà la terra, ja tornarà».

El mas Mercader va ser venut pels hereus a uns senyors de Vistabella, bona gent, diu la Dolors, però que han transformat tant la casa que quan hi van de visita –perquè hi va, al mas on ha passat tota la vida– ja no sap on és. Els nous senyors del mas ja no exploten la terra. La Dolors Gou i el seu marit van anar a viure a Perafort, a casa d'un nét que treballa a la Caixa de Tarragona. «Ara joves i vells ja no viuen junts. A molts els porten a residències i molts dels vells potser hi estan més bé que si fossin a casa seva, perquè allà hi tenen companyia», comenta. «A mi m'agradava més de viure al mas i el trobo a faltar molt. Sortia i donava el tomb al matí, un parell d'hores, i mai m'asseia, sempre estava caminant». Va canviar els passejos per les agulles de fer mitja, qüestió de no parar quieta, i va fer munts de mitjons de llana, que aprofiten dos néts que són missioners, o potser membres d'una ONG, l'una a Bolívia i l'altre a Xile. Últimament li va començar a fallar la vista. La Dolors Gou ja ha fet els cent set anys.

Mercè Sabaté Cebado
92 anys
Secretària
Afeccionada a la natació
Barcelona

La Mercè Sabaté Cebado va viure lentament la incorporació dels aparells domèstics a la vida quotidiana, començant per una nevera que va fer figa en el moment menys indicat: el dia que estava carregada de menges pel convit dels cinquanta anys de casats dels sogres. Tot es va fer malbé, però aquestes coses ja passaven, aleshores. Amb el temps va arribar la rentadora, que va ser objecte de moltes reticències, perquè tothom en parlava malament, les veïnes opinaven que espatllava la roba, que no feia cap falta. Fins que la Mercè, una dona que creu en els avenços de la modernitat, es va decidir i la va tenir tants anys que encara la va donar a una neboda quan aquesta es va casar.

Durant uns anys va posar, a casa seva, una mica per distreure's i una altra mica per contribuir a l'economia de la llar, una botiga de roba italiana i a poc a poc la va ampliar amb tot de coses de parament de la llar, perquè entre la clientela –totes amigues i conegudes de les amigues– hi havia moltes noies per casar. Però tot plegat sense abandonar els banys de mar, que exigien una disciplina d'organització molt estricta per tenir el dinar a punt en tornar, o per deixar-lo fet per quan tornés el marit i ella encara fos enmig de les onades somortes de la Barceloneta, el paisatge que la va fer presonera des de molt petita.

Margarita Riera
90 anys
Casada amb l'empresari Miguel Torres
Relacions públiques

La Margarita Riera, mentrestant, jugava al bridge, una afició de més de vint anys de durada, que ha anat cultivant fins arribar a ser una autèntica jugadora professional, com si diguéssim, fidel al seu manament que les coses que es fan s'han de fer ben fetes. «Aquest és el meu divertiment d'ara, perquè amb l'edat se'n van totes les coses. Jo ja no puc anar amb bicicleta, perquè Déu ens en guard que caigués; no puc jugar al golf, perquè vaig tenir una lesió a l'esquena; no puc agafar avions perquè el cor no em deixa i no puc fer imprudències... doncs, clar, tot es va reduint, reduint. El bridge em consola. Al meu marit no li agradava, per ell sentir parlar de cartes era una maledicció, però m'hi deixava anar. Ara tinc en perspectiva un concurs, fent de parella amb l'Araceli Samaranch, la cunyada de Juan Antonio Samaranch, i quan em va trucar li vaig dir que estava molt cansada, molt cansada, però em va insistir tant que no li podia dir que no, i li he dit que sí. Així que aquest dissabte cap a Reus», sospira, en el fons encantada.

Agustina Lorca
81 anys
Mestressa dels Magatzems Fortunet
Figueres

L'any 1977, Agustina Lorca i el seu marit van anar a Veneçuela, a visitar uns parents. A la tornada, poc després, els esperava una amarga sorpresa: es van incendiar els magatzems del negoci familiar, es va cremar tot, fins a l'últimes peces de roba i ho van perdre tot. El marit va caure en una depressió que el va tenallar fins al final de la seva vida. «El veies assegut a la butaca, a les fosques, sense fer res, tot sol», descriu ella. Van ser catorze anys, catorze, d'aquesta indiferència seva envers el que el voltava. La parella es va tancar a casa, sense fer vida social. «Sempre vaig quedar-me a casa cuidant-lo i em vaig acostumar tant a ser-hi que ara continuo sense anar a gaires llocs». La situació econòmica es va trampejar amb dificultats, de les que no vol parlar-ne, perquè prou n'hi ha amb viure-les. El 1992 es va quedar vídua. La vida ja estava feta a un ritme pausat i rutinari, el ganxet, anar a missa, cuidar les plantes –ja que no va poder tenir el jardí que sempre havia desitjat. No tot surt al capdavall com una hauria volgut.

La majoria d'aquestes vides han arribat a un equilibri entre la soledat –totes són vídues, tret de Maria Antònia Simó– i les activitats petites de cada dia, un pacte amb la realitat i la memòria, una persistència del record i de les ganes que topa amb la minva de les forces, perquè els anys tenen un pes, com el tenen les coses viscudes. Són dones que lluiten en temps present, però agombolades pel passat. Tendres de records. Montserrat Moner es queixa, sense queixar-se, del cop que va representar perdre la seva filla el 1975, la noia casada a Montpeller que va morir de càncer. «El Joan, crec, hauria viscut més sense això, perquè era un home fort i un gran esportista, un gran nedador. Però quan va morir la filla, per qui ell sentia una gran passió, es va anar enfonsant. Això em fa pensar en el que diuen del sexe fort i el sexe dèbil. L'home s'enfonsa més ràpidament que una dona. Nosaltres sabem que hem d'acceptar el que la vida ens dóna, que has de viure pels que queden», reflexiona. La mort del seu home li va deixar un gran buit, però una riquesa immensa de records. «Reconstrueixes tot el passat, és importantíssim poder-ho fer. No és gens dolent viure de records perquè sovint la realitat és més lletja», adverteix. Cada dia seu al piano, toca una peça i reviu tot el que aquella música significava en un temps anterior, ja tancat. Quan entra a casa saluda la fotografia del seu marit, elegantíssim en l'estampa, com si

Montserrat Moner
94 anys
Vídua de l'escriptor
Joan Alavedra
Professora de piano

hi fos. Duu una vida activa, d'anades i vingudes, amigues –que també van desapareixent– i tràfecs, amb voluntat de tirar endavant i amb la convicció que la vellesa és una etapa tan rica com qualsevol altra: és, en tot, una dona optimista.

Mercè Sabaté Cebado
92 anys
Secretària
Afeccionada a la natació
Barcelona

Mercè Sabaté Cebado és un prodigi de vitalitat: a 92 anys no ha renunciat al seu bany diari a la platja de la Barceloneta, un exercici que ara li representa el gruix de l'activitat quotidiana. Baixa cada dia amb autobús fins a la platja, camina per la sorra, cull pedres –en té una col·lecció perfectament ordenada i perfectament inútil en pots de vidre que ocupen prestatges i racons de casa seva– i, si el mar està bé, es banya, també a l'hivern. Es banya amb un biquini fet a mida, des de fa uns vint anys, quan va desterrar definitivament el vestit de bany i se sent segura i còmoda amb aquesta indumentària que, afirma, molts li critiquen. A la tarda fa totes les feines de la casa: és a dir, no para. Les escultures del seu marit omplen el seu pis, espaiós i ple de llum a Vallcarca. El seu home va morir el 1981, malalt dels pulmons –ella fuma encara, malgrat un infart greu fa vint anys– i tot i que no li pesa la soledat, l'enyora. «El trobo a faltar sempre. De vegades em desperto a la nit, obro el llum i de seguida penso: no ho facis que el despertaràs. Inconscientment penso que és aquí. El trobo a faltar sempre d'una manera trista, penso que fèiem allò i això i ara ja no ho podem fer. Però miro endavant».

El marit de l'Aurora Díaz-Plaja va tenir el primer infart a 62 anys i va haver de plegar del diari, però va trobar una segona afició com a lector per diverses editorials, una feina que li va suggerir ella. Aquesta ocupació tan plàcida i tan gratificant li va allargar la vida molts anys, segons els metges. Però a 74 anys va morir. Per a totes aquestes dones, la mort del marit representa un tall en la vida: no suposa abandonar activitats o aficions –l'Aurora continua traduint i escrivint i llegint– sinó començar a mirar més el passat que el futur, com si la vida s'encongís de sobte. És cert que, quan tenia 65 anys i s'acabava de quedar vídua, va agafar un bitllet d'Interrail i se'n va anar a recórrer Europa amb tren, però és que l'Aurora és dona decidida i voluntariosa. I cert és també que hi ha la vida amb els fills i els néts, molts d'ells dispersos pel món com manen els temps, als que de tant en tant visita. Però no és la mateixa vida, que la seva vida de debò ha quedat presonera dels records.

Aurora Díaz-Plaja
86 anys
Bibliotecària i escriptora

Joan Junyer, que era sord de resultes del xarampió, sempre deixava notes en un graó de l'escala, perquè la Dolors sabés on era. Les redactava en anglès, mers monosíl·labs. Quan la Dolors Canals va tornar de la clínica, després de la matinada que ell va morir d'un efisema pulmonar, va obrir la porta de casa, va aturar-se un moment per fer conscient que ell no tornaria, va enfilar l'escala i va trobar una nota d'ell que posava «up», a dalt, que també vol dir «amunt!». La Dolors va mirar enlaire i va fer un gest de redreçament, va respirar a fons i sense concedir-se ni un instant de flaquesa va continuar treballant, sense repòs. «Hi havia aquesta cosa, que ell era art i jo ciència, l'intercanvi era continu i en tots els ordres. Ara em queden les seves obres, que el representen tan bé, però és clar que l'enyoro. Jo era profundament estimada i ell era profundament estimat».

Dolors Canals
86 anys
Pedagoga i investigadora

No ha parat de treballar i continua a formular i aplicar conceptes nous. «I deixar enrere el llast acumulat de segles que ens frena i desvia». Vol deixar el Centre 0-3 ben consolidat per als seus successors. Segueix viatjant, Ginebra, Nova York. Un dels últims treballs és un estudi comparatiu entre els infants de Barcelona i Shangai. El centre de formació és a la planta baixa de la torre amb jardí on ella viu, al tercer pis, antiga seu del consolat danès. És molt capaç, la Dolors Canals, de proposar-se un objectiu, dedicar-hi tota la vida, anar endavant, pujar passa a passa tots els esglaons que se li presentin, i disfrutar amb la lluita personal i d'investigadora. «Anem obrint camí perquè l'espècie, malgrat els moments perillosos que viu, es desenvolupi cada vegada a un nivell més alt». És una dona extraordinàriament racional que no ha exclòs, en la seva vida, la passió. Però està clar que els dies i els treballs els governa el cap, sense vacil·lacions, sense desconfiar mai de les pròpies forces. Aquesta seguretat a vegades desconcerta a l'interlocutor –que se sent mirat des de dalt d'algun secret pedestal– però és la que li ha donat una vida de llibertat, quan no n'era el temps, i un destí llaurat a mà que és el seu millor projecte. Per això diu: «Hem d'anar endavant, amb independència de les barreres fixades per les societats actuals, perquè no sabem quins són els límits de l'espècie humana. Ni tan sols si n'hi ha».

Maria Calls
83 anys
Mocadera i hostalera
Vallès Oriental

La Maria Calls es va quedar vídua el 1993. Recorda els detalls de la mort del marit amb precisió narrativa: cada un d'aquells dies últims, amb llocs i hores i actituds, com es recorden els fets que marquen la vida. Ella continua. «Jubilar-se no és bo. Les dones que conec i s'han jubilat estant tot el dia mirant la tele i ja no són capaces de res, de res, tot els fa por. Ai, com t'ho fas?, em diuen. Jo no he deixat mai de treballar. Continuo preparant dinars i esmorzars i a la tarda planto cebes o alls i cuso i faig labor», s'enfila. En unes altres paraules, continua sentint-se imprescindible, la voluntat ordenadora d'aquell món concretat en l'hostal i la família. De vegades mira una estona la tele, però no pas les pel·lícules, no gaire, «perquè veig que tot és mentida... que a vegades et fan trencar el cor de plorar i plores però no has de plorar perquè no és veritat». La Maria és sòcia d'un esplai de jubilats, fa petites excursions i algun viatge més llarg, però sense el seu marit troba que ja no és el mateix, «però penses, què fas?, si no fas això, què fas?, se t'acabarà la vida» i aquest pensament la fa tirar endavant.

Margarita Riera
90 anys
Casada amb l'empresari Miguel Torres
Relacions públiques

Ja no va a fires per vendre vins, la Margarita Riera, però continua pendent del negoci, ara a mans del seu fill Miguel. Ella segueix al peu del canó pel que fa a la representació social –aquests còctels que li omplen l'agenda, al costat del bridge–, però tampoc se n'està de donar indicacions a l'hereu: jo això ho faria d'aquesta manera, li diu, i li transmet opinions sobre les etiquetes, sobre qualsevol detall. «Després fan el que volen», reconeix, «però la meva experiència val alguna cosa». Per això és presidenta honorària de Bodegues Torres. «Quan el meu marit va morir em va deixar un buit molt gran, el trobo a faltar molt», confessa, però se sent mimada per la família i segueix de prop la vida de la quarta generació, els besnéts que la sorprenen amb els nous usos i costums. «Una de les meves nétes té una nena i ara n'espera una altra. Doncs el marit l'ajuda a canviar bolquers... és clar, jo sóc d'una altra època. Mare de Déu!, el meu marit no ho hauria fet mai, això, ni donar-los biberons, ni donar-los el menjar, mai, mai. Però m'agrada aquest canvi, perquè si tots dos treballen és normal que s'ajudin també amb els nanos, no?», afirma: la vida imposa les noves regles de joc. La salut ajuda, gràcies a Déu, però comencen a flaquejar, alguns dies, les cames.

Dolors Gou
107 anys
Masovera a la Secuita

És obvi que a partir d'un cert moment la mort comença a formar part de la vida, no tan sols per les pèrdues –marit, amics, parents– que es van succeint al voltant, sinó perquè el temps s'escurça en el futur: la mort es fa present, s'hi pensa, les interpel·la. No és pas una presència ominosa: al cap dels anys, es comença a acceptar com un fet natural, hi ha una resignació al destí comú, una mena de pau. «No tinc por de morir-me», diu Dolors Gou, nascuda el 1892, més que centenària, doncs, «que vingui quan vulgui, la mort. Sempre dic que vull una mort ben curta, que no me n'adoni gaire, que no pateixi massa, però Nostre Senyor disposarà». La mort interromprà una vida molt encalmada, alentida, compartida amb els fills ja jubilats: una vida sense obligacions, en la que el temps passa a poc a poc, resant el rosari, fent de vegades un solitari amb les cartes o caminant de bracet pel poble, un tomb petit fins a dalt del carrer on hi ha dues dones que li fan companyia, nonagenàries ja. De la festa dels cent anys en conserva els regals d'homenatge i la memòria del mas ple de flors arribades d'arreu.

Als 105 anys, l'abat de Montserrat li va enviar un retrat de la Mare de Déu –les famílies es coneixen de sempre, la Gertrudis, la seva filla, l'havia portat a coll quan era petitet: quines voltes, pensa, que fa la vida. «L'únic que demano», diu, «és que no se'm quiti el coneixement: mentre tingui seny no em fa res de viure però si Nostre Senyor me l'ha de treure, que em tregui a mi també. El meu home va morir que no en tenia gens, pobret, ara ja fa 21 anys i era gran, tenia 91 anys i mig, i jo no voldria deixar aquesta herència, això no». I llavors afegeix, mig somrient, com disculpant-se: «Però Déu em vol tenir aquí, de moment».

Maria Joaquim
101 anys
Modista
Barcelona

La Maria Joaquim, modista, cobra la pensió de jubilació pels pèls, perquè ni se li havia acudit de fer previsió de futur, fins que una veïna, més jove i més al dia, li va preguntar si ja tenia arreglat *allò del seguro*. I ella va regirar els papers i va trobar que havia treballat uns anys a la botiga de la Ronda de Sant Pere i, entre tràmits i anades i vingudes, va sortir una pensió de 40.000 pessetes amb la qual s'apanya, estalviadora com és. La vida de la Maria Joaquim està trenada entorn de l'esplai i de diverses ajudes socials: voluntaris que l'acompanyen, dinars oferts a preus especials, tot un sistema de benestar que fa que aquests anys siguin més actius, més plens, que si estés tota sola. N'està agraïda. Ella mateixa havia ofert col·laboració, havia estat de la junta de l'esplai, havia donat un cop de mà en l'organització. «Ara fa tres anys que no sóc de la junta, perquè les facultats es perden una mica, no? Jo portava les senyores al teatre», diu, orgullosa. Anaven a veure revistes, anaven al Molino i la Maña la va fer pujar a l'escenari més d'una vegada, en guarda les fotos. El dia que va fer cent anys les veïnes li van regalar cent roses vermelles i una placa, una festa sorpresa que va acabar amb ball, i encara va tenir una altra celebració oficial al Cor de Maria, i fins i tot va anar-hi l'alcalde Joan Clos a felicitar-la. Una vida plena. «Jo sempre havia dit que no m'agradaria morir mai, perquè m'agrada viure i encara tinc esperit de fer coses, vull arribar a l'any 2000. Però el dia que hem de morir, hem de morir, el dia que sigui que vingui la mort, aquí l'espero. Què hi farem si és així?». I torna a repassar els petits objectes i tresors que omplen el seu piset de Gràcia, gots de vidre, capses buides, àlbums de fotos, cada cosa un record, cada cosa un instant de vida guardat amorosament.

Nativitat Iglesias
95 anys
Monja benedictina

La Nativitat Iglesias, reclosa en el seu convent de Montserrat, sap que la societat està perdent la fe. «Cada cop hi ha menys gent jove en les comunitats religioses, no sé a què es pot deure. Potser és l'ambient que troben fora. Crist dóna molt, però exigeix molt, també, no pinta la vida de color de rosa», diu. «A fora et diuen que la felicitat es troba comprant i comprant. La gent es pensa que la felicitat és tenir i no ésser i es preocupa més per això. Les coses que abans tenien valor ara no són considerades. És cert que es viu amb més recursos i comoditats, però hem arribat al punt que es pot desfer el món amb la bomba atòmica. És un talent extraordinari el que hem desenvolupat, però al servei de què?», es pregunta. Queden 36 monges al monestir, totes molt grans, i ella és la de més edat. «Dono gràcies a Déu que m'hagi conservat la memòria i la salut, però tampoc li demano res perquè s'ha d'estar a la seva voluntat», diu. «No tinc por de la mort però és una cosa que em fa respecte. Sabem on anem però no ho coneixem i saber que hem de canviar em fa respecte. Al final, però, el Senyor ens tindrà misericòrdia».

Tampoc no l'amoïna la mort, a la Pepeta Castanyer, de Sant Pol de Mar, que s'explica contundent i directa: «De totes les èpoques que he viscut, em quedo amb aquesta. De nits penso molt, em ve tot a la memòria i sento que tant m'és morir-me perquè cada dia estic més fotuda. Un dia o un altre vindrà». Té 96 anys, molta família que la visita i l'acompanya, quatre generacions compartint el pis de dalt del cafè. Si fa no fa el mateix que pensa Maria Calls, l'hostalera. «No em fa por morir-me perquè penses que aniràs amb els teus i que la vida i la mort les té Déu». I Mercè Sabaté ho confirma: «No m'espanta la mort, només em fa por haver de dependre dels altres. No voldria anar-me'n a una residència i que m'haguessin de passejar pel carrer, això no. No m'agradaria que m'haguessin d'allargar la vellesa», assegura.

Pepeta Castanyer
96 anys
Filla de pescadors
Obrera tèxtil
Sant Pol de Mar

Maria Calls
83 anys
Mocadera i hostalera
Vallès Oriental

Mercè Sabaté Cebado
92 anys
Secretària
Afeccionada a la natació
Barcelona

Ho subscriu Montserrat Moner: «L'únic que demano és morir viva. Si la vida no la podem viure és millor deixar-la», diu, amb la convicció que només una vida plena –una vida «viva»– pot ser disfrutada fins al final. I per això està a favor de l'eutanàsia, «deixar de fer allò que allarga artificialment la vida», tot i que, sospira, «amb el meu marit no vaig gosar fer una cosa així». Igualment activa es manté Maria Antònia Simó, l'única que té el marit al costat i que encara conjuga els projectes en plural, «sempre diem que farem allò o això, però amb els anys, per l'un o per l'altre, sempre s'ha d'afluixar». No té por de la mort, és tan sols qüestió d'allargar el temps

Montserrat Moner
94 anys
Vídua de l'escriptor
Joan Alavedra
Professora de piano

Maria Antònia Simó
84 anys
Secretària
Muntanyenca

una mica més, per què no? «De fet, quan neixem ja anem morint, ens dóna la sensació que no, però és així», afirma. Mentre la salut aguanti, però, el futur es veu amb optimisme.

Aurora Díaz-Plaja
86 anys
Bibliotecària i escriptora

L'Aurora Díaz Plaja salta: «Por de morir-me? No! Sé que el Fritz m'està esperant. I després, la diferència entre els animals i les persones és senzillament una cosa que es diu ànima. Ara tothom parla de la intel·ligència i la intel·ligència és només una de les filles de l'ànima».

Margarita Riera
90 anys
Casada amb l'empresari
Miguel Torres
Relacions públiques

Margarita Riera també se sent preparada, això diu, per quan Déu vulgui, que viure és saber que el final arribarà. «L'hem d'assumir, no diré amb alegria, però sí amb confiança», explica. I esperar que el final arribi amb les facultats en plenitud.

Carme Pedarrós
93 anys
Minera i minyona
Vall d'Aran. Bossòst

Per a Carme Pedarrós morir és natural, «i quan Déu vulgui que em reculli. Ja m'agradaria creure que al cel em trobaré els meus, però... Els capellans ho diuen, però quan et fiquen sota terra, què passa?»

Agustina Lorca
81 anys
Mestressa dels
Magatzems Fortunet
Figueres

«Por a morir? Gens!», exclama Agustina Lorca, «al contrari, no és que la desitgi però els dies que no estic del tot bé, perquè començo a estar fotuda de les cames... doncs mira, l'espero amb tranquil·litat, la mort, la veritat, que vingui quan Déu vulgui. L'únic que voldria és no donar *apuros* als meus fills, que en tinc quatre, perquè tinc un record molt trist de la mort del meu marit, va ser tan llarg i tan terrible...».

Dolors Canals
86 anys
Pedagoga i investigadora

No comparteix la resignació Dolors Canals: «Res d'això. Una cosa és l'enteniment del que és la mort, però res de resignacions, que la meva feina ha estat sempre en favor de la vida», declara. Està convençuda que en el futur la vida s'anirà allargant, com s'ha allargat en els últims anys, i que aquests anys suplementaris, que la ciència dotarà de bona salut, és un enriquiment per a la humanitat. «Estic contenta de la vida que tinc, encara que ha estat una lluita perpètua i encara ho és, contra els conceptes clàssics que he combatut sempre». I doncs continua la feina, la reflexió, els viatges i els records.

Juana Zapata
84 anys
Filla de guàrdia civil
Obrera

Juana Zapata se suma a la veu discordant, en un altre to: «Em fa por morir-me. Molta gent diu que no però diu mentida», assegura, en la seva residència de Santa Coloma de Gramenet. «Crec que el fet de ser catòlica no et treu la por. Ja voldria no tenir por, ja, però me'n fa només de pensar-hi». Una vida dura: sempre la feina i sempre el patir i al final la por de la mort. Perquè la vida és aquest camí cap a un final incert. Ho deia la Maria Font de Rubinat mentre es passejava pel seu casalot de Reus amb els ulls velats per les cataractes, preguntant-se com serien les coses quan ella ja no hi fos, què farien els néts, encara uns nens, en arribar a grans, com serà el món que els espera, aquest món capaç de canviar tant i tan de pressa que fins i tot ella, que era valenta i decidida, es quedava sense alè. Tot de preguntes que el temps va deixar sense resposta, perquè només la vida contesta les preguntes i deixa que les respostes passin d'una generació a una altra, d'una història que es tanca a una història que s'obre. Ho sabia la Maria Font de Rubinat. Ho va deixar dit aquell dia, pocs mesos abans de morir: «La vida ensenya», va dir, va somriure, la vida ensenya, abans de tancar la porta de la casa Navàs, en la solitària i plujosa plaça d'Espanya de Reus.

Maria Font de Rubinat
95 anys
Família senyorial de Reus

Índex